Frauen in der Stadt
Les femmes dans la ville

Schweizerische Gesellschaft für Wirtschafts- und Sozialgeschichte

Société Suisse d'histoire économique et sociale

Band 11, 11. Jg. / Volume no 11, 11e année

Bisher erschienene Bände / Volumes antérieurs:

1 (1981) Die Unternehmer / Le patronat
2 (1982) Raumordnung der Wirtschaft / Organisation de l'espace économique
3 (1983) Religiosität–Frömmigkeit / Religion populaire
4 (1984) Das Gebirge: Wirtschaft und Gesellschaft / La montagne: économies et sociétés
5 (1986) Strategien von Subsistenzökonomien / Stratégies des économies de subsistence
6 (1987) Umwelt als Problem der Wirtschafts- und Geschichtswissenschaft / Histoire écologique
7 (1989) Armut in der Schweiz / La pauvreté en Suisse, Chronos Verlag, Zürich
8 (1990) Die Schweiz in der Weltwirtschaft / La Suisse dans l'economie mondiale, Chronos Verlag, Zürich
9 (1991) Geselligkeit, Sozietäten und Vereine / Sociabilité et faits associatifs, Chronos Verlag, Zürich
10 (1992) Die Bauern in der Geschichte der Schweiz / Les paysans dans l'histoire de la Suisse, Chronos Verlag, Zürich

Nr. 1, 5, 6, 7 = vergriffen / épuisés

Bestellungen / ordres Nr. 2–4
Dr. Albert Tanner
Universität Bern, Historisches Institut
Unitobler
CH-3000 Bern 9
Länggassstrasse 49

Anne-Lise Head-König, Albert Tanner (Hg.)

Frauen in der Stadt

Les femmes dans la ville

CHRONOS

Umschlag: Fritz Ritzmann

ISBN 3-905311-28-3

Inhaltsverzeichnis / Table de matières

Anne-Lise Head-König

Introduction: Les femmes dans la société urbaine

Culture – politique – économie

Présence et surtout rôle des femmes dans la ville qui, considérés dans la longue durée, témoignent d'une conjoncture changeante et sont ceux d'une avance et d'un reflux continuels. Présence massive des femmes qu'il faut rappeler puisque la structure organisationnelle des villes implique souvent, en Europe, des effectifs féminins importants jusqu'au 19e siècle. Présence qui s'atténue par la suite, mais sans jamais disparaître.[1]
On regrettera cependant que, dans le vaste panorama de l'existence urbaine des femmes qui nous est offert, deux aspects fondamentaux n'ont pas été évoqués – faute de contributions sur le thème –, celui de l'emploi majoritaire des femmes jusqu'au 19e siècle, la domesticité, et celui du comportement démographique qui reste pourtant l'un des facteurs d'explication principaux de l'évolution des villes.
L'analyse faite par *Peter Kamber*[2] de la formation des femmes et de leurs habitudes de lectures à Lucerne à la fin du 18e siècle comporte quelques surprises. Elle révèle tout d'abord une absence de différenciation dans le niveau d'instruction des femmes entre certaines villes catholiques et protestantes que l'on a longtemps cru ne pas pouvoir déceler.[3] Elle souligne ensuite l'avance des citadines par rapport au monde rural, et surtout elle montre comment la ville a pu atténuer le dimorphisme sexuel en matière d'instruction de base. Ceci, il est vrai, grâce à des circonstances particulières et non pas suite au développement d'une école publique qu'auraient favorisée les instances urbaines. Si large diffusion de l'alphabétisation des filles il y a eu à Lucerne, elle ne s'explique, en effet, que par le rôle qu'ont joué les congrégations religieuses féminines et leur action déterminante en matière d'éducation des filles de toutes les couches de la société. Rien de similaire du côté masculin, en revanche, pour contrebalancer la présence de la communauté féminine enseignante. D'où une fréquence de scolarisation élevée des filles au niveau élémentaire qu'attestent les données chiffrées et qui se traduisait, en outre, par un écart net entre les deux sexes à l'avantage des filles de la fin du 18e siècle jusque dans la seconde décennie du 19e siècle.[4] Il est bon, cependant, avant de s'étonner de la proportion élevée de filles qui fréquentaient l'école – entre les

deux tiers et les trois quarts de la population féminine en âge de scolarisation à la fin du 18e siècle – de rappeler la particularité de certaines villes alémaniques et notamment les pratiques restrictives des chefs-lieux alémaniques en matière d'immigration jusqu'au 19e siècle. Ces pratiques ont contribué à limiter le flux de migrants ruraux des couches inférieures dont la progéniture était moins encline à fréquenter l'école pour des raisons obvies de nécessité économique. L'on a donc affaire à une population largement constituée de natifs – exception faite des domestiques – qui avait des pratiques d'alphabétisation plus intenses qu'une population nouvelle-venue. Mais il faut souligner que deux autres facteurs importants ont contribué aussi à la scolarisation de l'ensemble urbain, et notamment féminin: d'une part le rôle central de la ville de Lucerne, chef-lieu administratif et culturel et d'autre part l'importance des Ursulines pour un espace géographique plus large, d'autant plus que ces dernières, dont la vocation essentielle était l'enseignement, dispensaient un enseignement gratuit. Il est donc probable que la présence de l'école de religieuse a encouragé également l'éducation des filles des alentours de la ville et, en même temps, a attiré les filles de bonne famille de toute la Suisse centrale, puisque cette institution était la plus grande, et de loin, de toute la région. Une hypothèse que suggèrent les effectifs extérieurs mentionnés par P. Kamber, et qui peuvent représenter plus de 15% des effectifs de filles qui fréquentent l'école des Ursulines.

L'avance féminine indéniable qui apparaît au travers des statistiques présentées par P. Kamber suscite cependant un certain nombre d'interrogations. Peut-on, en effet, attribuer au fait de l'écolage gratuit dispensé par les Ursulines la plus grande scolarisation des filles que l'on constate en examinant les statistiques de l'instruction élémentaire lucernoise? L'auteur souligne bien le rôle non négligeable de l'éducation privée et les habitudes de certains membre du patriciat d'engager des précepteurs pour l'éducation de leurs enfants et, notamment, de leurs fils. Mais la lecture des structures démographiques, et notamment le déséquilibre prononcé des sexes aux âges 6–12 ans – évalué à 117 filles pour 100 garçons dans les années 1780–1788, à 111 en 1799 –, suggère aussi l'existence d'autres pratiques: elles reflètent aussi, me semble-t-il, d'abord l'importance de la formation à l'extérieur. Celle-ci se traduit fréquemment par l'envoi des jeunes fils de la haute bourgeoisie et du patriciat – dès l'âge de 11–12 ans – dans des instituts ou des familles d'autres cantons ou pays pour y apprendre, entre autres, les langues étrangères, en particulier le français, une pratique courante de la bourgeoisie urbaine que l'on peut observer aussi dans d'autres villes helvétiques. Le déséquilibre prononcé des sexes aux âges de la scolarisation reflète ensuite aussi, et surtout à la fin du 18e siècle, un certain impact qu'avait alors encore le service étranger dans les familles patriciennes: leurs fils engagés très jeunes dans les troupes suisses à l'étranger, souvent comme cadets, y étaient instruits par les soins des maîtres d'école des régiments suisses. Peut-on, ensuite, du fait de la fréquentation féminine de l'école plus forte conclure à une meilleure instruction des filles? Pas nécessairement, puisque le but de l'éducation des filles était d'en faire de bonnes chrétiennes et de bonnes ménagères et que par conséquent, même chez les Ursulines, le temps consacré à leur édification occupait une place importante dans l'horaire. L'on relèvera cependant le caractère plus «intellectuel» de la formation des filles à Lucerne par rapport au programme de l'école de la ville de Berne, protestante, où les filles n'apprenaient que catéchisme et lecture, sans y adjoindre l'écriture, le calcul et la pratique de la langue allemande.[5] En fin de compte, sur la base des effectifs scolaires, de l'irrégularité de la fréquentation de l'école, des contenus divergents de l'enseignement selon le sexe, Peter Kamber estime le nombre de Lucernoises capables de lire à 50–60% de la population, une proportion équivalente à celle des hommes.

Ces effectifs importants expliqueraient l'intérêt que le public alphabétisé féminin, notamment de la couche dirigeante, montrait aussi bien pour la souscription d'ouvrages dont les thèmes correspondaient au goût du jour que pour la location de livres proposée aux lecteurs de la ville par le cabinet littéraire de J. A. Salzmann créé en 1780. L'intérêt de ce cabinet était qu'il visait aussi un public féminin. S'agissant d'une institution rapidement favorisée par les femmes, l'offre d'ouvrages et leur contenu répercutaient la demande féminine: d'une conception encyclopédique à l'origine, elle a dû proposer rapidement – par nécessité économique – un éventail beaucoup moins large d'ouvrages qui répondait à une demande très typisée privilégiant une consommation reflétant les modes littéraires avec, notamment, des ouvrages romanesques et des écrits éducatifs et édifiants. La conséquence en a été la division des lecteurs lucernois en deux publics: public de femmes et d'enfants d'une part et public masculin d'autre part. Ce dernier se caractérisait par une certaine opposition, parfois véhémente, au goût des femmes et il se retrouvait dans des sociétés de lecture concurrentes, souvent uniquement masculines, et préoccupées davantage par «les rêves patriotiques» d'un Franz Urs von Balthasar et de ses successeurs.

L'évolution subséquente sera, par conséquent, moins favorable aux filles et le grand dessein de l'éducation sous l'Helvétique sera davantage axé sur l'éduction élémentaire des garçons, les autorités scolaires laissant celle des filles se dégrader, du fait de la suppression de l'école conventuelle et de l'introduction de l'école payante. Et par la suite, les visions républicaines et patriotiques de la bourgeoisie et des nouvelles classes dirigeantes assigneront à l'éducation des filles d'autres objectifs, une évolution bien mise en évidence par *Brigitte Schnegg*[6] dans sa communication sur l'impact qu'a eu pour les femmes de la couche dirigeante bernoise et à *fortiori* pour l'ensemble des femmes la transformation de l'espace assigné aux femmes. Espace mutant, toujours redéfini en fonction de normes sociales qui se modifient constamment. Ainsi l'on assiste à une première grande rupture des comportements à la fin du 17e siècle. Jusque-là les rapports sociaux quotidiens entre femmes et hommes de la société patricienne bernoise étaient confinés à la sphère familiale, du fait de la partition des espaces en féminin/masculin et des tâches assignées à chaque sexe. La sociabilité publique, focalisée encore sur les associations corporatives et les institutions républicaines à forte imprégnation militaire et politique était alors essentiellement masculine, ceci tout au contraire de la sociabilité féminine qui, elle, relevait de la sphère domestique et était rarement détachée d'un contexte laborieux. Au début du 18e siècle, la transformation du mode de vie de la classe dirigeante, l'affinement des mœurs et les pratiques nouvelles de rapports sociaux entre les sexes ont provoqué un changement structurel de la sociabilité avec une influence croissante des femmes sur la vie de la société. Pour expliquer cette transformation radicale, Brigitte Schnegg souligne l'impact des apports étrangers, notamment par le biais des alliances matrimonailes des hauts officiers bernois au service étranger.[7] Il n'en reste pas moins que l'on appréhende encore mal les causes de la disparition des stéréotypes anciens dans les rapports sociaux de sexes et de l'adoption d'un mode de vie nouveau qui affecte toutes les sphères de la vie quotidienne de la couche aristocratique et, en particulier, la participation des femmes à l'espace public. Doit-on y voir aussi des raisons économiques – après tout, ce mode de vie plus coûteux impliquait des revenus accrus –, des raisons sociales, parmi lesquelles un exclusivisme social croissant qui était le pendant de celui de la sphère politique[8] et la modification du temps de loisirs n'ont probablement pas joué un rôle négligeable? Dans quelle mesure la modification des occupations du sexe masculin a-t-elle pu contribuer aussi à la mise en place de structures de sociabilité différentes? Il est possible, en effet, qu'au 18e siècle, le fonctionnement différent du service étranger qui était l'un des secteurs d'emploi les plus recherchés par le patriciat, notamment celui de la ville de Berne,[9] ait permis une présence masculine accrue dans la capitale du pays, un préalable indispensable pour que se développent salons et soirées. La création et le développement de ces salons, par les femmes, ont fait une place nouvelle à la femme, et notamment à la femme lettrée qui n'était plus confinée aux seules servitudes domestiques. Dans le milieu – restreint – du patriciat, elle était devenue la partenaire et l'égale de l'homme pour tout ce qui touchait à la sphère culturelle,[10] sans cependant conquérir l'égalité économique ou politique.[11] Mais, parallèlement à cette sociabilité réunissant femmes et hommes, ont surgi au cours du 18e siècle d'autres formes de sociabilité, à caractère souvent politique, annonciatrices d'une remise en question du statut social des femmes, celles des cercles, des cafés et des sociétés réunissant les «talents» de la société, mais dont les femmes étaient exclues, parce que considérées commes responsables de l'effémination de la société.[12] L'émergence d'un patriotisme républicain prônant les vertus d'un mode de vie paysan frugal opposé à un modèle urbain, patricien et frivole, a entraîné progressivement, dans la seconde moitié du 18e siècle, l'instrumentalisation des valeurs féminines au service de la propagation de cet idéal. Il visait la réintégration de la femme, vertueuse et travailleuse, dans la sphère privée et familiale, afin que puisse se développer une sociabilité virile, support nécessaire des institutions républicaines.[13] Cependant, on n'aura garde d'oublier l'émergence simultanée d'un autre stéréotype créé par le monde urbain au 18e siècle et qui sera déterminant, lui aussi, pour les rapports sociaux de sexes, à savoir celui de la bipolarité du monde rural avec, d'une part, les sociétés pastorales, dites traditionnelles, restées vertueuses[14] et, d'autre part, les sociétés rurales qui s'industrialisaient et auxquelles l'élite urbaine reprochait l'adoption de modèles de comportement étrangers, à l'exemple de la ville.[15]

La contribution de *Susanna Burghartz* analyse, dans le cadre des évènements qui ont secoué la ville de Bâle en 1690–1691 lorsque les corporations réclamaient le maintien de leurs droits, le rôle des femmes dans la sphère publique, à la fois comme actrices des événements et comme «boucs-émissaires» lorsqu'il s'est agi, pour les contemporains, d'expliquer l'origine de cette crise politique. L'étude des textes de l'époque révèlent de manière étonnante les rouages et les articulations de la vie politique d'Ancien Régime et la manière dont les femmes étaient perçues lorsqu'elles essayaient d'influencer les acteurs politiques. Trois préalables semblent avoir été indispensables pour que les femmes puissent influencer le jeu politique et les nominations. C'était d'abord les posssibilités d'accès à l'information, c'était ensuite la fonction centrale qui leur revenait dans la transmission de l'information dans une société où la structure du pouvoir était informelle, et c'était finalement la fonction pivotale de l'apparentement, du clientélisme et du patronage[16] en vue de l'acquisition de pouvoir politique – et par conséquent du pouvoir économique – par leur maison. A cet égard, l'utilisation très fréquente de certains termes est révélatrice, celui de la «recommandation», celui de l'«influence», mais aussi le recours, aussi bien entre égaux qu'entre inégaux, aux gestes du don et du contre-don. Ce dernier, même lorsqu'il apparaissait sans but spécifique immédiat, servait à l'entretien du réseau de relations, réseau susceptible d'être activé en cas de nécessité, un phénomène dont les conséquences n'échappaient pas aux contemporains, d'où les querelles auxquelles ces pratiques ont donné lieu.

A noter que la forme d'action politique reposant sur l'influence était chargée d'autant plus fortement de suspicion qu'elle était pratiquée par une femme. La connotation négative des deux termes femmes/politique suscitait d'ailleurs aussi une animosité virulente, parce qu'elle transgressait la hiérarchie existante entre les sexes. Mais, en même temps, dans le cas de la crise bâloise, les agissements des femmes ont permis d'occulter les causes réelles de la rébellion, de même que le rôle et le comportement des acteurs masculins, parce que ce sont les femmes qui ont été considérées commes les instigatrices principales des troubles. Leur action a permis ainsi de disculper leurs concitoyens masculins qui étaient impliqués dans les troubles. L'on notera aussi le rôle qu'ont joué les atteintes à la réputation: elles ont été l'arme qui a permis de discréditer les femmes qui envahissaient la sphère publique.
Le rôle fondamental de la rumeur[17] est aussi mis en évidence dans la contribution de *Gaby Sutter*[18] et de *Regula Ludi*[19] dans des contextes différents, il est vrai, mais qui montrent comment toute allusion verbale à connotation négative à propos de la réputation d'une personne émanant du voisinage ou de l'opinion publique avait des conséquences immédiates. G. Sutter montre le rôle des paroles dans la transformation du jeu social et les conséquences également économiques qu'elles ont pu avoir. En l'occurence, elles pouvaient être la raison de la rupture d'un contrat d'apprentissage entre l'apprenti/l'apprentie et son maître/sa maîtresse, ou elles pouvaient empêcher la création de nouveaux contrats pour cause de mauvaise réputation. Mais la mise en cause de l'intégrité morale a toujours pris des formes et des contenus différents selon le sexe. On relèvera d'abord que la réputation des femmes est plus facilement menacée que celle des hommes, ensuite que ce dont elles sont accusées reste toujours plus vague que les accusations plus précises portées contre les hommes, et finalement que les causes de la mauvaise réputation diffèrent profondément: pour les femmes, ce sera la diffamation de leur vertu, pour les hommes, ce seront les manifestations d'ivresse et de violence surtout. Ces problèmes de rumeurs et de dénonciation qui ont été aigus, pour le moins jusqu'au début du 20e siècle, résultaient aussi, dans l'espace urbain, d'une double contrainte. D'une part, la surveillance pointilleuse était l'un des ingrédients indispensables de l'imposition de conformité et, d'autre part, les conditions de logement et d'habitat provoquaient une promiscuité involontaire, d'autant plus qu'existait encore – et davantage pour les métiers féminins – l'imbrication des espaces du logement et du lieu de travail. Cet enchevêtrement spatial avait d'ailleurs son équivalent dans celui de la compétence professionnelle et du comportement privé. C'est que le devoir des maîtres et maîtresses impliquait encore, au début du 20e siècle, outre la formation à un métier, la supervision du comportement des apprentis.

La rumeur, véhicule du savoir féminin informel, est aussi l'un des personnages centraux de la contribution de R. Ludi. Du fait même de son existence, elle a forcé, au 19e siècle, le monde politique, libéral et bourgeois, qui était essentiellement masculin, à tenir compte en matière de morale, de l'opinion publique qui se formait au contact du voisinage, de la rue et du café. Une opinion publique qui répercutait les échos de la rue et à la formation de laquelle les femmes participaient pleinement du fait de l'intérêt populaire traditionnel pour le thème de la morale des «autres», à savoir celle de la classe politique, un intérêt d'autant plus grand que le peuple était exclu de cet univers inaccessible. Cette opinion ne pouvait plus être ignorée sans impunité par la classe dirigeante de la Régénération. Du fait de l'existence d'un code de valeurs des classes populaires différent de celui de la classe bourgeoise qui s'érigeait en contre-morale s'opposant à la morale «dominante», il existait, en effet, un danger latent pour l'ordre existant, parce que susceptible de remettre en cause la morale que la bourgeoisie croyait devoir et s'efforçait d'inculquer aux classes populaires. Le savoir de la rue mettait en question et l'autorité des instances étatiques et de leurs représentants et la légitimité de leur morale répressive, puisque la quasi totalité de l'administration et même les organes de la police étaient soupçonnés de corruption et de collusion en raison de leurs contacts avec des prostituées. Ce n'est donc pas l'activité de prostitution, alors passible de prison, qui a été la raison avancée pour inculper une prostituée bernoise, mais bel et bien le délit politique dont elle se serait rendue coupable en diffamant des fonctionnaires par ses révélations au sujet des rapports sexuels qu'elle aurait entretenus avec une majorité d'entre eux et de la protection qu'ils lui auraient accordée en échange. Pour faire taire les bruits qui enflammaient le public et qui discréditaient la classe dirigeante, les organes administratifs ont recouru aux stratégies traditionnelles pour permettre aux hommes incriminés de se disculper. La première arme utilisée était celle de la moindre valeur attribuée au témoignage féminin: l'on a affaire ici à l'aboutissement d'une longue évolution que l'on constate partout en Suisse depuis la fin du 16e siècle et qui se traduit par la détérioration de la crédibilité féminine devant les instances de la justice. La deuxième arme utilisée était celle de la bagatellisation de la valeur de l'information apportée par les témoins féminins. En les targuant de commérages sans importance, les hommes utilisaient une généralisation déjà ancienne sur le comportement verbal des femmes. La troisième arme, enfin, était celle de l'intimidation des témoins par les organes de la justice utilisant la menace de représailles, à savoir que les témoins pourraient à leur tour avoir maille avec la justice du fait des rumeurs qu'ils ou plutôt qu'elles, en l'occurence, propageaient. Procédure qui s'avère révélatrice de la double solidarité des fonctionnaires: solidarité masculine et solidarité de classe. Mais la durée de la peine de l'accusée – douze mois de prison – a été aussi la mesure de la transgression de l'un des tabous majeurs de la société et du monde de la prostitution: celui d'avoir révélé les noms de ses clients et de les avoir donnés en pâture au public, une transgression qui a toujours eu des conséquences néfastes pour leur auteur quant à sa position dans la société.[20]

La contribution de *Regula Pfeifer* a porté sur l'action des femmes au moment de la hausse des prix de l'été de 1916.[21] Elle permet d'établir tout à la fois la continuité des comportements depuis le Moyen âge quant au rôle des femmes dans les mouvements de protestation et les changements qui se sont produits au cours du 19e siècle quant à la manière dont s'organisait leur résistance et quant aux effets à long terme de leur action. Tout d'abord en ce qui concerne la continuité: les femmes sont toujours présentes dans toutes les démonstrations et les manifestations qui touchent aux subsistances, alors qu'elles n'apparaissent pas ou seulement en filigrane lors d'autres types d'émeutes. L'on rappellera néanmoins que les historiens ne s'accordent pas sur l'importance qu'il faut attribuer aux foules féminines lors des *émotions* populaires frumentaires. Pour les uns, la participation des femmes a été déterminante, elles étaient les actrices principales, les meneuses les plus violentes verbalement, celles qui prenaient à partie ceux qu'elles jugeaient être responsables de la pénurie et de la hausse des prix.[22] Pour des raisons qui relèvent du mode d'organisation de l'économie familiale, ce sont elles qui se sentaient directement concernées par la montée des prix, parce qu'elles étaient en charge de la gestion quotidienne du ménage et de son approvisionnement.[23] Pour d'autres historiens, en revanche, si la participation des femmes est indiscutable dans ce type d'émeutes, leur rôle n'y a pas toujours été prédominant.[24] Continuité également en ce qui concerne les causes et le moment du déclenchement des protestations: elles se produisaient lorsque la denrée de base, en l'occurence les pommes de terre, de même que les nourritures secondaires principales, ici les légumes et les fruits, haussaient brutalement, et ceci au moment de la soudure, voyez en 1916 les premiers signes avertisseurs dès la fin du mois de juin. L'on notera aussi le contexte d'une effervescence généralisée: les manifestations des femmes contre la hausse des prix des denrées qu'a étudiées R. Pfeifer n'est pas un phénomène isolé. Elles se produisent à l'instar des protestations qui se sont multipliées dans d'autres pays européens au cours de la deuxième décennie du 20e siècle[25] avec une visée identique: celui d'une disponibilité accrue des produits de première nécessité à des prix accessibles à la couche des travailleurs la plus défavorisée. Et l'on constate ici aussi la répétition de mécanismes typiques des émeutes de subsistance: d'abord l'imputation de la responsabilité à ceux qui étaient engagés dans le processus de distribution; puis la pression directe verbale et les menaces physique sur les vendeurs et venderesses du marché qui s'accompagnait du renversement des étalages; ensuite, dans une séquence ultérieure, la prise en charge par la foule des marchandises à vendre à un prix qu'elle fixait elle-même – et l'on voit ici la réapparition du concept du prix équitable, à savoir celui du «juste prix». En revanche, nouveauté depuis la seconde moitié du 19e siècle quant à l'organisation des manifestations. On perçoit bien la part qu'a eue, en 1916, la structure organisationnelle de la protestation dans l'atteinte des objectifs par rapport aux actions collectives anciennes, qui, elles, étaient très majoritairement spontanées. Le succès et les résultats obtenus sur le plan politique, tant par rapport aux organes étatiques que par rapport à leur propre parti, s'explique par l'organisation efficace des femmes de la social-démocratie, et ceci en dépit de leur exclusion des instances décisionnaires. Encore faudrait-il pouvoir étudier aussi, dans l'analyse des raisons du succès, la place qu'ont eue la peur des femmes et leur présence en grand nombre dans les protestations sur les décisions des autorités locales et fédérales qui sont toutes masculines.

Le rôle décisif de l'organisation est aussi l'élément explicatif du succès partiel de la grève qui a frappé Barcelone en été 1913[26] et qui a été déclenché à l'instigation d'un nouveau syndicat anarchiste ayant réussi à mobiliser pour la première fois les femmes en grand nombre et à les faire participer par milliers aux manifestations. Les grèves avaient pour objet une double revendication: celle de la durée de travail bien plus élevée dans le secteur textile féminisé à 75% que dans les secteurs masculinisés et celle du bas salaire, trop bas pour complémenter adéquatement le salaire masculin en raison de la hausse importante du coût de la vie au début du 20e siècle, et insuffisant pour subsister pour ce qui est des femmes seules et surtout celles qui avaient des charges familiales. La discrimination des femmes quant au salaire – souvent de moitié inférieur à celui des hommes, à travail égal – étaient alors défendue tant par les fabricants que par les instances étatiques avec l'argument de la moindre valeur du travail féminin, ceci au moyen des stéréotypes habituels: ceux de la force physique moindre, de la moindre productivité, du manque de concentration, du bavardage etc. La politique des bas salaires féminins était, en revanche, dénoncée par les inspecteurs des fabriques et par les milieux ecclésiastiques qui soulignaient, au contraire, la valeur du travail féminin. Ceci sans effet puisque les syndicats, quelle qu'ait été leur tendance, ou les milieux catholiques, n'ont pas jugé nécessaire d'intervenir. *Beate Althammer* souligne que, dans cette société dominée par les hommes où les ressentiments du monde ouvrier masculin envers les travailleuses étaient virulents, l'on pouvait constater un processus très fort d'intériorisation par les femmes du problème de

l'inégalité salariale en fonction du sexe. Ce problème des disparités salariales ne figurait donc pas dans le catalogue des griefs de la grève, à l'instar de ce qui se produisait ailleurs lorsque hommes et femmes se mettaient en grève ensemble. Toutefois, la grève de 1913 a été, pour les femmes, à l'origine d'une prise de conscience de leur pouvoir, d'où l'apparition d'un certain nombre d'initiatives originales, indépendamment de celles des hommes, d'où aussi le succès partiel de la grève puisqu'il se produisit un ajustement des horaires du secteur textile à ceux des secteurs masculinisés de l'industrie. Ce qui semble avoir rendu difficile l'obtention de résultats satisfaisants pour les femmes qui participaient à ces mouvements de revendication était bien la lutte qu'elles devaient mener de front sur deux plans différents: face aux employeurs soutenu par l'Etat dans le cas étudié par B. Althammer – face aux forces du marché dans celui étudié par R. Pfeifer – et face à leur propre mouvement qui ne les intégrait que difficilement en son sein sur le plan décisionnel, et par conséquent ne prenait pas en compte des revendications proprement féminines.
Les marchés de la Suisse romande étudiés par *Anne Radeff*[27] sont révélateurs de l'imbrication du monde rural et du monde urbain. A cela s'ajoute leur très forte connotation féminine, au contraire des foires plus largement dominées par l'élément masculin. Ce rôle du marché s'expliquait par le fait qu'il a été l'un des pivots du fonctionnement et de la gestion de l'économie familiale. Pourtant il ne fait aucun doute que sa dimension économique et sociétale reste parmi les secteurs les plus mal connus jusqu'à l'aube du 20e siècle. Les nombreux textes législatifs existant avant le 19e siècle ne permettent pas, en effet, d'éclairer le rôle divers qu'y ont joué les femmes dans l'exercice de leurs diverses fonctions, à la fois comme productrices et revendeuses et comme consommatrices et gestionnaires présidant aux destinées du budget familial. Ce type de sources confond, en effet, hommes et femmes dans la *pseudo-neutralité* du *ils* (l'expression est de Michelle Perrot). Toutefois, grâce à des textes littéraires et à une iconographie importante dès le 19e siècle, A. Radeff a pu étudier la fonction centrale du marché en Suisse romande comme lieu d'échange et comme lieu de sociabilité caractérisés par la présence de femmes de tous âges et de toutes les couches sociales. Quatre éléments qui me paraissent, en revanche, primordiaux, n'apparaissent pas ici, soit en raison du type de sources utilisées, soit du fait de l'inexistence de sources susceptibles d'éclairer la problématique. C'est d'abord le rôle respectif des paysannes et des citadines comme actrices dans le domaine de la vente. Est-il à l'image qu'en donnent les sources alémaniques pour le 18e siècle?[28] Et dans quelle mesure la présence des femmes comme vendeuses s'est-elle modifiée selon les siècles? C'est aussi la conjoncture du marché à long terme: la transformation de ses

activités en fonction des changements structurels de l'économie (notamment du côté de l'offre avec son éventail variable de denrées), son accessibilité (quels frais pour les productrices-vendeuses et les revendeuses?). Stands de marché et boutiques sont-ils complémentaires pour satisfaire aux besoins de la clientèle – le marché étant imbattable étant donné ses bas prix – ou au contraire concurrents? C'est ensuite le potentiel de conflits que représente le marché, puisqu'il est aussi le lieu d'un rapport de force entre une demande et une offre. Lorsque ces deux variables se modifient et deviennent sources de tension (voyez l'analyse de R. Pfeifer), il serait utile de savoir si et dans quelle mesure en période de mauvaise conjoncture le comportement des acheteuses diffèrent selon le sexe de ceux qui représentent l'offre. Et finalement, il ne faut pas négliger aussi d'autres facteurs qui ont pu influencer la structure et la conjoncture du marché, ainsi par exemple du côté de la demande. L'apparition de nouvelles sensibilités, voire les normes de salubrité qu'a introduites l'Etat, ont pu perturber le fonctionnement traditionnel du marché et contribuer à sa féminisation du côté de la vente (cf. les problèmes de boucherie).[29] La fluctuation de la demande en fonction des saisons a pu également perturber l'offre de certains producteurs et productrices et, par conséquent, affecter leur source de revenu.

La transformation du marché urbain – notamment son élargissement spatial – et la circulation des produits au cours des 16e et 17e siècles sont aussi parmi les facettes étudiées par Ulrich Pfister.[30] Il considère que ces facteur sont des éléments explicatifs déterminants de la détérioration de la position économique des femmes dans la société urbaine au début de l'époque moderne. Ainsi, à Zurich, les changements qu'a subis la production – et notamment la production textile – auraient nécessité la recherche de nouveaux consommateurs et par conséquent des débouchés nouveaux sur des marchés d'exportation lointains se substituant aux marchés locaux. L'éviction des femmes de ces marchés lontains serait due à leur situation légale – la difficulté de conclure des contrats –, à leur absence d'accès au capital, à leur faible mobilité géographique et à leur manque de relations capables de leur assurer la protection nécessaire à la bonne marche de leurs affaires dans la sphère politique. Ce serait donc ces modifications structurelles du fonctionnement du marché qui auraient entraîné, dans le monde urbain et au cours de la première moitié du 17e siècle, la disparition des femmes entrepreneurs indépendantes qui, dans le cas de Zurich, étaient encore nombreuses au 16e siècle dans le secteur cotonnier, et qui auraient fait place à une main d'œuvre féminine salariée travaillant surtout dans le secteur soyeux proto-industriel. L'argument économique du marché et l'argument juridique n'apparaissent cependant pas suffisants pour expliquer la dégradation de l'emploi féminin urbain. Il semble qu'il faille aussi introduire d'autres facteurs d'explication en ce qui concerne les transformations du monde du travail urbain suisse, dans sa majorité protestant, car le commerce et le négoce associés à la fabrication ne sont qu'une partie de l'activités urbaine.[31] Une place de choix doit revenir aussi au changement de mentalité qu'ont entraîné les Réformes zwinglienne et calvinienne. Le retour à des valeurs fondées sur la lecture de l'Ecriture sainte a réintroduit la notion de hiérarchie des sexes avec la subordination de la femme à l'homme et par conséquent la vision d'une moindre indépendance économique de la femme. Cette réassimilation des préceptes bibliques n'était pas visible seulement dans le secteur économique, elle a affecté aussi les rapports de sexes dans d'autres sphères de la vie sociale, et de manière particulièrement frappante, dans la sphère de la sexualité. Ce qui ne signifiait d'ailleurs pas absence totale d'aménagement dans la réalitié quotidienne, en fonction des nécessités.[32] Les possibilités limitées de reconversion des femmes dans les autres secteurs d'activités urbains n'étaient donc pas seulement le reflet d'une volonté malthusienne des corporations résultant de la crainte d'une concurrence croissante entre artisans. Elle reflétaient aussi d'autres conceptions de la place des femmes qui se sont combinées avec une évolution économique et démographique dans la seconde moitié du 16e et au début du 17e siècle défavorables aux femmes. Mouvement qui n'est alors pas d'exclusion totale, mais de marginalisation des femmes.[33] La sphère d'activité des femmes s'est déplacée aux marges du travail artisanal, notamment dans le travail non qualifié, semi-légal, qui ne correspondait pas aux normes corporatives en matière de qualifications et de qualité[34] et toute velléité d'envahir l'espace corporatif provoquait instantanément des polémiques violentes, auxquelles les notions d'estime et d'honneur n'étaient pas étrangères.[35] D'ailleurs ce n'est pas seulement à l'opposition féroce des métiers organisés dès le 17e siècle qu'il faut imputer l'éventail limité des secteurs urbains où étaient employées les femmes.[36] Sans doute existait-il aussi une corrélation à chercher en rapport avec la taille des villes. Il apparaît, en effet, que dans les plus grandes villes européennes, à Londres, à Amsterdam, les femmes sont campées dans bien d'autres secteurs que ceux usuels au monde suisse, et notamment dans le secteur commercial. Dans le cas d'Amsterdam, il est vrai que la structure démographique de la ville explique, en partie, la présence des femmes dans de nombreux secteurs.[37] Mais plus importants encore sont deux autres facteurs, dont l'un est évident, à savoir l'influence qu'a l'expansion économique sur les emplois disponibles,[38] mais dont l'autre me semble avoir été largement ignoré sous l'effet d'une tendance à la généralisation que souligne Liliane Mottu-Weber[39] dans sa contribution. Ce sont les formes qu'a prises la croissance économique urbaine et les choix qu'ont décidé de faire les villes: choix culturels de l'ouverture ou de la fermeture à l'immigration qui suscitent à leur tour des choix économiques. Choix de l'ouverture dans le cas des villes hollandaises, d'où une immigration énorme qui se traduit aussi par la création d'espaces de travail nouveaux pour les femmes. Dans celui des villes suisses, en revanche, choix de l'opposition aux afflux de population susceptibles de concurrencer le marché de l'emploi local qui a généralement prévalu. La conséquence en a été le choix de l'investissement dans le monde rural et une évolution démographique dérisoire des plus grandes villes suisses aux 17e et 18e siècles – exception faite de Genève sans doute sous la contrainte de son exiguïté territoriale – qui est préjudiciable au choix des activités féminines. C'est donc bien aussi le type d'expansion économique qu'il faut considérer si l'on veut étudier la place des femmes dans la ville: la ville peut s'enrichir, sans qu'il y ait création concomittante d'emplois nombreux, si ce n'est ceux du service de maison, reflet de la richesse accrue de la ville.[40] A autre espace européen, autre modèle d'insertion économique des femmes dans la ville. Liliane Mottu a d'ailleurs bien montré les limites d'un modèle unique, que l'on croit pouvoir appliquer à l'ensemble de l'Europe pour la période moderne. L'exemple de Genève montre que l'insertion des femmes dans l'économie urbaine est plus grande qu'on ne le décrit habituellement, parce que certaines des activités des femmes et le pouvoir économique qu'elles leur confèrent ont été largement ignorés par la recherche historique.

Enfin si une certaine marginalisation des femmes au-delà du 16e siècle est indéniable, il serait cependant utile de procéder à une analyse qui tienne compte de trois aspects encore trop négligés pour ce qui touche au monde urbain suisse. C'est d'abord l'étude systématique des domaines qui sont de la compétence exclusive des femmes. Ainsi, par exemple, leur pouvoir inégalé pour tout ce qui a trait à la naissance, à la santé et à la maladie et qui préviendra la mainmise médicale jusqu'au début du 19e siècle. C'est ensuite l'étude des espaces partagés et à l'égard desquels les préjugés du 19e siècle ont obscurci notre vision actuelle en raison de la féminisation subséquente de certaines activités. Le peu de considération actuelle dont jouissent les ouvrages de la main le montre bien. Faut-il rappeler que tant le tricotage que la broderie ont été, l'un jusqu'au début du 19e siècle, l'autre jusqu'au début du 20e siècle, aussi des métiers masculins urbains?[41] Et c'est finalement aussi l'étude qui reste à faire des espaces conquis par les femmes. Nous savons encore trop peu de choses sur les conséquences des transformations de certains secteurs économiques à la suite d'une demande intérieure accrue et des effets de la mode. Un exemple: la modification de l'économie vestimentaire et notamment la production du linge «de dessous» a probablement entraîné au 18e siècle une création de métiers féminins que l'on sousestime encore.

Notes

1 Encore en 1900, l'ensemble des 19 villes suisses de plus de 10'000 habitants compte 114 femmes pour 100 hommes.

2 Cf. infra, la communication de Peter H. Kamber, Lesende Luzernerinnen. Der Buchdrucker und Leihbibliothekar Joseph Aloys Salzmann und die Entstehung des weiblichen Lesepublikums am Ende des Ancien régime.

3 Inutile de généraliser d'ailleurs. Le niveau de scolarisation des femmes en milieu urbain fluctue en fonction de multiples variables: les filles sont 40% moins nombreuses à fréquenter l'école à Zoug en 1799, mais aussi nombreuses que les garçons à Bienne en 1789.

4 Cf. infra, le graphique 1 dans l'article de P. H. Kamber.

5 Peter Beck, Die Volksschulen der Stadt Luzern bis zum Ende der alten Eidgenossenschaft, in: Luzern, 1178–1978. Beiträge zur Geschichte der Stadt, Luzern 1978, p. 290.

6 Cf. infra, Soireen, Salons, Sozietäten. Geschlechtsspezifische Aspekte des Wandels städtischer Öffentlichkeit im Ancien régime am Beispiel Berns.

7 C'est en particulier à l'influence d'une aristocrate hollandaise qu'a été attribuée le changement de mœurs au sein du patriciat. Il est difficile d'ailleurs de démêler le réel de l'imaginaire dans cette attribution. La priorité donnée à l'élément féminin étranger comme facteur d'explication de mœurs nouvelles – que l'on peut constater aussi à l'occasion de comportements innovatifs dans d'autres société helvétiques – est peut-être un stéréotype résultant du conformisme des comportements et de la crainte de se différencier, omniprésents dans les sociétés urbaines de la Suisse, de sorte que même les membres de l'élite ne pouvaient être que difficilement les promoteurs de changements dictés par les modes étrangères.

8 Sur le monopole du service de l'Etat et les conséquences du non-accès à la sphère politique dirigeante, cf. Heinrich Türler (Hg.), Kulturhistorisches im alten Bern (1776–1778), in: Berner Taschenbuch (1926), p. 82–83.

9 Au 18e siècle, l'on peut déceler, me semble-t-il, des pratiques plus fréquentes de remplacement dans les charges élevées de l'armée, les officiers titulaires, qui vaquent alors à d'autres activités ou qui rentrent dans leur pays, se faisant remplacer par des officiers qu'ils rémunèrent pour commander à leur place.

10 Sur les limites «naturelles» des facultés feminines dans certains domaines telles que les propagent la plupart des philosophes même éclairés, cf. Michèle Crampe-Casnabet, Saisie dans les œuvres philosophiques (XVIIIe siècle), in: Georges Duby et Michelle Perrot (éd.), Histoire des femmes en Occident, Paris 1991, t. 3: XVIe–XVIIIe siècles, p. 341.

11 Ce qui ne signifie pas leur absence politique de l'arrière-scène. Sur l'activation politique des femmes au moment des nominations aux postes politiques, et le rôle des réseaux de patronage et du clientélisme, cf. infra la communication de Susanna Burghartz, Frauen – Politik – Weiberregiment. Schlagworte zur Bewältigung der politischen Krise von 1691 in Basel.

12 Ambivalences masculines, puisque certains tenants des Lumières, tout en fréquentant les salons et les soirées, réaffirment les vues traditionnelles sur la position des femmes dans la société. A ce propos, cf. Bonnie S. Anderson et Judith P. Zinsser, A History of Their Own. Women in Europe from Prehistory to the Present, vol. 2, London 1990 (en particulier le chapitre: Women in the Salons).

13 La Genève de la fin du 18e siècle illustre bien cette nouvelle sociabilité exclusivement masculine avec ses nombreux cafés et cercles. Cf. Marc Vuilleumier, Sociabilité et sociétés à Genève au 19e siècle: quelques exemples, in: Hans Ulrich Jost et Albert Tanner (éd.), Geselligkeit,

Sozietäten und Vereine. Sociabilité et faits associatifs, Zurich 1991, p. 96–97.

14 Cf. par ex. A. Ruchat, L'Etat et les Délices de la Suisse, en forme de Relation critique, Amsterdam 1730, p. 363.

15 Cf. les exemples cités par Rudolf Braun, Le déclin de l'Ancien Régime en Suisse. Un tableau de l'histoire économique et sociale du 18e siècle, Lausanne/Paris 1988, p. 109 ss.

16 L'on notera cependant que le clientélisme et le patronage ne sont pas l'apanage des femmes, il est tout autant affaire d'hommes; en revanche, le rôle central de la femme comme courroie de transmission entre les parties concernées n'a été encore que peu étudié.

17 Arlette Farge a bien montré la fonction prééminente de la rumeur et du discrédit pour atteindre les individus et les familles. Cf. Arlette Farge, Familles. L'honneur et le secret, in: Philippe Ariès et Georges Duby (éd.), Histoire de la vie privée, t. 3: De la Renaissance aux Lumières, Paris 1986, p. 594–595.

18 Cf. infra, Gaby Sutter, Vom guten und schlechten Ruf. Zur Bedeutung des Rufes der Lehrmeisterinnen in der Nachbarschaft und vor Behörden Anfang 20. Jahrhundert.

19 Cf. infra, Regula Ludi, Die Moral der Politik – die Gegenmoral der Strasse. Die Ambivalenz von Öffentlichkeit am Beispiel eines Sexskandals in der bernischen Regenerationszeit.

20 Cf. pour l'étude de ce problème et de ses conséquences dans une communauté tessinoise du 17e siècle, Raul Merzario, Anastasia, ovvero la malizia degli uomini. Relazioni sociali e controllo delle nascite in un villaggio ticinese (1650–1750), Rome/Bari 1992, p. 34 ss.

21 Cf. infra, Regula Pfeifer, Frauen und Protest. Marktdemonstrationen in der deutschen Schweiz im Kriegsjahr 1916.

22 Sur cette conception du rôle des femmes dans les émeutes de subsistance, cf. Steven L. Kaplan, Le pain, le peuple et le roi. La bataille du libéralisme sous Louis XV, Paris 1976, p. 138 ss.; Yves-Marie Bercé, Les femmes dans les révoltes populaires, in: La femme à l'époque moderne (XVIe–XVIIIe siècle), Paris 1985, p. 57–63 (Bulletin de l'Association des Historiens Modernistes des Universités 9); Anne-Marie Piuz, [Rapport sur le travail des femmes dans les villes de l'Europe traditionnelle], in: Simonetta Cavaciocchi (éd.), La donna nell'economia. Sec. XIII–XVIII (Atti delle «Settimane di studi» 21), Prato 1990, p. 135 ss.

23 Piuz (cf. note 22).

24 John Bohstedt, Gender, household and community politics: Women in English riots, 1790–1810, in: Past and Present 120 (1988), p. 88 ss.

25 Michelle Perrot, Sortir, in: Georges Duby et Michelle Perrot (éd.), Histoire des femmes en Occident, Paris 1991, t. 4: Le XIXe siècle, p. 475.

26 Cf. infra, Beate Althammer, Frauenarbeit und Frauenprotest in der Textilindustrie Barcelonas um 1913.

27 Cf. infra, Anne Radeff, Femmes au marché (Suisse occidentale, fin 18e – début 20e siècle).

28 Brigitte Schnegg, Frauenerwerbsarbeit in der vorindustriellen Gesellschaft, in: Marie-Louise Barben et Elisabeth Ryter (éd.), verflixt und zugenäht! Frauenberufsbildung – Frauenerwerbsarbeit 1888–1988, Zurich 1988, p. 28.

29 Sur les motivations concernant le déplacement du marché de la viande à Lausanne, cf. Louis-Philippe L'Hoste, Le ventre de Lausanne. La consommation alimentaire carnée dans la ville de Lausanne aux XVIIIe et XIXe siècles, mém. de lic. d'histoire économique, Fac. SES, Univ. Genève, Genève 1992, 2 vol. (en particulier chap. 2).

30 Cf. infra, Ulrich Pfister, Städtisches Textilgewerbe, Protoindustrialisierung und Frauenarbeit in der frühneuzeitlichen Schweiz.

31 Les arguments avancés, à l'exception de l'argument légal qui est effectivement une entrave dans certaines villes suisses, pourraient se discuter. Car, en fait, le négoce à longue distance

n'exige pas nécessairement des déplacements; il aurait pu s'organiser aussi en utilisant les compétences d'agents et de commissionnaires.

32 Il n'est qu'à voir les réajustements auxquels procèdent les législateurs, surtout protestants, dans le domaine matrimonial.

33 Le phénomène de la marginalisation dès le 16e siècle n'est pas limité aux seules femmes; on retrouve ce même phénomène quant aux couches sociales défavorisées et notamment aux pauvres.

34 Katharina Simon-Muscheid, Konfliktkonstellationen im Handwerk des 14. bis 16. Jahrhundert, in: Medium Aevum quotidianum 29 (1992), p. 105. L'exclusion progressive des femmes de la sphère artisanale ne signifiait donc pas alors la réintégration de la femme dans la sphère familiale telle qu'elle était propagée par les conceptions bourgeoises du 19e siècle.

35 Ibid.

36 Encore me semble-t-il qu'il ne faille pas assombrir indûment les possibilités d'emploi urbain des femmes dans les villes d'Ancien Régime, cf. infra.

37 Adrian M. van der Woude, Sex ratio and the participation of female labour in the Dutch Republic. Contribution à paraître, in: Actes du XIe Congrès International d'Histoire économique, Milan 1994.

38 Sur l'impact qu'a la conjoncture sur le travail des femmes dans les villes anglaises, cf. Sue Wright, Churchmaids, huswyfes and Hucksters: the Employment of women in Tudor and Stuart Salisbury, in: Lindsey Charles et Lorna Duffin (éd.), Women and Work in Pre-industrial England, London/Sydney 1985, p. 101–121; Mary Prior, Women and the urban economy: Oxford 1500–1800, in: Mary Prior (éd.), Women in English Society, 1550–1800, London/New York, p. 93–117.

39 Cf. infra: Liliane Mottu-Weber, L'insertion économique des femmes dans la ville d'Ancien Régime: réflexions sur les recherches actuelles.

40 Et encore ne faudrait-il pas sousestimer la diversité des activités professionnelles des femmes. Voyez l'énumération des métiers qu'exercent à Berne, dans la seconde moitié du 18e siècle, les femmes qui n'ont pourtant que le statut inférieur d'habitantes, et n'ont donc pas de droit bourgeoisial (cf. Schnegg [cf. note 28], p. 27).

41 Au milieu du 18e siècle, près de 5% des actifs masculins de la ville de Olten sont des tricoteurs. Et même en 1900, dans les 19 villes principales de la Suisse, on dénombre encore quelque 9000 actifs qui pratiquent les métiers de la broderie et qui se répartissent en deux tiers de femmes et un tiers d'hommes.

Les femmes dans l’économie urbaine – Frauen in der Stadtwirtschaft

Liliane Mottu-Weber

L'insertion économique des femmes dans la ville d'Ancien Régime

Réflexions sur les recherches actuelles

La plupart des colloques auxquels j'ai participé récemment, de même que beaucoup d'ouvrages collectifs parus ces dernières années, réservaient à l'histoire de l'Ancien Régime une place relativement modeste en regard de celle qui était consacrée au Moyen Age et aux 19e–20e siècles.[1] D'une manière générale, les travaux portant sur une région ou une époque précises étant relativement peu nombreux, il reste encore difficile d'établir des comparaisons valables et éclairantes entre pays ou de percevoir une évolution des possibilités d'insertion des femmes entre la fin du Moyen Age et le 19e siècle. L'Ancien Régime est par conséquent souvent traité comme un tout, et les données dont les auteurs disposent pour la fin de cette période sont considérées comme valables pour l'ensemble de ses trois siècles et… pratiquement pour toute l'Europe.[2] Dans ce qui devrait être des lieux de «rencontres», l'historien-ne qui travaille sur l'Ancien Régime éprouve un sentiment d'isolement et se surprend à être à la recherche d'un interlocuteur ou d'une interlocutrice qui soit à même de partager ses interrogations et ses découvertes!

Certes, ce déficit peut être attribué au peu d'intérêt porté depuis quelques lustres à l'économie d'Ancien Régime par de nombreuses institutions universitaires et à l'absence de projets – et de fonds – consacrés jusqu'ici à l'histoire plus spécifique des femmes. Mais il me semble que la manière dont le problème de l'insertion des femmes dans la société a été posé dans les premières études est également responsable d'un certain blocage de la recherche actuelle. J'aimerais apporter ici quelques brèves réflexions sur ce sujet, à partir de l'exemple genevois.

Les premiers travaux genevois ont tous souligné le rôle important que jouèrent les femmes dans l'économie genevoise d'Ancien Régime: bien qu'elles aient rarement été signalées par les historiens traditionnels, les activités féminines sont détectables dans de nombreux secteurs, pour peu qu'on les cherche bien.
Ainsi, alors qu'on les avait le plus souvent présentées comme des femmes d'intérieur ou des domestiques (certes, près des 90% des domestiques étaient des femmes, et les domestiques représentèrent probablement à certaines époques une bonne moitié des femmes actives à Genève), il a pu être montré qu'elles se trouvaient très communément à la tête de débits de boissons ou de petits commerces de mercerie, de mode et de friperie. Chargées de ravitailler la population en produits frais de la campagne, elles faisaient également office de «revenderesses» sur les principales places de la cité. Enfin, on les découvrait même, grâce aux registres de comptes, sur les chantiers de construction en train de porter la terre, le sable et le mortier, ou sur les terres de l'Hôpital général, assumant la plupart des travaux des champs, même les plus pénibles. Cela pour leurs activités publiques, visibles. Mais surtout, depuis que l'histoire artisanale et manufacturière est mieux connue, on sait qu'une grande partie de la main-d'œuvre des secteurs d'activité les plus importants (soierie, draperie, dorure, Fabrique, indiennage) était féminine.[3]
Les données précises manquent pour quantifier ces affirmations: nous ne disposons en effet d'aucune statistique de la main-d'œuvre active avant les recensements de la fin du 18e siècle. Pour évaluer les conditions d'insertion professionnelle des femmes avant cette date, nous sommes obligés de recourir aux réglementations corporatives ou aux registres officiels, d'une part, et aux archives notariales ou privées, d'autre part.
Le premier type de document nous renseigne sur les mesures prises par les maîtrises ou le gouvernement pour ou contre – plus souvent contre – le travail des femmes. Il a permis de déterminer que la situation de ces dernières s'était considérablement dégradée à partir de la fin du 16e siècle, notamment en ce qui concerne les occasions d'exercer un travail indépendant. En outre, certains secteurs – ou types de travaux, ou possibilités de formation – se fermèrent peu à peu aux femmes, qui se trouvèrent rejetées vers les besognes annexes, souvent peu qualifiées, et par conséquent mal rétribuées.[4]
L'utilisation d'autres sources telles que les archives notariales a permis, par exemple, d'observer l'évolution des apprentissages féminins au cours des siècles. Leur exclusion graduelle de secteurs dans lesquels on les trouvait communément au 16e siècle et leur confinement aux activités dites «féminines» s'en sont trouvées confirmées, de même

que des profils de carrière beaucoup plus informels et moins linéaires que ceux de leurs homologues masculins: la formation des femmes se faisait le plus souvent «sur le tas», sans faire l'objet d'une convention (écrite) entre le maître et son ouvrière. Engagée comme servante dans une famille, une jeune fille pouvait bientôt être chargée de toutes sortes de travaux qui ne relevaient pas à proprement parler du «ménage»: dévidage ou filage de la laine, de la soie, du chanvre et du lin, ainsi que divers travaux d'aiguille, qui comprenaient aussi bien la couture (et le foulage) des bas tricotés au métier par le fabricant de bas, que la fabrication de dentelles ou de broderies destinées à la vente. Cette servante était donc associée aux travaux de la «boutique» de son maître – tissage, moulinage, et même tirage des fils d'or et d'argent –, au même titre que les enfants et les autres femmes vivant sous le même toit, en dépit des efforts réitérés des maîtrises pour protéger l'activité de leurs compagnons. Par son mariage avec un maître-artisan, une femme participait de manière active à la production de l'atelier familial.

Sans ces activités de type domestique – si difficiles à observer –, les différentes branches du textile qui fleurirent dans la cité n'auraient pas pu se développer. Sans elles, comment pourrait-on expliquer que les veuves aient été en mesure de diriger l'atelier de leur conjoint après la mort de ce dernier, et que les opérations de préparation des matières premières aient fait si rarement l'objet de conventions? Il semble donc bien qu'une part importante de la population active féminine ait trouvé à s'employer (de manière temporaire, ou intermittente) dans les interstices et dans les marges du système mis en place par les maîtrises, sans que leurs connaissances techniques ni leur habileté aient été formellement reconnues par un contrat écrit ou par des rites de passage tels que les réceptions à l'apprentissage, au compagnonnage ou à la maîtrise, qui étaient en principe dûment consignées dans le registre de la maîtrise.[5]

Précisons tout de même que dans cette cité de refuge et d'immigration soutenue, un nombre non négligeable de femmes étrangères originaires des campagnes avoisinantes – attirées par les possiblités d'emploi que leur offraient les marchands-fabricants et les artisans locaux – venaient s'ajouter à la main-d'œuvre féminine rattachée à des ateliers familiaux. Leur existence est signalée par les réactions que provoquait leur vie indépendante (elles vivent en «chambre à part»); le Conseil leur rappelait alors qu'en tant que femmes elles devaient habiter soit chez leur père, soit chez un mari, soit chez un maître. En période de cherté et de disette, elles étaient renvoyées dans leur campagne comme «bouches inutiles», au grand dam des marchands-fabricants qui, en temps ordinaire, ne pouvaient se passer de leurs services.

Reste à rappeler la relative importance des femmes dans le commerce. Pour une grande part, nous l'avons vu, elles ne faisaient par là que bénéficier d'un «usage ancien», en tout cas bien établi au 16e siècle, qui autorisait les femmes à tenir toutes sortes de petits commerces utiles au ravitaillement de la cité, pourvu que leur nombre – et leur comportement – ne perturbent pas l'ordre et l'équilibre du marché local. Toutefois, quelques femmes, généralement célibataires, séparées ou veuves, le plus souvent associées à une autre femme ou à d'autres marchands, se trouvèrent parfois à la tête de commerces plus importants, ou même de véritables entreprises comme la fabrique – dispersée – de dorures d'Elisabeth Baulacre, qui fut très florissante durant la seconde moitié du 17e siècle.[6] Mais nos informations sur elles sont encore trop fragmentaires pour en dire plus.

Un dernier aspect bien connu de la participation active de femmes à la vie économique touche au domaine de la finance. Au travers des «obligations pour cause de prêt» et des actes de constitution de société, il est possible de percevoir le rôle que jouaient certaines d'entre elles en tant que pourvoyeuses de capitaux sous forme de prêts directs ou en tant que commanditaires. Une fois mariée, la femme vivait et agissait sous l'autorité de son mari, sans le consentement duquel elle ne pouvait contracter, ni disposer de ses biens.[7] Il était donc exceptionnel, semble-t-il, qu'elle gère véritablement elle-même sa fortune. En cas de séparation ou de veuvage, en revanche, rentrée en possession de sa dot et forte de son «augment», elle était libre de disposer de ses biens propres et en mesure (ou contrainte) de prêter de l'argent pour disposer d'un revenu régulier.[8] Dans certains cas comme celui d'Elisabeth Baulacre, que je viens de citer, cette activité se confondait avec celle du «marchand-fabricant» *(Verlagssystem)* ou avec le négoce. Mais, dans l'état actuel des recherches, il n'est pas toujours aisé de savoir si une femme qui investissait des capitaux se contentait de financer une entreprise ou une maison de commerce, ou si elle prenait une part active à leur fonctionnement.[9] Moins visibles, mais tout aussi indispensables, les petits prêts à court et moyen terme accordés aux maîtres-artisans pour acheter leurs matières premières, leurs outils, ou tout simplement pour subsister, avaient une fonction économique et sociale qu'il convient de souligner.[10]

D'autres activités «professionnelles»?

Le tableau que nous venons de brosser des activités de la partie féminine de la population active regroupe principalement – pour une ville comme Genève, qui ne possédait pratiquement pas de campagne en dehors de ses remparts – des métiers des secteurs secondaire et tertiaire. Il répond à la vision que nous sommes tentés d'avoir d'une société qui vit et travaille selon nos critères contemporains – et occidentaux – de l'insertion professionnelle, même si nous sommes conscients que la frontière entre vie privée et vie professionnelle est difficile à tracer dans l'atelier familial du modèle de la production domestique.

Quelques travaux récents, fondés sur des sources différentes (procès criminels ou archives hospitalières) et dans lesquels la «profession» des personnes en cause n'est étudiée ou mentionnée qu'accessoirement, montrent toutefois que le monde du travail d'Ancien Régime n'avait que peu de rapports avec les classifications socio-professionnelles que nous nous efforçons de lui appliquer depuis le 19e siècle. Du moins, pour une partie de la population.[11]

Les caractéristiques que l'on y repère pour le travail féminin sont les suivantes:

– une partie des femmes exercent simultanément ou alternativement plusieurs (petits) métiers; un nombre non négligeable d'entre elles changent notamment d'activité durant la période étudiée (1745–1755);

– certains métiers sont saisonniers (comme l'indiennage, par exemple); ils présupposent de longues périodes de chômage ou le recours à d'autres emplois durant la morte-saison;

– certaines femmes ont un métier principal – par lequel on les désigne dans les documents – mais accomplissent divers ouvrages en sus: portage d'eau ou de messages, fabrication et vente – interdite – de pain; lessive et entretien du linge pour des voisins; hébergement de soldats, d'étudiants ou d'hôtes de passage.

– les conditions dans lesquelles ces activités se déroulent et l'absence fréquente de toute indication précise concernant les salaires indiquent que les rétributions en nature ou même sous forme de troc devaient être très répandues.[12]

D'abord mieux connaître les vies des femmes

Ces quelques exemples montrent que les concepts de travail – salarié – et de production qui ont généralement été appliqués aux activités féminines ne recouvrent qu'une partie des formes que peut revêtir leur insertion économique et sociale dans la ville d'Ancien Régime.

Un certain nombre d'autres éléments devraient entrer en ligne de compte dans toute étude des activités économiques, qu'elles concernent d'ailleurs les femmes ou l'ensemble de la population.

La dimension temporelle: Les itinéraires professionnels sinueux et même hoquetants que nous observons pour une partie des gens doivent nous alerter sur le fait que nous devrions d'abord tenter de définir pour chaque période étudiée ce que recouvraient les notions de travail, de profession/métier, et même de repos («loisirs»). Il nous faudrait également déterminer leur place respective dans le temps quotidien, en percevant les «rythmes» de la journée, ainsi que les autres activités, éducatives, caritatives, religieuses ou culturelles avec lesquelles le travail et le repos entraient en concurrence. Cela dans une simple journée ou dans la semaine de tout un chacun-e.[13] Mais également dans le cours d'une vie. Et c'est là que les femmes doivent peut-être être traitée d'une manière spécifique, dans la mesure où leur vie comprend un certain nombre d'étapes au cours desquelles leur disponibilité pour un «travail» varie grandement: enfance, adolescence, mariage(s), maternité(s), veuvage(s), vieillesse.[14]

Cette perspective devrait aussi prendre en compte l'importance et le poids des tâches ménagères et familiales, en intégrant mieux les résultats des recherches existantes sur l'histoire de la vie pratique quotidienne, recherches qui portent aussi bien sur l'habitat, les combustibles et l'eau potable que sur les modes d'acquisition, de cuisson et de conservation des aliments, ou encore sur l'éducation des enfants, les vêtements, l'hygiène et les soins aux malades et aux personnes âgées. Notons qu'à cet égard, il est également indispensable de connaître la composition et la dimension des ménages et de repérer, outre la présence, centrale, de la mère de famille, celle de domestiques ou d'autres femmes «périphériques» – sœurs célibataires ou veuves, grands-mères. Il n'est pas exclu que l'on découvre que les hommes – lesquels? – ont peut-être joué sous l'Ancien Régime un certain rôle dans l'accomplissement de ces tâches – considérées comme spécifiquement féminines surtout depuis le 19e siècle![15]

La dimension spatiale: Il me paraît très important d'étudier plus précisément les lieux du travail féminin. Dans quelle mesure, en fonction des outils et des contraintes techniques de chaque activité, les femmes étaient-elles obligées de se déplacer ou exerçaient-elles leur activité à leur domicile? Pouvaient-elles, par exemple, être amenées à devoir choisir une technique archaïque et peu rentable, mais praticable chez elles, plutôt que l'emploi d'un outil cher nécessitant leur déplacement chez un maître du métier?[16]

Quelle était, en outre, la visibilité des femmes? Quelles occasions avaient-elles de paraître en public à l'occasion de leurs pratiques quotidiennes ou dans des rassemblements ou des fêtes? Etaient-elles autant confinées dans leurs murs que le laissent entendre les textes de loi ou les études sur l'atelier familial?

Vers une «insertion économique» plus globale

Un dernier aspect, sous-estimé, de l'insertion des femmes dans l'économie, qui complète les activités de production et de services déjà mentionnées, est celui de la fonction qu'elles remplissent en tant que gestionnaires et consommatrices. Comme le relevait récemment Anne-Marie Piuz, «à quelques achats près, comme le bois, et encore, toutes les dépenses des ménages sont des dépenses de femmes et si on rappelle que, dans les sociétés traditionnelles, les ménages constituent globalement la principale demande, on peut avancer que près de 80% des dépenses de la majorité de la population sont effectués par les femmes. L'importance des femmes dans l'économie saute aux yeux: elles détiennent une grande part du pouvoir financier en gérant les ressources du ménage, des ressources qui, pour la plus grande partie des familles, se dépensent quotidiennement en totalité. Pour les femmes mariées, modestes et pauvres, c'est-à-dire la majorité, c'est une occupation à plein temps ou presque que la responsabilité de la nourriture de chaque jour [...]. L'initiative, la présence massive et la violence des femmes lors des émeutes de subsistance est l'un des traits les plus caractéristiques de ce type de révolte. Il témoigne à l'évidence du rôle fondamental des femmes dans une économie dont le marché est dominé par la production et la consommation de biens de subsistance.»[17]

Par ce biais, il est possible de restituer aux femmes un «pouvoir domestique» certain, qui compense l'apparente absence de pouvoir qui les caractérise dans un monde professionnel pris au sens habituel du terme. Et de leur donner une identité qui tienne compte de toutes les composantes personnelles et sociales de leur vie.[18] Et ici, il s'agit une fois de plus de se tourner vers des sources plus diversifiées: livres de comptes et livres de ménage, journaux intimes, mais également travaux portant sur l'histoire de l'alimentation, le marché urbain, les budgets populaires ou les dépenses de consommation. Madame Gallatin, étudiée par David Hiler, ne dépense-t-elle pas à Genève au milieu du 18e siècle en moyenne 12'000 florins par an (16 salaires annuels de maçons ou de charpentiers) pour son ménage, sans compter les produits que lui fournit le domaine familial?[19]

*

Après avoir paré au plus pressé et avoir eu recours aux sources les plus accessibles, il est temps que nous pratiquions une histoire véritablement pluri-disciplinaire et que nous nous tournions vers d'autres fonds, qui ont de prime abord un lien moins direct avec les activités économiques «professionnelles» des femmes. Il s'agit aussi d'utiliser plus et mieux les sources qualitatives. Pour tenter, notamment, de déceler les idées concernant le statut des femmes dans la société qui se cachent derrière les normes – en matière de salaires ou de travail – imposées par l'Etat, l'Eglise et les organisations professionnelles. Mais en même temps nous devons élargir les concepts utilisés pour définir ces activités, en tenant compte des recherches existantes sur les autres aspects de la vie des femmes – et des hommes. Toutes ces démarches impliquent, certes, un grand investissement en temps de recherche. La situation de blocage dans laquelle nous nous trouvons actuellement ne peut être dépassée qu'à ce prix!

Notes

1 Cf. les diverses Rencontres des historiennes suisses qui ont été organisées et publiées entre 1983 et 1991; le colloque de Prato de 1989 sur les femmes dans l'économie: in: Simonetta Cavaciocchi (Hg.), La donna nell'economia. Sec. XIII–XVIII (Atti delle «Settimane di studi» 21); la récente Histoire des femmes en Occident, 5 vol., publiée sous la direction de Georges Duby et Michelle Perrot.

2 Cf. Duby/Perrot (cf. note 1), vol. 2, chap. 1: Le travail et la famille, par Olwen Hufton. La toute récente étude de Christina Vanja, Zwischen Verdrängung und Expansion, Kontrolle und Befreiung – Frauenarbeit im 18. Jahrhundert im deutschsprachigen Raum, in: Vierteljahrschrift für Sozial- und Wirtschaftsgeschichte 79 (1992), 4, p. 457–482, bien que limitée dans le temps et dans l'espace, échappe toutefois à ce travers.

3 Sur cette question, cf. Thérèse Pittard, Femmes de Genève aux jours d'autrefois, Genève [1946]; Liliane Mottu-Weber, Les femmes dans la vie économique de Genève, XVIe–XVIIe siècles, in: Bulletin de la Société d'histoire et d'archéologie de Genève 16 (1979), p. 381–401; Id., Economie et Refuge à Genève au siècle de la Réforme: la draperie et la soierie (1540–1630), Genève 1987; Id., L'évolution des activités professionnelles des femmes à Genève du XVIe au XVIIIe siècle, in: Atti delle «Settimane di studi» 21, p. 345–357.

4 Certains travaux de la Fabrique exercés par les femmes au 18e siècle demandent cependant précision et dextérité. D'autres, en outre, sont dangereux pour la santé ou précaires. Nombreuses sont les femmes qui doivent avoir recours à l'assistance à cette époque pour des raisons de santé (intoxication au mercure) ou parce qu'un nouvel outil a été inventé, qui rend désormais leur activité inutile.

5 Sur les maîtrises, cf. Liliane Mottu-Weber, Métiers et fabricants. Quelques traits spécifiques de l'organisation du travail artisanal et manufacturier à Genève sous l'Ancien Régime, in: Histoire de l'artisanat, Itinera 14 (1993), éd. par Anne-Marie Dubler, Société générale suisse d'histoire, p. 66–86.

6 Anne-Marie Piuz, Un aspect de l'économie genevoise au XVIIe siècle: la fabrique de dorures d'Elisabeth Baulacre, in: A Genève et autour de Genève aux XVIIe et XVIIIe siècles. Etudes d'histoire économique, Lausanne 1985, p. 166–183.

7 Pittard (cf. note 3), p. 14.

8 Il reste toutefois à déterminer dans quelle mesure cette dot était réellement versée par le père, et finalement rendue, augmentée de l'augment, après le décès du mari.

9 Certains contrats de constitution de société semblent en effet être fictifs, notamment lorsqu'une femme «citoyenne» ne sert que de prête-nom dans une société formée de simples «habitants».

10 Sur ce sujet, cf. Mottu-Weber, Les femmes (cf. note 3), p. 399; Id., Economie (cf. note 3), p. 367–390.

11 Par ex.: Marie-Claude Perrothon, Délinquantes face à la justice genevoise du XVIIIe siècle. Attitudes et réactions, mém. de lic., Faculté des Lettres, Département d'histoire générale, Genève 1981; Emmanuelle Clerc, Femmes assistées par l'Hôpital général de Genève, 1745–1755, mém. de lic., Faculté des Lettres, Département d'histoire générale, Genève 1987.

12 Dans une cité qui comportait encore de grands jardins au pied de la plupart des maisons au début du 18e siècle (cf. Plan Billon, 1726), on peut notamment se demander quelle part de la production des basses-cours et des jardins potagers dépassait la simple auto-consommation et s'écoulait sur le marché – ou était échangée sous forme de troc.

13 Il serait notamment utile de déterminer ce que recouvrent les indications fournies par les ordonnances corporatives ou les contrats d'engagement sur la durée du travail journalier, hebdomadaire ou annuel, et de vérifier si elles étaient applicables à tous/toutes et observées.

14 L'observation des itinéraires professionnels de tous les membres d'une famille faite à l'occasion d'une recherche en cours m'a cependant révélé qu'une conjoncture difficile, un accident ou une maladie obligent aussi nombre d'hommes à abandonner le métier auquel ils s'étaient formés pour prendre le premier emploi qui s'offre à eux. Revenant rarement à leur première profession, ces hommes restent par conséquent parfois également confinés dans des occupations non-qualifiées.

15 Cf. Louise A. Tilly et Joan W. Scott, Les femmes, le travail et la famille, Paris 1987 (trad. de l'anglais).

16 Ce point contribuerait à expliquer la cohabitation dans la même ville de techniques avancées et de techniques archaïques.

17 Les activités urbaines, [Rapport d'] Anne-Marie Piuz, in: Atti delle «Settimane di studi» 21, p. 131–136.

18 Cf. les directions de recherche proposées dans Cécile Dauphin, Arlette Farge, Geneviève Fraisse et al., Culture et pouvoir des femmes: essai d'historiographie, in: Annales E. S. C. 41 (1986), 2, p. 271–293.

19 David Hiler, Les sept jours gras du patriciat genevois. Le livre de ménage de Marie Gallatin (1753–1758), in: Revue du Vieux Genève 16 (1986), p. 29, note 3.

Ulrich Pfister

Städtisches Textilgewerbe, Protoindustrialisierung und Frauenarbeit in der frühneuzeitlichen Schweiz

Im Gegensatz zur frühen Neuzeit ist die Frauenarbeit in den spätmittelalterlichen Städten relativ gut untersucht. Die Auseinandersetzung mit den heute weitgehend widerlegten Thesen Büchers zur «Frauenfrage im Mittelalter» mag dabei anregend gewirkt haben; die demographische Struktur und die Familienorganisation spätmittelalterlicher Städte sowie die geschlechtsspezifischen Zugänge zu Arbeits- und Produktmärkten, Zünften und zum politischen System von Städten liess sich dadurch unter einer einheitlichen Perspektive abhandeln.[1] Als Resultat dieser Studien lässt sich zumindest für den Textilsektor, das wichtigste Gewerbe in vorindustrieller Zeit, zwischen dem 14. und dem späten 16. Jahrhundert in den deutschen und niederländischen Städten eine zunehmende Differenzierung von Arbeit feststellen. Tätigkeiten mit hohem, formalem Status standen vermehrt solchen mit niedrigem, informalem Status gegenüber. Hoher Status steht dabei für ein vergleichsweise hohes, institutionell geregeltes Einkommen, ein durch Ordnungen und Behörden geregeltes Arbeitsprodukt mit tendenziell hoher Qualität, eine formelle Ausbildung sowie eine kontinuierliche Beschäftigung. Formale Arbeit ist zudem mit einem in der Regel zünftischen Ehrenkodex verknüpft. Informelle, mit einem niedrigen Status und Prestige versehene Arbeit ist demgegenüber «ehrlos», ungeschützt durch Stadtbehörden und Zünfte. Sie steht demnach für Arbeit, die hinsichtlich Einkommen und Ausbildung wenig reguliert und deren Produkt wenig standardisiert ist (was noch nicht eine schlechte Qualität bedeutet), für Arbeit auch, die häufig nur temporär ausgeübt wird.[2]

Arbeit differenzierte sich nicht nur gemäss ihrer Organisation. Darüber hinaus entwickelte sich zunehmend eine geschlechtsspezifische Zuordnung von Frauen zu Arbeiten niedrigen Status und von Männern zu Arbeiten mit hohem Status. Die Zuordnung einer einzelnen Tätigkeit zum männlich dominierten zünftischen bzw. zum häufig von Frauen dominierten informellen Sektor war zwar keineswegs von vornherein klar und ergab sich öfters erst als Resultat diesbezüglicher Beschwerden von Zünften bzw. Verordnungen von städtischen Obrigkeiten. Als harten Kern hinsichtlich der von Frauen kontrollierten Produktmärkte (im Bereich der Arbeitsmärkte liegen die Verhältnisse etwas anders, vgl. unten) lassen sich jedoch generell Bereiche definieren, die auf einer Kommerzialisierung von Tätigkeiten aufbauen, die Frauen im Rahmen der Hauswirtschaft ausüben. Hierzu gehört insbesondere der Handel mit Produkten aus weiblichen Sondernutzungen (Flachs, Eier, Geflügel, Früchten) und verarbeiteten Nahrungsmitteln (Bier) sowie Textilien. Im kommerziellen Leben der Städte spielen die Frauen wenigsten zum Beginn der frühen Neuzeit im Bereich des Detailhandels noch eine wichtige, wenn nicht dominierende Rolle.

Zwei Faktoren werden für die zunehmende Differenzierung von städtischen Tätigkeiten und ihre geschlechtsspezifische Zuweisung verantwortlich gemacht. Erstens wird auf die zunehmende Bedeutung des Fernhandels bzw. der Exportproduktion verwiesen. Die Minimierung von Transaktionskosten in grossräumigen Märkten (Informationskosten; Kosten, die mit dem Abschluss und der Durchsetzung von Kaufverträgen verbunden sind) verlangte eine Standardisierung von Produkten und den Abschluss von Verträgen über grosse Mengen zwischen Produzenten und Fernkaufleuten. Das Zunftsystem bot Hand für beides und ermöglichte zudem eine damit konforme Ausbildung der Arbeitskräfte. Die Ausweitung der Sphäre formaler Arbeit hängt also zunächst eng mit der steigenden Bedeutung des Fernhandels zusammen.[3]

Dieses Argument erklärt noch nicht die geschlechtsspezifische Zuweisung von Arbeit mit hohem Status und hoher Exportneigung bzw. Arbeit mit niedrigem Status und einer vorwiegenden Ausrichtung auf lokale Märkte. Als zweiten Faktor ist deshalb der geschlechtsspezifisch unterschiedliche Zugang zum politischen System ins Feld zu führen. Das Spätmittelalter ist auch durch eine steigende Autonomie der von Männern kontrollierten städtischen Behörden und ein Ausgreifen ihrer Ordnungsbemühungen in die Bereiche von Kirchen- und Sittenzucht, Armenversorgung und eben Arbeit geprägt. Diese Entwicklung unterstützte die Ausgrenzung einer Sphäre männlicher Ehre mittels des städtischen Normen- und Sanktionsapparats im Sinn der Zurückdrängung selbständiger weiblicher Tätigkeit in den als relevant erachteten Arbeitsfeldern.

In der frühen Neuzeit setzte sich die Exportorientierung lokaler Gewerbe unter dem Zeichen der Protoindustrialisierung fort. Protoindustrialisierung meint die Herausbildung einer Region verdichteten Gewerbes, das für den Export auf überregionale Märkte produziert. Damit wird ein ländliches, zunächst vor allem weibliches Arbeitskräftepotential erschlossen. Auch hier lässt sich – wie in den spätmittelalterlichen Städten – von einer Kommerzialisierung der durch Frauen im Rahmen der Hauswirtschaft erbrachten Funktionen sprechen. Die Ausweitung von Absatzmärkten wie auch die Beschäftigung einer grösseren Arbeitskraft gingen mit einer Veränderung organisatorischer Muster einher. Standardisierte, durch Schauen geschützte Markenprodukte verloren bis zum 18. Jahrhundert ihre Bedeutung zugunsten von Massenware für breite Käuferschichten einerseits sowie von qualitativ hochstehenden, über Muster mit dem Kunden vereinbarten Produkten andererseits. Langfristig verloren damit die von Zünften und städtischen Obrigkeiten erbrachten Regulierungs- und Ausbildungsfunktionen an Bedeutung. Umgekehrt verlangte die Integration von kapitalarmen Bevölkerungsschichten in eine kommerzielle gewerbliche Produktion ein zunehmendes Eindringen des Handelskapitals in die Produktionssphäre; das Verlagssystem gewann an Bedeutung und erfuhr eine organisatorische Differenzierung; dasselbe gilt für zentrale Manufakturen im Eigentum von Kaufleuten. Dies schliesst nicht aus, dass vor allem in der Frühphase der Protoindustrialisierung im späten 16. Jahrhundert, als Kaufmannsunternehmen noch keine vertikale Integration von Produktionsprozessen leisten konnten, die Entstehung exportorientierter Gewerbe vielfach noch mit einer Gründung von Zünften einherging.[4]

Was bedeutete die Protoindustrialisierung der frühen Neuzeit für die städtische Frauenarbeit? Einerseits konnte die Ruralisierung von gewissen Produktionsschritten und ihre Einbindung in ein Verlagssystem nicht nur einen Niedergang des städtischen Zunfthandwerks, sondern auch der nichtzünftischen, von Frauen geleiteten Produktions- und Handelsbetriebe führen. Die Produktion verlagerte sich von der Stadt aufs Land, und der Handel verschob sich von den kleinen Produzentinnen zu den Fernkaufleuten. Andererseits entstanden mit der Vermehrung von zentralen Manufakturen unselbständige, zum Teil wenig qualifizierte und schlecht bezahlte Beschäftigungen für Frauen (z. B. Winden im Seidengewerbe, Hilfsarbeiten im Baumwolldruck). Die bereits im Spätmittelalter zu verzeichnende Verdrängung von städtischen Frauen aus selbständigen und qualifizierten Arbeiten setzte sich somit auch in der frühen Neuzeit fort. Frauen hatten keinen selbständigen Zugang zu Produktmärkten mehr, sondern waren nur noch über die Märkte für wenig qualifizierte Arbeit in die Produktion integriert.

Wenn von einer Fortsetzung des im Spätmittelalter angelegten Trends gesprochen werden kann, so findet allerdings in der frühen Neuzeit eine gewisse Verlagerung der dabei wirksamen Faktoren statt. Die formelle Ausgrenzung von Frauen durch Zünfte und Verordnungen der städtischen Behörden tritt zurück gegenüber strukturellen Automatismen, welche die unternehmerische Rolle von Frauen in Branchen mit komplexer Organisation erschweren und die letztlich in der mangelnden Rechtsfähigkeit von Frauen gründen. Zu ihnen zählen die relativ geringe geographische Mobilität von Frauen, die eine Betätigung im Fernhandel erschwert, und der beschränkte Zugang zu Krediten, der den Erwerb eines grossen Umlaufkapitals, wie er zum Betrieb eines umfangreichen Verlagsunternehmens erforderlich ist, behindert. Die fehlende Rechtsfähigkeit erschwert den Abschluss und die Durchsetzung von Kontrakten gegenüber Geschäftspartnern und Arbeitskräften – angesichts des notorischen Problems der Unterschlagung von Rohmaterialien und Halbfabrikaten durch Arbeitskräfte in Verlagssystemen eine unerlässliche Kompetenz. Schliesslich fehlt Frauen ein institutioneller Zugang zum städtischen Herrschaftssystem, so dass eine Artikulation ihrer wirtschaftlichen Interessen in Absicht auf deren institutionellen Schutz unmöglich ist.

Dieses Argument lässt sich einbetten in die Erörterung der Frage, wie sich die Protoindustrialisierung auf den Status von Frauen ausgewirkt hat. Frühere Studien haben sich vor allem auf ländliche Verhältnisse bezogen und haben argumentiert, dass die verstärkte Markteinbindung vor allem die ökonomische Autonomie und den sozialen Status junger Frauen erhöht habe. Einzelne neuere empirische Arbeiten stehen dieser These skeptisch gegenüber.[5] Die gegenwärtige Studie argumentiert darüber hinaus, dass die Protoindustrialisierung den direkten Zugang kleiner städtischer Produzentinnen zu den Produktmärkten abgebaut und dadurch den wirtschaftlichen Status von städtischen Frauen verschlechtert hat.

Die folgenden Ausführungen untersuchen diese allgemeinen Überlegungen anhand von Material zum Textilgewerbe im Raum der heutigen Schweiz, die im späten 16. und frühen 17. Jahrhundert eine noch stark auf die Städte und ihr unmittelbares Umland gestützte, nach einer Ruralisierung des Gewerbes um die Mitte des 17. Jahrhunderts eine vorwiegend ländliche Protoindustrialisierung erfahren hat.[6] Die Auswirkungen der Protoindustrialisierung sollen dabei vor der Folie der vielfältigen Organisation der kommerziellen, durch Frauen in Städten geleisteten Textilverarbeitung insgesamt diskutiert werden. Die knappen Schilderungen der Entwicklung in den drei grossen Manufakturzentren Genf, Basel und Zürich, die sich auf vorhandene Studien stützen, werden deshalb durch eine etwas ausführlichere, da auf Primärmaterial gestützte Diskussion der Situation in Sitten, einer agro-administrativen Kleinstadt, ergänzt. Um diese Einzelbeispiele in den weiteren Kontext einzubetten, folgen zunächst allgemeine Bemerkungen zur schweizerischen Städtelandschaft und zu den Tätigkeitsbereichen im kommerzialisierten Sektor der Wirtschaft, die städtischen Frauen offenstanden.

Der Kontext: Frauenarbeit in den Schweizer Städten der frühen Neuzeit

In der Schweiz bestanden am Ende der frühen Neuzeit vier grössere Städte. Genf und Basel wiesen bereits im 16. Jahrhundert Einwohnerzahlen von rund 10'000 auf. Bern und Zürich zählten dagegen zum Beginn der frühen Neuzeit nur rund 5000 Einwohner, wuchsen aber bis ins späte 18. Jahrhundert ebenfalls auf gut 10'000 Einwohner an. In Genf, Basel und insbesondere Zürich hing das frühneuzeitliche Bevölkerungswachstum teilweise damit zusammen, dass diese Städte sich zu protoindustriellen Manufakturzentren entwickelten. Ältere Zentren von Herrschaft, Handel und zum Teil Gewerbe stagnierten auf dem Niveau von 5000–6000 Einwohnern (Lausanne, Schaffhausen, Freiburg, St. Gallen; die letzteren beiden waren bis ins 16. bzw. 17. Jahrhundert wichtige Zentren des Woll- bzw. Leinwandgewerbes). Als neue Manufakturzentren stiegen im 18. Jahrhundert La Chaux-de-Fonds und Le Locle zu dieser Grössenklasse auf. Schliesslich existieren am Ende des Ancien régime etwa zehn kleinere Städte zwischen 2000 und 4000 Einwohnern; in der Regel handelt es sich um Herrschaftszentren (Kantonshauptorte) bzw. um wichtige Landstädte in Untertanengebieten (Lugano, Vevey, Aarau, Zofingen). Hinsichtlich Grösse und wahrscheinlich auch hinsichtlich zentralörtlicher Funktionen bestand bei diesen Städten eine gewisse Überlappung zu den in der frühen Neuzeit stark gewachsenen «Flecken» (Zentralorte ohne Stadtrecht; Bevölkerungszahlen 1798/99: Glarus 4400, Herisau 6400, Schwyz 3300, etc.). Wie La Chaux-de-Fonds und Le Locle können einige dieser kleinen Städte und Flecken am Ende des 18. Jahrhunderts als Manufakturzentren angesprochen werden (z. B. Zofingen und Glarus, in denen die Indiennedruckerei betrieben wurde).[7]

Diese kurze Vergegenwärtigung der schweizerischen Städtelandschaft ist notwendig, um den Forschungsstand sowie die späteren Ausführungen angemessen zu verorten. Die grossen Manufakturzentren decken nur ein kleines Spektrum aller Städte ab. Insbesondere über Frauenarbeit in Kleinstädten wissen wir wenig, was neben der unbefriedigenden Forschungslage zum Teil auch auf die schwierige Quellenlage zurückzuführen sein dürfte.[8]

Die Textilverarbeitung, die im Zentrum der weiteren Darstellung steht, stellte keineswegs die einzige Beschäftigung von städtischen Frauen dar.[9] Die kommerzielle Landwirtschaft bot auch und gerade in den grösseren Städten vielfältige Beschäftigungsmöglichkeiten. Im Umland der meisten grösseren frühneuzeitlichen Städte lässt sich eine Zone feststellen, die durch eine auf den städtischen Markt ausgerichtete arbeitsintensive Landwirtschaft geprägt ist. Insbesondere der Weinbau stellte vielfach ein bedeutsames Element der kommerziellen städtischen Wirtschaft dar. Sein hoher Arbeitskräftebedarf wurde in erheblichem Ausmass über den Arbeitsmarkt gedeckt, und Frauen – die während der frühen Neuzeit auch in der häuslichen Weinwirtschaft eine wichtige, wenn nicht dominierende Rolle spielten – hatten Zugang zu diesem Arbeitsmarkt. Grössere Schweizer Städte mit einer umfangreichen kommerzialisierten Weinwirtschaft waren u. a. Genf, Lausanne, Basel und Schaffhausen.[10] Auch auf anderen städtischen Arbeitsmärkten mit kurzfristigen Kontrakten spielten Frauen eine beträchtliche Rolle, zu erwähnen ist insbesondere das Baugewerbe.[11]

Als zweites Hauptbeschäftigungsfeld für Frauen, das sich teilweise mit der kommerziellen Landwirtschaft decken kann, ist der Gesindedienst zu nennen. In Bern und Zürich etwa betrug der Anteil des Gesindes an der Stadtbevölkerung in der zweiten Hälfte des 18. Jahrhunderts rund 20%, Frauen stellten die überwältigende Mehrheit dar (drei Viertel und mehr). Die Bedürfnisse einer luxuriösen Haushaltsführung waren in diesen Städten der Hauptauslöser für die Nachfrage nach Gesinde; entsprechend lag der Gesindeanteil an der Bevölkerung in Städten, die eine geringere Bedeutung als Herrschaftszentren aufwiesen, erheblich tiefer (Genf um 10%, Neuenburg 1750 12,7%, wobei die Geschlechterproportion mit Bern und Zürich vergleichbar ist).[12] Die meisten Dienstboten stammten aus dem ländlichen Umland und waren nur über kurze Arbeitskontrakte (ein halbes oder ein ganzes Jahr) an einen städtischen Haushalt gebunden. Frauen stellten somit einen erheblichen Anteil an der flottanten städtischen Unterschicht dar. Zuletzt ist nochmals auf den schon erwähnten Detailhandel zu erwähnen, insbesondere in den Sektoren Nahrungsmittel und Kleidung, der in den spätmittelalterlichen und frühneuzeitlichen Städten von Frauen dominiert wurde. Die Versorgung der Städte mit Frischprodukten aus dem Umland (Früchte, Gemüse, Geflügel) wurde weitgehend durch Frauen geleistet.[13]

Bei der Textilverarbeitung ist zwischen der Textilproduktion und der Endverarbeitung (Konfektion) zu unterscheiden. Letztere erfuhr bis zur Einführung der Nähmaschine um 1900 nur geringfügige organisatorische und technologische Veränderungen. Dem vorwiegend, wenn auch nicht ausschliesslich von Männern kontrollierten, meist zünftisch organisierten Schneiderhandwerk stand die von Frauen dominierte Tätigkeit des Nähens gegenüber. Im Unterschied zur Textilproduktion erfolgte die Konfektion meist in der unmittelbaren Nähe der Konsumenten. Die meisten Städte, auch die nichtindustriellen Herrschaftszentren, wiesen deshalb am Ende des Ancien régime eine substantielle Gruppe von Näherinnen auf.[14] Die folgenden Ausführungen betrachten hauptsächlich die Textilherstellung. Im späten 16. und frühen 17. Jahrhundert stellten die Seiden- und die Wollverarbeitung in den Schweizer Städten die wichtigsten Zweige dar. Nicht behandelt wird der im 18. Jahrhundert aufkommende Baumwolldruck, der ebenfalls in substantiellem Umfang weibliche Arbeitskräfte beschäftigte.[15]

Von kleinen Produzentinnen zur Manufaktur: Zürich

Der Aufstieg Zürichs zum protoindustriellen Zentrum begann am Ausgang des 16. Jahrhunderts. Die Schwerpunkte lagen zunächst auf der Herstellung von groben Leinwand- und Baumwolltuchen, von Wolltuchen und auf der Florettseidenspinnerei sowie der Seidenzwirnerei. Drei Elemente lagen diesem Aufschwung zugrunde: Vorhandene städtische und ländliche Gewerbe im Baumwoll- und Leinwandsektor, Anregungen von protestantischen Glaubensflüchtlingen sowie die staatliche Versorgungspolitik, die dazu beitrug, dass einheimische Kaufleute die Anregungen von Refugianten in den Aufbau von grösseren Unternehmen umsetzen konnten.[16]

Ein älteres städtisches Gewerbe, das sich im späten 16. und frühen 17. Jahrhundert zu einer Protoindustrie entwickelte, war das seit dem späten 15. Jahrhundert fassbare «Tüchligewerbe», das sich mit der Herstellung von groben Baumwolltuchen und Mischgeweben befasste. Dieses Gewerbe war ursprünglich in der Form des nichtzünftischen Kleinbetriebs organisiert. Bis in die erste Hälfte des 17. Jahrhunderts spielten Frauen darin eine dominierende Rolle. 1640, bereits in der Spätphase des städtisch organisierten Baumwollgewerbes, leisteten so einer obrigkeitlichen Zitierung der «Tüchligewerbsleute» 20 Personen Folge; unter ihnen befanden sich neun Frauen, drei Männer, die Frauen vertraten, und acht auf eigene Rechnung arbeitende Männer. Ein 1575 ausgefertigter Auskaufsvertrag zwischen der Witwe Ursula Sutter, die selbst ein «Tüchligewerbe» aufgebaut hatte, und ihrem Sohn sowie einige weitere Akten gestatten eine grobe Beschreibung des Gewerbes: Die Kapitalbasis betrug mit rund 2300 Gulden einen Bruchteil derjenigen, die den entwickelten Manufaktur- und Verlagsunternehmen des 17. Jahrhunderts zugrunde lag (Grössenordnung von 100'000 Gulden, bei einem Anfangskapital von 10'000–24'000 Gulden). Das Weben erfolgte im eigenen Haus («in der grossen Stube») durch Familienangehörige, allenfalls ergänzt durch Knechte, an wenigen Stühlen. Für das Baumwollspinnen wurden ländliche Spinnerinnen verlegt, das für Mischgewebe benötigte Flachsgarn wurde auf dem städtischen Markt gekauft. Der Absatz erfolgte in Zürich selbst sowie auf nahegelegenen Messen (insbesondere Zurzach und Basel). Das Stadtzürcher «Tüchligewerbe» des späten 16. Jahrhunderts lässt sich somit in den breiteren Rah-

men von Gewerben einordnen, die auf einer Kommerzialisierung weiblicher Tätigkeiten basieren, die ihre Wurzel in der hauswirtschaftlichen Arbeitsteilung haben.
Als Rahmenbedingung für das Prosperieren des zunächst von Frauen, später von Grosskaufleuten kontrollierten «Tüchligewerbes» sei ausdrücklich auf dessen schwache zünftische und städtische Regelung hingewiesen. Anders als in Genf und Basel ist die protoindustrielle Entwicklung in Zürich nicht von nennenswerten Auseinandersetzungen um das Zunftsystem geprägt. Eine Erklärung hierfür ist nicht ganz einfach. Einen Faktor stellt sicher die Tatsache dar, dass in den von Frauen organisierten Textilgewerben schlechte, grobe Ware produziert wurde, so dass die Verdienstmöglichkeiten wahrscheinlich sehr gering waren; die fraglichen Gewerbe waren deshalb für zünftische Handwerker einfach nicht attraktiv. Dies konnte zur Umkehr der üblichen, auf die dem ehrlichen Handwerk «schädliche» Natur von Frauenarbeit abhebenden Argumentationsfigur führen: 1564 gibt der Rat einer Gruppe von nichtzünftischen Bleichern (Männern) Recht, die für Fremde sogenannte Winterthurer Schnüre (aus grobem Leinengarn gezwirnte Schnüre) bleichen und sich gegen den Protest der Weberzunft mit dem Argument zur Wehr setzen, «dann sölliches mit der bleickeren ald [= nicht] mannen arbeit syge, sonnders merteils durch wyber usgericht werde».[17] Die Tatsache, dass ein Gewerbe mehrheitlich von Frauen ausgeübt wird, macht es daher von vornherein für eine zünftische Organisation untauglich. Diese eine soziale Abwertung weiblicher Tätigkeiten beinhaltende Qualifikation bedeutet nicht nur die Existenz eines Freiraums, den Frauen zur Kommerzialisierung ihrer Tätigkeiten nützen können, sondern auch das Versagen obrigkeitlichen Schutzes im Sinn von Strukturerhaltung.
Der letztere Punkt ist deshalb von Bedeutung, weil die Obrigkeit kaum etwas gegen jene Entwicklungen unternommen hat, die zwischen dem späten 16. und der Mitte des 17. Jahrhunderts die selbständige Tätigkeit von Frauen im «Tüchligewerbe» stark einschränkten: die Entwicklung des Verlagssystems und die Ruralisierung des Gewerbes. Mit dem Klimaeinbruch der 1560er Jahre und der dadurch akzentuierten Verarmung breiter Bevölkerungskreise stieg die Bedeutung des nichtzünftischen Textilgewerbes als Beschäftigungsquelle unterbäuerlicher Schichten. Etwa gleichzeitig schnitt die Eroberung von Chios und Zypern durch die Osmanen (1566–1571) Westeuropa von den wichtigsten Versorgungsquellen von Rohbaumwolle ab. Aus armen- und versorgungspolitischen Gründen beauftragte die städtische Obrigkeit einige Grosskaufleute mit dem Einkauf von Rohbaumwolle auf entfernten Plätzen und später mit der Führung eines Baumwollagers (1585–1588), dessen Kapitalbasis von der Stadt gestellt wurde. Auf diese Weise gelangten die Kaufleute zum erstenmal systematisch in Kontakt mit

dem Baumwollgewerbe und – über die lasche Geschäftspraxis des Baumwollagerverwalters – zu einem Umlaufkapital. Diese Kaufleute entwickelten sich allmählich zu Verlegern, die den Einkauf von Rohbaumwolle und den Tuchabsatz auf entfernten Messen besorgten und die «Tüchli»-Produzentinnen allmählich in ihre Abhängigkeit brachten. Am Anfang des 17. Jahrhunderts waren die Grosskaufleute in der Regel sowohl im Baumwollgewerbe als auch in den neuen Branchen der Seiden- und Wollverarbeitung tätig. Das Baumwollgewerbe scheint dabei die Funktion der Optimierung von Messefahrten und der Minimierung der Bargeldtransporte gehabt zu haben; «Tüchli» und Mischgewebe liessen sich in Oberitalien als Zahlungsmittel für Rohseide und -baumwolle verwenden.
Die Ruralisierung des Baumwollgewerbes erfolgte einige Jahrzehnte später (etwa 1640–1670), und die Umstände dieses Prozesses sind quellenmässig nicht fassbar. Sicher ist, dass im letzten Drittel des 17. Jahrhunderts das Baumwollgewerbe fest in der Hand von ländlichen Unternehmern liegt (fast alle sind Männer), während keine städtischen Tüchlerinnen und Tüchler mehr erwähnt werden.
Im Fall der Überlagerung unabhängiger kleiner Produzentinnen durch ein von Grosskaufleuten organisiertes Verlagssystem liegen der Tatsache, dass sich Frauen nicht zu grossen Verlagsunternehmerinnen entwickelten, zwei Faktoren zugrunde. Einmal verfügten die Frauen keinen Zugang zum politischen System, der ihnen Einblick in die Aktivitäten von Glaubensflüchtlingen, die Beschäftigung mit dem Einkauf von Rohbaumwolle und die Möglichkeit zum billigen Erwerb von Umlaufkapital über die städtische Lagerpolitik verschafft hätte. Zweitens bedeutete die steigende Relevanz weit entfernter Einkaufs- und Absatzmärkte angesichts der fehlenden Rechts- und Waffenfähigkeit von Frauen ein zunehmendes Handicap für deren selbständige unternehmerische Tätigkeit. Was die Ruralisierung der organisatorischen Kontrolle über das Baumwollgewerbe anbelangt, so ist – neben der grösseren Nähe der Landverleger zur Arbeitskraft – auf den Konkurrenzvorteil zu verweisen, der den Landverlegern aus der Bezahlung der Arbeitskräfte mit Naturalien erwuchs. Sofern mit Brot bezahlt wurde, konnte eine häusliche Arbeitsleistung (das Backen) in Umlaufkapital verwandelt werden; häufig buken nämlich die Frauen und Töchter der Verleger. Sofern das Verlegen mit einem Hausierhandel verbunden wurde, konnte der Ertrag aus der Erschliessung einer zerstreuten Arbeitskraft optimiert werden. Alle diese Tätigkeiten erforderten eine fortdauernde Präsenz auf unterschiedlichen Märkten (Getreide, Kurzwaren, Textilien, Arbeitsmärkte), die Frauen wiederum wegen ihrer mangelnden Rechtsfähigkeit, bzw. der daraus erwachsenden bescheideneren geographischen Mobilität, kaum im erforderlichen Ausmass zugänglich war.[18]

Die Überlagerung der selbständigen Tüchlerinnen durch von Männern kontrollierte Verlagsunternehmen am Ende des 16. Jahrhunderts war jedoch nicht nur ein Verdrängungsprozess. Im Fall des erwähnten Unternehmens von Ursula Sutter lässt sich eine Linie der Kontinuität nachweisen: 1595 ist es ihr Enkel, der gegen zünftischen Widerstand das Verlagssystem im Bereich vergleichsweise höherwertiger Mischgewebe durchsetzt (Barchent, Bombasin). Nach seinem geschäftlichen Scheitern geht der Baumwollverlag zu Beginn des 17. Jahrhunderts an die Unternehmen der Werdmüller und Locher über (letztere sind mit dem Sutter-Enkel verschwägert), die ihn in der Folge mit dem Seiden- und Wollgewerbe kombinieren; beide Unternehmen gehören zu den wichtigsten im damaligen Zürich. Es besteht somit eine unternehmerische Kontinuität zwischen dem von kleinen ProduzentInnen-HändlerInnen aufgebauten «Tüchligewerbe» und den späteren Verlags- und Manufakturunternehmen. Am Rand sei auch darauf hingewiesen, dass die Ehefrauen und Witwen von Kaufleuten wichtige Funktionen im Geschäft des Mannes wahrnehmen konnten, sei es als Geschäftsführerin bei Abwesenheit oder Krankheit des Mannes, sei es als längerfristige Leiterin in einer kritischen Phase des Familienzyklus, wenn nach dem frühen Tod des Mannes die Söhne noch minderjährig waren. Doch beinhaltete diese Tätigkeit keine Unternehmensführung in eigenem Namen.[19]
Besonders in der Seidenindustrie entstanden bereits im Übergang zum 17. Jahrhundert zwei neue, ausschliesslich von Frauen ausgeübte Beschäftigungen, und zwar in Verbindung mit der Zwirnerei. Hierzu dienten von Menschenkraft betriebene Seidenräder des Typs *alla milanese*.[20] Sie waren in geringer Zahl (eines bis sieben) in separaten Räumen von Kaufmannshäusern (inklusive Estrichen) aufgestellt. Ihre Gesamtzahl lässt sich für das 18. Jahrhundert auf rund 300 schätzen. Während die Aufsicht über den Betrieb (insbesondere über die Haspeln) einem als Meister bezeichneten Mann oblag, erfolgte der Antrieb der Räder meist durch «Radmeitli», alleinstehende ledige Frauen, die vielfach psychisch krank gewesen sein sollen. Ein Mann, der in seiner Jugend diese Arbeit eine Zeitlang ausübte, beschreibt sie in seiner Autobiographie kurz. Er musste dabei «in einem Oberkeller, und dann noch mitten in einem Zwirnrad den ganzen Tag rückwärts herumspazieren, und wie in einem Gefängnis die schönen Tage dahingehen lassen.» Mühlenmeister wie «Radmeitli» wohnten vorwiegend ausserhalb der Stadt, wo sich im 17. Jahrhundert eine paraurbane Agglomeration herausbildete, und pendelten jeden Tag in die Stadt. Vereinzelt fassbare «Radmeitli» lebten als Kostgängerinnen und verdienten, etwa verglichen mit einer ländlichen Spinnerin, erstaunlich gut. Dies gilt allerdings generell für Arbeitskräfte in Manufakturen und hängt wahrscheinlich damit zusammen, dass der Lohn bei dieser

Gruppe Opportunitätskosten entschädigen muss, die aus der teilweise ausserhäuslichen Verköstigung und der geringen zeitlichen Flexibilität der Arbeit erwachsen.[21]
Die andere im Gefolge der Seidenmanufaktur aufkommende Frauenarbeit war das Winden der Seide. Einerseits wurde diese Tätigkeit von Kindern in ländlichen Haushalten als Vorarbeit zum häuslichen Weben von Seide ausgeübt. Da Zürich lange auch Zwirn exportierte, war das Winden andererseits eine spezialisierte Tätigkeit von Frauen aus der unmittelbaren Umgebung der Stadt, eventuell auch aus der Stadt selbst. Über die Einbettung dieser Arbeit in Hauswirtschaft und Lebenszyklus, ebenso über das Einkommen, das sich mit ihr erzielen liess, ist nichts bekannt. Dass konjunkturelle Aufschwünge rasch auf ein unelastisches Arbeitsangebot stiessen, weist auf eine sehr geringe Entlöhnung hin: In einer Boomzeit wurde 1705 den Kaufleuten verboten, den Winderinnen Arbeit nach Hause zu schicken oder an der Schifflände Arbeiterinnen abzupassen und ihnen nachzulaufen. In den 1780er Jahren erfolgte durch die Einführung von wassergetriebenen Seidenmühlen *alla bolognese* eine Wegrationalisierung dieses zur fraglichen Zeit rasch teurer werdenden Arbeitsgangs.[22]
Vom 16. zum 17. Jahrhundert erfolgte somit in Zürich im Gefolge der Entstehung von Verlags- und Manufakturunternehmen eine tiefgreifenden Umschichtung der weiblichen Arbeit im städtischen Textilsektor. An die Stelle selbständiger kleiner Produzentinnen im Baumwollgewerbe traten Lohnarbeiterinnen, wobei vor allem im Seidengewerbe in grösserem Umfang in der Stadt zentralisierte Arbeitsvorgänge, die durch ausserhäusliche Lohnarbeit vollzogen wurden, existierten. In der seit dem frühen 17. Jahrhundert sich ausbildenden paraurbanen Agglomeration stellten deshalb Frauen unter der protoindustriellen Lohnarbeiterschaft ein wichtiges, wenn nicht das dominierende Element dar.

Die anderen grossen Manufakturstädte: Basel und Genf

Die Bedeutung der Lohnarbeit im Seidengewerbe, vor allem im Umfeld der Zwirnerei, bildet einen gemeinsamen Nenner unter den drei grossen schweizerischen Manufakturzentren des 17. Jahrhunderts und gleichzeitig die Basis, vor deren Hintergrund sich Unterscheidungen treffen lassen. Die Darstellung beginnt mit Basel, im zweiten Teil des Abschnitts wird die Situation in Genf erörtert.
Auch in Basel bestand im 15. Jahrhundert ein nichtzünftisches, von Frauen ausgeübtes Textilgewerbe, das Schleier und Kopftücher für eine lokale Kundschaft herstellte. Dokumentiert ist es vor allem über einen Abgrenzungsstreit mit der Weberzunft.[23]

Anders als in Zürich scheint sich jedoch die wichtigste Protoindustrie, die Seidenbandherstellung, ohne nennenswerten Bezug zur bestehenden gewerblichen Struktur entwickelt zu haben. Die Entwicklung erfolgte in zwei Schüben: Im späten 16. Jahrhundert wurde die Seidenverarbeitung durch oberitalienische und flandrische Glaubensflüchtlinge eingeführt. In den folgenden Jahrzehnten blieb dieser Zweig zunächst ein kleines, nichtzünftisches städtisches Gewerbe, das mit zünftischen Posamentern (Bandwebern) zusammenarbeitete. Der massgebliche Expansionsschub fand im letzten Drittel des 17. Jahrhunderts statt. Die Kaufleute setzten gegenüber den zünftischen Posamentern die Verwendung der niederländischen Bandmühle, die gleichzeitig mehrere Seidenbänder zu weben gestattete, und die Beschäftigung ländlicher, nichtzünftischer Arbeitskräfte durch. Dank den Absatzstockungen, welche die Kriege Ludwigs XIV. für die französischen Produzenten brachten, konnte Basel in der Folge den grossen deutschen Absatzmarkt erschliessen.[24]
Die Basler Seidenbandindustrie war seit dem letzten Drittel des 17. Jahrhunderts wie folgt organisiert: Die durch städtische Kaufleute im Verlag beschäftigten ländlichen Weberhaushalte verarbeiteten einerseits Seidenzwirn (für den Zettel), andererseits Florettseide. Die aus Seidenabfällen von Hand gesponnene Rohseide wurde zunächst vor allem aus Zürich, im 18. Jahrhundert zunehmend aus der Innerschweiz bezogen. Der Zwirn scheint zum Teil ebenfalls von aussen zugekauft, zum Teil in Basel fabriziert worden zu sein. Die Seidenzwirnerei und das Färben von Zwirn sind somit die innerhalb der Stadt verbleibenden Funktionen. Im Unterschied zu Zürich waren diese Aktivitäten offenbar nicht in die Unternehmen der Verleger-Kaufleute integriert. Das Färben oblag zünftischen Handwerkern; sie sollen uns hier nicht beschäftigen.
Die Seidenzwirnerei – das Doppeln der Rohseidenfaden, das Zwirnen selbst und das Winden – scheint im 18. Jahrhundert mehrere 100 Städterinnen beschäftigt zu haben. Dabei bestand allerdings eine beträchtliche soziale Differenzierung: Frauen besassen, anders als in anderen mir bekannten Zentren der Seidenverarbeitung, selbst Mühlen und organisierten die Nebenprozesse in eigener Regie: Das Doppeln liessen sie entweder von Familienangehörigen (zu denen auch der Ehemann zählen konnte), von Kostgängerinnen oder von spezialisierten Dopplerinnen in Heimarbeit ausführen. Besonders die Dopplerinnen, weniger die (unselbständigen) Müllerinnen, gehörten den untersten Schichten der weiblichen Stadtbevölkerung an. Soweit sie fassbar sind, waren sie häufig Witwen oder alleinstehende Behinderte. Die sehr geringe Entlöhnung garantierte öfters nicht einmal das Überleben; eine chronische und mit steigendem Alter wachsende Verschuldung ist mehrfach belegt. Die soziale Rekrutierungsbasis für die Arbeit des Doppelns bestand somit in der weiblichen Altersarmut,

die durch die soziale Isolierung in einem städtischen Kontext noch verschärft werden konnte. Der unter dieser Gruppe von Frauen offenbar besonders häufig vorkommende Seidendiebstahl ist angesichts der geschilderten Situation als letzte Überlebensstrategie im Rahmen einer «Ökonomie des Improvisierens» zu interpretieren.[25]

Wie ist die für die Seidenzwirnerei sonst kaum dokumentierte Existenz von kleinen, durch Frauen geführten Eigenbetrieben zu erklären? Das Vorherrschen von Handmühlen des Typs *alla milanese* (im Gegensatz zu wassergetriebenen Mühlen *alla bolognese*) in den schweizerischen Zentren dürfte eine notwendige, wenn auch nicht hinreichende Bedingung darstellen. Mit wenig Kapital liess sich somit in einem Schuppen eine kleine Zwirnerei einrichten. Darüber hinaus scheinen mir zwei Faktoren bedeutsam. Einerseits wird im Vergleich zwischen Zürich und anderen Handelsstädten die geringe Involvierung der Zürcher Unternehmer in den Fernhandel und die starke Konzentration auf die Fabrikation betont.[26] In Zürich scheinen somit (aus schwer erkennbaren Gründen) die Fixkapitalanlagen und damit auch der Grad der organisatorischen Penetration der Produktion durch Kaufmannskapital höher gewesen zu sein als in Basel. Umgekehrt lässt sich argumentieren, dass die starke Konzentration der Basler Unternehmer auf den Handel Raum schuf für kleine nichtzünftische Unternehmen, die Teile des Produktionsprozesses kontrollierten. Andererseits ist (insbesondere mit Blick auf Genf) darauf zu verweisen, dass die Basler Zwirnerei keine grosse Industrie war; Seidenzwirn wurde zum Teil von auswärts zugekauft. Die starke Konzentration der Basler Unternehmer auf den Handel bedeutet auch, dass die Manufakturproduktion (aus ebenfalls schwer erkennbaren Gründen) keine attraktive Option darstellte. Die von Frauen dominierte Seidenzwirnerei ist somit im überregionalen Vergleich in erster Linie als Nischengewerbe zu interpretieren, welches das in der marginalen weiblichen Stadtbevölkerung angelegte Arbeitskräftepotential aktivierte.

Genf, das grösste und älteste Manufakturzentrum im schweizerischen Raum, unterscheidet sich von den beiden anderen Städten dadurch, dass hier früh qualitativ hochstehende Produkte hergestellt wurden. Damit lässt sich erklären, dass der Wandel von der Handels- zur Manufakturstadt im letzten Drittel des 16. Jahrhunderts ähnlich wie anderswo mit einem Ausbau des Zunftwesens einherging. Vom 16. zum 17. Jahrhundert erfolgte durch die Zunftordnungen zunehmend ein Ausschluss der Frauen von der Meisterschaft und schliesslich ein Verbot der Lehre selbst für Meisterstöchter. Dies gilt für eine Reihe von Branchen, in denen Frauen ursprünglich stark vertreten waren: die Wollweberei, die Seidenkämmelei, die Seidenzwirnerei und das Golddrahtgewerbe. Frauen wurden dadurch auf unselbständige und wenig qualifizierte, somit auch schlechter bezahlte Hilfsarbeiten reduziert. Eine Auswertung von Lehrverträgen zeigt, dass

Frauen seit dem frühen 17. Jahrhundert nur noch in den nichtindustriellen Endstadien der Textilverarbeitung (Nähen, Wäscheschneiderei) selbständig tätig sein konnten. Dieser Prozess ist vergleichbar mit den Vorgängen, wie sie sich in deutschen und niederländischen Städten gleichzeitig oder etwas früher vollzogen.[27]
Drei Gruppen von Argumenten finden sich im Verlauf dieses institutionellen Ausschlusses von Frauen vom selbständigen Zugang zu Produktmärkten: Erstens erschien der städtischen Obrigkeit die Zusammenarbeit von Personen verschiedenen Geschlechts zunehmend problematisch. Die fragliche Entwicklung steht somit teilweise im Zusammenhang mit der sexuellen Disziplinierung der Bevölkerung im Rahmen einer obrigkeitlichen Moralpolitik. Zweitens wurde die Arbeit von Frauen generell als qualitativ minderwertig und damit einem Handwerk schädlich beurteilt. Diesem Argument liegt wohl der gleichzeitige Trend zur generellen Neubewertung von Geschlechterhierarchien zugrunde. Schliesslich wird manchmal auf die Konkurrenzierung des männlichen Gewerbes durch Frauen hingewiesen. Besonders in Krisenzeiten wird auf dieses Argument rekurriert. Die Verschlechterung des formellen Status von Frauenarbeit ergibt sich somit zum Teil aus der generellen Konjunkturverschlechterung des späten 16. Jahrhundert unter der Bedingung eines fehlenden Zugangs der Frauen zu den Institutionen der städtischen Herrschaft.
Seit dem späten 16. Jahrhundert konzentrierte sich die Frauenarbeit im Textilsektor auf das Spinnen von Wolle, das Winden und Kämmeln von Seide, das Antreiben von Seidenrädern und die Seidenbandweberei. Im Gefolge des Niedergangs des Seidengewerbes und der Ruralisierung der Wollverarbeitung erfolgte in der zweiten Hälfte des 17. Jahrhunderts eine Verlagerung zu Arbeiten in der Gold- und Silberdrahtfabrikation sowie zu Nebenarbeiten in der Uhrenindustrie, die keine Lehre erforderten. Gemeinsam an fast allen Arbeiten ist ihr Charakter als unselbständige Hilfsarbeit. Meist wurden sie im Rahmen der Familienwirtschaft ausgeübt. Die Obrigkeit suchte das selbständige Haushalten und Wirtschaften von alleinstehenden Frauen zu verhindern; auch hier ist die institutionelle Ausgrenzung von Frauen mit der städtischen Moralpolitik verknüpft.[28] Frauen waren somit vor allem als Familienangehörige oder als Kostgängerinnen und Dienstmägde, kaum aber als selbständige Produzentinnen, in die protoindustrielle Textilproduktion integriert. Selbständige Unternehmerinnen, vor allem Witwen, lassen sich zwar nachweisen, sind aber aufs Ganze gesehen Ausnahmefälle.
Die Konstellation in Genf unterscheidet sich von den anderen beiden Manufakturstädten durch die Kombination der Produktion qualitativ und technologisch relativ hochstehender Güter, die sich anfänglich nur schwer durch Kaufmannsunternehmen

vertikal integrieren liess, mit einer hohen Dichte stadtwirtschaftlicher Regulierungen, letzteres möglicherweise begünstigt durch den kleinen Umfang des von der Stadt beherrschten Territoriums. Das zweite Argument wird nicht zuletzt durch die teilweise parallele Entwicklung in den oberdeutschen Reichsstädten gestützt. Beide Faktoren förderten eine Entwicklung, bei der parallel zur Expansion exportorientierter Gewerbe Frauen durch institutionelle Massnahmen von der selbständigen Produktion ausgeschlossen wurden.

Kommerzielle und ethnische Nischen in einer agro-administrativen Kleinstadt: Sitten

Zwei allgemeine Bemerkungen sollen den nachfolgenden Ausführungen zum kommerziellen Textilgewerbe einer kleineren Stadt vorangestellt werden. Einmal kann davon ausgegangen werden, dass sich die Organisation des Textilgewerbes ausserhalb der Städte und Flecken, die sich zu Manufakturzentren entwickelten, relativ wenig veränderte. Das Textilgewerbe war teils als zünftisches Handwerk organisiert, das die Männer privilegierte und Frauenarbeit in die Informalität abdrängte, teils blieb es ein wenig reguliertes Gewerbe, das sowohl in Störarbeit oder temporärem Gesindedienst in den Haushalten der Kunden als auch durch unabhängige Produzentinnen in Eigenregie ausgeübt werden konnte. Zweitens ist darauf zu verweisen, dass die Protoindustrialisierung von einer steigenden Bedeutung überregionaler Märkte in der Versorgung der Bevölkerung mit Textilien begleitet war. Entsprechend ging wahrscheinlich in den Importregionen sowohl die häusliche Produktion für den Eigenbedarf als auch das lokale Verarbeitungsgewerbe zurück.
Einige Informationen zu Sitten im frühen 17. Jahrhundert werfen ein Schlaglicht auf ein «traditionelles», d. h. nicht von der Protoindustrialisierung erfasstes, aber nichts desto weniger in einigen Bereichen kommerzielles städtisches Textilgewerbe; ebenso existieren Hinweise dafür, dass dieses Gewerbe im Verlauf des 17. Jahrhunderts von seiten sich ausdehnender protoindustrieller Textilzentren unter Druck geriet.
Sitten gehört zur Gruppe von Schweizer Städten, in denen die Zünfte keine politische Funktion erlangt haben; die Stadtgemeinde wurde von Notabeln regiert, die sich vorwiegend aus Notaren und bischöflichen Amtsträgern rekrutierten. Das Gewerbe wurde seit dem ausgehenden 15. Jahrhundert einerseits durch Bruderschaften reguliert, die aber vorwiegend eine religiöse, auch hinsichtlich der Mitgliedschaft über das eigentliche Gewerbe hinausreichende Funktionalität bewahrten. Immerhin regeln ihre

Stiftungsurkunden in unterschiedlichem Ausmass auch gewerbliche Angelegenheiten, so die Behandlung von Neuzuzügern, Lohnsätze, das Lehrlings- und Gesellenwesen. Dies trifft besonders auf die Statuten des späten 16. und frühen 17. Jahrhunderts zu, welche die früheren, vorwiegend religiösen Stiftungen um gewerbespezifische Aspekte ergänzen.[29] Frauenarbeit wird in diesen Statuten nicht thematisiert. Andererseits wird das Sittener Gewerbe, vor allem die für die alltägliche Versorgung der Bürgerschaft wichtigen Branchen des Bäcker- und Metzgergewerbes, durch städtische Verordnungen geregelt, die aus spezifischen Anlässen – hohen Preisen, Ressourcenknappheit, usw. – heraus entstehen. Diese Verordnungen bleiben punktuelle Erlasse; zu eigentlichen obrigkeitlichen Gewerbeordnungen wachsen sie nicht aus.[30] Auch in ihnen findet sich keine Problematisierung der Frauenarbeit. Umgekehrt heisst dies, dass die kommerziellen Aktivitäten von Frauen ausserhalb des korporativen und städtischen Regelwerks bleiben.

Parallel zur zunehmenden Regulierung des städtischen Gewerbes im 16. Jahrhunderts – ein Trend, der sich um die Mitte des 17. Jahrhunderts wieder abschwächt – erfolgt eine verstärkte Kontrolle des städtischen Raums durch die Behörden. Aus der um die Mitte des 16. Jahrhunderts einsetzenden feuerpolizeilichen Massnahme der Kontrolle der Kamine und der periodischen Registrierung der Fremden bildet sich ab etwa 1580 die regelmässige, seit den 1620er Jahren grundsätzlich halbjährliche Visitation der ganzen Stadtbevölkerung durch die Stadtbehörden heraus. Dass solche Visitationen durch die Gemeinde und nicht durch die Kirchenbehörden unternommen werden, ist für diese Zeit aussergewöhnlich und ist im Kontext der zum Teil konfessionell gefärbten Autonomiebestrebungen der Walliser Gemeinden gegenüber dem Bischof zu sehen.[31] Wenn es sich auch nicht um nominative Bevölkerungsverzeichnisse im strikten Sinn handelt, so enthalten doch einzelne dieser Visitationsakten einigermassen systematische und äusserst wertvolle Angaben über die Zusammensetzung einzelner Haushalte, die Anwesenheit verschiedener Kategorien von Gesinde und – wenn auch lückenhaft – über die Tätigkeit der Haushaltsvorstände. Eine dieser für die Schweiz des frühen 17. Jahrhunderts einmaligen Zählungen, diejenige vom Herbst 1623, dient als Basis für die folgenden Ausführungen.[32]

Die Liste vermittelt das Bild einer Stadt, in der agro-pastorale und administrative Funktionen dominierten, während das Gewerbe wenig entwickelt scheint. Dienstboten stellten ein Viertel der 1478 Einwohner (24,3%); nur 59,9% davon waren Frauen (vgl. die früheren Angaben zu Genf, Bern und Zürich im 18. Jahrhundert). Der hohe Bevölkerungsanteil des Gesindes, der vergleichsweise geringe Frauenanteil und die breite soziale Streuung der Gesindehaltung – in schätzungsweise rund der Hälfte der Haushalte leben Dienstboten[33] – deuten auf einen grossen Umfang der häuslichen Produktion, im Gegensatz zur Dienstleistungsfunktion im Rahmen einer luxusbetonten Lebensführung in den grösseren Städten am Ende des Ancien régime. Bestärkt wird dieser Eindruck durch die interne Differenzierung des Gesindes, zu dem auch «Arbeitsleute» (19 *operatrices* und 13 *operatores*, total 8,9% des Gesindes) sowie einige Hirten zählen (n = 9, entsprechend 2,5% des Gesindes).

Das Gewerbe – ohne die Dienstleistungsberufe, die vom Notar zum Ausrufer und dem Koch des Bischofs reichen – umfasst 86 Nennungen, was ungefähr einem Viertel der Haushaltsvorstände entspricht. Angesichts sicherer Lücken stellt dies eine Unterschätzung des effektiven Bestands dar.[34] Dennoch fällt die relativ geringe Häufigkeit von Gewerben des täglichen Bedarfs auf: Das am stärksten vertretene Einzelgewerbe stellen die Bäcker mit zwölf Nennungen dar, die Textilgewerbe sind mit 19 Haushaltsvorständen und die Holz verarbeitende Gewerbe mit 15 Nennungen vertreten. Demgegenüber finden sich vergleichsweise zahlreiche Spezialisten, die spezifische Bedürfnisse des kirchlichen Zentrums oder der regionalen Wirtschaft abdecken, so z. B. der Glasmaler oder der Kesselschmied. Schliesslich finden sich Tätigkeiten, die ausserhalb der kommerzialisierten häuslichen Produktion, wie sie der Handwerksbetrieb darstellt, ausgeübt werden. Dies gilt für das Münzwesen, in dem *Monetarii octo aut novem* (acht oder neun zusammenwohnende Münzer) arbeiten, oder die ebenfalls zusammen in einem Haus lebenden neun lombardischen Maurer. Die ungenauen Zahlenangaben, das Desinteresse der Visitatoren gegenüber den Namen und die kollektive Präsenz dieser Ausländer deuten darauf hin, dass diese Aktivitäten eigentliche «ethnische Nischen» darstellen, die von Auswärtigen besetzt werden und deren Arbeitsorganisation ausserhalb der für die lokale Gesellschaft typischen häuslichen Wirtschaft steht. Verstärkt wird dieser Eindruck dadurch, dass eine Reihe weiterer Spezialgewerbe von Auswärtigen versehen werden.[35]

Sitten stellt somit ein kleineres agro-administratives Zentrum dar, in dem eine grosse, auf einen funktionierenden Arbeitsmarkt aufbauende, aber vorwiegend auf den Eigenbedarf ausgerichtete Hauswirtschaft dominiert. Gewerbliche Funktionen sind entsprechend wenig ausdifferenziert; gegenüber Gewerben des täglichen Bedarfs spielen für die bischöfliche Kurie und die regionale Wirtschaft wichtige Spezialgewerbe eine prominente Rolle. Allerdings stehen diese zu einem beträchtlichen Ausmass ausserhalb der lokalen Wirtschaftsorganisation und werden von Fremden dominiert. – Diese Struktur musste hier relativ ausführlich herausgearbeitet werden, da das städtische Textilgewerbe und die Stellung der Frauen in ihm vor diesem Hintergrund zu interpretieren sind.

Die unter den Haushaltsvorständen erwähnten Textilgewerbe betreffen fünf Weber, acht Schneider, einen Färber und fünf Näherinnen. Die geringe Anzahl an Webern ist auffallend; sie lässt auf das Vorherrschen der häuslichen, nur zum kleinen Teil kommerzialisierten Textilproduktion schliessen. Diese häusliche Produktion war eine weibliche Aktivität; ein Landtagsabschied von 1681 spricht summarisch von allen Textilien, die «von unseren dochtren» verfertigt werden und die gleichzeitig die ganze kommerzialisierte Textilproduktion darstellen.[36]

Leider wissen wir nichts über die Frauen, die eine kommerzielle Textilproduktion betrieben. Dagegen wird die kommerzielle Endverarbeitung von Textilien, das auch in grösseren nichtindustriellen Herrschaftszentren bedeutsame Nähen, in der Zählung von 1623 ausdrücklich erwähnt. Einerseits erscheint diese Tätigkeit bei fünf unabhängigen Einheiten, andererseits werden sechs Näherinnen als Mitglieder anderer Haushalte erwähnt, sind somit als spezialisiertes Gesinde, ähnlich den Hirten, aufzufassen. Von den selbständig lebenden Näherinnen wohnen zwei in ziemlich prekären Umständen in dem Sinn, als sie keine eigentliche Haushalte bilden: Die erstere, Christina Blatter, übernachtet *(pernoctatur)* in einem Zimmer in der Nähe eines leeren Hauses; die andere, eine eingebürgerte Fremde unbekannten Namens, logiert bei der Witwe eines Küfers und deren Dienstmagd, wobei der Rauchabzug des Hauses den Visitatoren Grund zur Beanstandung gibt *(moneatur pro camino)*; inwieweit dies auf den baulichen Zustand des Hauses und auf den ökonomischen Stand des Haushalts schliessen lässt, bleibt unserer Spekulation überlassen. Es erscheint immerhin bemerkenswert, dass diese zwei Näherinnen im zentralen Quartier der Stadt wohnen (Sitta), das möglicherweise das Quartier mit der umfangreichsten Oberschicht ist.[37] Dies lässt es möglich erscheinen, dass die beiden Frauen ihren Lebensunterhalt als Störarbeiterinnen in den Haushalten der Oberschicht verdienen.

Die drei eigentlichen Näherinnenhaushalte wohnen in anderen Quartieren und verfügen über eine Hilfskraft, sei es in der Form einer kleinen Magd *(ancillula)*, sei es in der Form einer Lehrtochter (*discipula*, zwei Haushalte). Dieser Sachverhalt ist um so bemerkenswerter, als die Quelle bei den männlichen Gewerben keine Lehrlinge benennt, obwohl die Statuten der Handwerksbruderschaften (etwa der Schneider) solche mehr oder minder explizit vorsehen, während für die Näherei eine diesbezügliche Ordnung fehlt. Denkbar ist, dass den Visitatoren ein selbständiger, von Frauen geleiteter Betrieb auffiel und dass sie ihn deshalb besonders genau beschrieben. Zu ergänzen ist, dass eine der beiden Lehrtöchter bei drei *netrices Comesianae*, also aus dem Comer Gebiet (?) stammenden, alleinstehenden Näherinnen lebte. Die Parallele zu den früher erwähnten Münzern und Maurern liegt auf der Hand; die Endverarbeitung von Textilien war somit ebenfalls Teil einer «ethnischen Nische», die von Auswärtigen gefüllt wurde, die spezifische, der lokalen Gesellschaft mitunter fremde Organisationsformen der Arbeit mitbrachten. – Die andere Lehrtochter arbeitete bei einer «kleinen alten Bettzeugnäherin» *(anicula netrix coopertarum)* und deren Tochter. Aussagen zu den sechs Näherinnen, die keinen eigenen Haushalt führen, sind schwierig zu machen; die Quelle sagt uns nicht mehr, als dass zwei von ihnen Maria heissen. In zwei Fällen wird die Näherin zusammen mit mehreren Dienstboten aufgeführt (mit zwei Knechten und einem Arbeiter bzw. mit einem Knecht und einer Magd). Dies weist auf Oberschichthaushalte hin. Näherinnen konnten somit eine spezialisierte, über den Gesindedienst an den Haushalt gebundene häusliche Arbeitskraft darstellen, die bei der Verarbeitung von Textilien für den Eigenkonsum reicher Haushalte mithalf. Angesichts der Seltenheit von Näherinnen in den Haushalten der Oberschicht erscheint allerdings diese Interpretation nicht unproblematisch: Waren spezialisierte Näherinnen unter dem Gesinde so selten oder werden sie von der Quelle aus Unachtsamkeit der Visitatoren durch allgemeinere Bezeichnungen verdeckt *(ancilla, famula, serva, operatrix)?* Der gegenwärtige Kenntnisstand erlaubt keine Antwort.

Näherinnen konnten auch Haushalten angehören, die eher zur städtischen Unterschicht zu zählen sind. Dies gilt wohl für jene, die bei der Witwe des ehemaligen Kochs des Bischofs und ihren zwei Kindern lebt, und ebenso für die Näherin, die im Haushalt eines Bäckers, seiner Frau und deren Sohn wohnt.[38] Es ist unmöglich festzustellen, ob diese Frauen mit der jeweiligen Hausmutter in der kommerzialisierten Textilproduktion zusammenarbeiteten oder ihrem Erwerb auf eigene Rechnung im Hause oder in Störarbeit bei den Kunden nachgingen; die Quelle gibt für Ehefrauen und ehrbare Witwen konsequent keine Tätigkeit an.

Insgesamt bezeichnet das untersuchte Bevölkerungsverzeichnis 15 Frauen ausdrücklich als Näherinnen. Diese Zahl übertrifft das wichtigste männliche Einzelgewerbe, nämlich die Zahl der Bäcker (zwölf Nennungen). Die Endverarbeitung von Textilien stellt somit ein relevantes kommerzielles Element in einer weitgehend auf den Eigenkonsum im Rahmen der häuslichen Wirtschaft ausgerichteten Produktionsweise der agro-administrativen Kleinstadt Sitten dar. Die Namen der Näherinnen sind allerdings selten genannt, und mindestens fünf von ihnen sind Fremde; diese Frauen gehören somit zu einem flottanten und sozial tiefstehenden Segment der weiblichen Stadtbevölkerung an. Dennoch liess sich eine erstaunliche Vielfalt der organisatorischen Einbindung in die Endverarbeitung von Textilien feststellen, die vom Gesindedienst über die Störarbeit von Kostgängerinnen bis zum selbständig geführten Betrieb mit Lehrtochter führte.

Das weitere Schicksal des Sittener Textilgewerbes ist schwierig zu verfolgen, da die Visitationsakten nach der Mitte des 17. Jahrhunderts an Informationsgehalt einbüssen. Immerhin sei darauf hingewiesen, dass der Walliser Landrat in den letzten Jahrzehnten des 17. Jahrhunderts, in einer Boomphase der protoindustriellen Textilerzeugung im Rest der Schweiz, das einheimische Textilgewerbe gegen Importkonkurrenz schützte. Die entsprechenden Handelsverbote bedienten sich allerdings weniger beschäftigungspolitischer als bullionistischer (auf die Verhinderung des Abflusses von Edelmetallen abhebender) sowie auf die Bekämpfung von Luxus ausgerichteter Argumente. Im frühen 18. Jahrhundert war der Misserfolg dieser Massnahmen offenkundig, und das Einfuhrverbot von Luxuswaren wurde durch eine Zollpolitik ersetzt. Ob diese Entwicklung zu einem Rückgang des einheimischen Textilgewerbes geführt hat, muss hier offenbleiben.[39]

Schlussbemerkungen

Als Ergebnis ist zunächst die grosse Vielfalt der Organisation weiblicher Textilarbeit in den Städten des späten 16. und 17. Jahrhunderts zu betonen. Im Fall des kleinen agro-administrativen Zentrums Sitten war in erster Linie die Endverarbeitung kommerzialisiert. Die Textilherstellung selbst vollzog sich offenbar weitgehend in der häuslichen Subsistenzwirtschaft, die Textilherstellung zu kommerziellen Zwecken war kaum professionalisiert. Selbst die Tätigkeit des Nähens – hinsichtlich der Arbeitskräftezahl eines der wichtigsten gewerblichen Aktivitäten der Stadt – war aber verschieden organisiert. Wenigstens ansatzweise sind Näherinnen als spezialisiertes Gesinde und als Störarbeiterinnen, also als Lohnarbeiterinnen, die in unterschiedlich langen Arbeitsverträgen an den konsumierenden Haushalt gebunden werden, sowie als unabhängige Produzentinnen mit Lehrtöchtern fassbar. Am ehesten mit letzterer Kategorie vergleichbar sind die kleinen nichtzünftischen Produzentinnen des Zürcher «Tüchli»-(Baumwoll-)Gewerbes, wobei deren Unternehmen durch den Ankauf von Rohmaterialien, den Betrieb eines kleinen Verlags zur Baumwollspinnerei und das Besorgen des Absatzes allerdings einen wesentlich grösseren Funktionsumfang aufweisen. Auch noch unter den Manufakturstädten des 17. Jahrhunderts bestehen beträchtliche Unterschiede: In Genf sind Frauen vor allem nur als abhängige Arbeitskräfte von Meistern, also als Ehefrauen, Töchter und Gesinde, in die kommerzielle Textilproduktion integriert. In Basel existieren im Bereich der Seidenzwirnerei selbständige Kleinbetriebe, die sich im Besitz von Frauen befinden. In

Zürich schliesslich stellen die Seidenwinderinnen und die weiblichen Antriebskräfte von Seidenrädern ein wichtiges Segment des lohnabhängigen städtischen Proletariats dar.

Alle in der frühen Neuzeit denkbaren Organisationsformen von Arbeit sind somit bei der städtischen Textilarbeit von Frauen vertreten: die häusliche Subsistenzproduktion; der Arbeitsmarkt für Gesinde und temporäre Haushaltsarbeit (Störhandwerk), wobei die dabei verrichtete Arbeit sowohl auf den Eigenbedarf des beschäftigenden Haushalts (Sittener Näherinnen) als auch auf die kommerzielle Produktion eines spezialisierten Handwerksbetriebs (Genf) ausgerichtet sein kann. Drittens finden wir den formal selbständigen Betrieb kleiner nichtzünftischer Produzentinnen, der auf lokale Kundenarbeit ausgerichtet ist (Sittener Näherinnen), der in Abhängigkeit von Grosskaufleuten bestimmte Arbeitsgänge erledigt (Basler Zwirnerinnen, eventuell Zürcher Tüchlerinnen in der Spätphase), oder der in vollständiger Unabhängigkeit sowohl den Einkauf von Rohmaterialien und Halbfabrikaten als auch den Absatz besorgt (Zürcher «Tüchli»-Gewerbe des 16. Jahrhunderts). Schliesslich existiert auch ein Arbeitsmarkt für Lohnarbeit in den Manufakturen von Grosskaufleuten sowie für Heimarbeit im Verlag für letztere (Zürcher Seidengewerbe). Diese Typologie ist feiner und komplexer als gängige Klassifikationen der organisatorischen Integration von Frauen in die Textilproduktion.[40] Ihre Bezüge zu weiblichen Lebensentwürfen und -zyklen sind erst in Ansätzen bekannt; deren eingehende Untersuchung stellt ein Desiderat an die weitere Forschung dar.

Was erklärt die Unterschiede der Arbeitsorganisation, besonders im Bereich der Seidenzwirnerei, zwischen den drei betrachteten Manufakturzentren? Technologische Argumente fallen nicht ins Gewicht, da in allen drei Städten – soweit ersichtlich – bis ins frühe 18. Jahrhundert dieselbe Technologie verwendet wurde. Zwei Variablen wurden für relevant befunden: Erstens spielt das Ausmass der Penetration des Handelskapitals in die Produktion eine Rolle. Damit in Zusammenhang steht der Komplexitätsgrad der Produktionsprozesse; vertikal differenzierte, stark gestaffelte Prozesse, deren einzelne Stadien ein beträchtliches Wissen voraussetzen, lassen sich weniger leicht im Rahmen eines Verlags- und Manufakturunternehmens integrieren als einfache, nur in wenige Stufen gegliederte Produktionsprozesse. Die Zürcher Protoindustrie, die zum Teil aus dem kleinen städtischen Baumwoll- und Leinwandgewerbe herauswuchs, war so durch eine stärkere Verankerung der Kaufmannsunternehmen in der Produktion geprägt als das Gewerbe in den anderen Städten. Dadurch fehlte der Raum für Eigenbetriebe der Seidenzwirnerinnen, wie sie sich in Basel nachweisen lassen. Und in Genf dominierte die Produktion qualitativ hochstehender komplexer Produkte, die in einer ersten Phase (im späten 16. und im 17. Jahrhundert) auf einer zünftischen Gewerbeorganisation aufbaute.

Zweitens ist auf Unterschiede in der normativen Verankerung der Stadtwirtschaft hinzuweisen. Genf, praktisch ohne Untertanenterritorium, von einem mehrheitlich feindlichen Umland umgeben und nur schwach mit der Eidgenossenschaft verbunden, unterscheidet sich in dieser Hinsicht stark von Basel und Zürich, die beide auch Herrschaftszentren kleinerer Territorien sind. Dies mag erklären, weshalb in Genf im Zusammenhang mit der Reformation die Bemühungen zur Ordnung des städtischen Raums besonders intensiv ausfallen. Durch Anläufe zur Trennung der Arbeitssphären der Geschlechter und die Massnahmen gegen die selbständige Haushaltsführung alleinstehender Frauen unterstützen sie die zünftische Ordnung des Exportgewerbes mit einer klar gegen die selbständige Produktion von Frauen gerichteten Tendenz. Dass Frauen in Genf nur über den Arbeitsmarkt für Gesinde in Handwerksbetrieben in die kommerzielle Textilherstellung integriert sind, hängt somit zum Teil auch mit der intensiven stadtwirtschaftlichen Ausrichtung zusammen.

Was die chronologische Entwicklung anbelangt, so wurde hier die Auffassung vertreten, dass sich der bereits im Spätmittelalter zu beobachtende Trend der Verdrängung von Frauen vom direkten Zugang zu Produktmärkten in der frühen Neuzeit in veränderter Form fortsetzt. Während bis zum frühen 16. Jahrhundert die Ausdehung der zünftisch geregelten Produktionssphäre und der zunehmende Ausschluss von Frauen aus dieser Sphäre den wichtigsten, formellen Mechanismus darstellt, gewinnen später informelle, in der Struktur protoindustrieller Produktion angelegte Mechanismen an Gewicht. Die Organisation der Textilherstellung wird komplexer (Verlagssystem, Manufaktur) und stützt sich auf einen spezialisierten Fernhandel. Das Vorstossen von Frauen in diese neuen unternehmerischen Rollen wird aus Gründen erschwert, die letztlich in ihrer mangelnden Rechtsfähigkeit begründet sind.

Empirisch fand sich mit Genf ein Beispiel vor, das im späten 16. Jahrhundert mit dem Wandel zur Manufakturstadt dem älteren Muster der normativen Ausschliessung von Frauen aus bestimmten Aktivitäten folgt. Die Gründe hierfür wurden oben benannt (komplexe Produktionsverfahren, stadtwirtschaftliche Ordnungsbemühungen). Dagegen entwickelte sich die Zürcher Protoindustrie zum Teil aus einem nichtzünftischen, von Frauen dominierten «Tüchli»-Gewerbe. Es liess sich zeigen, wie die zunehmende geographische Ausdehnung von Einkauf und Absatz sowie die steigende vertikale Komplexität des Gewerbes zuerst zu einer zunehmenden Abhängigkeit von Fernkaufleuten, mit der Ruralisierung des Gewerbes sodann zu einem völligen Verschwinden der unabhängigen städtischen Produzentinnen führte. An deren Stelle trat vor allem im Seidengewerbe ein Arbeitsmarkt für unselbständige Lohnarbeit. Zwar ist diese Entwicklung wohl nur selten derart explizit verlaufen. Doch hat der Trend zur protoindustriellen Textilerzeugung über die Marktausweitung wahrscheinlich auch die Textilherstellung in den industriellen Peripherien beeinflusst. Die Luxus- und Handelsgesetzgebung im Wallis etwa deutet darauf hin, dass der protoindustrielle Boom der letzten Jahrzehnte des 17. Jahrhunderts anderswo eine Bedrohung für eine wenig professionalisierte, stark auf der hauswirtschaftlichen Produktion basierende, kommerzielle Textilproduktion darstellte.

Anmerkungen

1 Vgl. etwa Kurt Wesoly, Der weibliche Bevölkerungsanteil in spätmittelalterlichen und frühneuzeitlichen Städten und die Betätigung von Frauen im zünftischen Handwerk (insbesondere am Mittel- und Oberrhein), in: Zeitschrift für die Geschichte des Oberrheins 128 (1980), S. 69–117; Michael Mitterauer, Familie und Arbeitsorganisation in städtischen Gesellschaften des späten Mittelalters und der frühen Neuzeit, in: Alfred Haverkamp (Hg.), Haus und Familie in der spätmittelalterlichen Stadt, Wien 1984, S. 1–36; Dorothee Rippmann und Katharina Simon-Muscheid, Weibliche Lebensformen und Arbeitszusammenhänge im Spätmittelalter und in der frühen Neuzeit: Methoden, Ansätze und Postulate, in: Mireille Othenin-Girard et al. (Hg.), Frauen und Öffentlichkeit, Zürich 1991, S. 63–98.

2 Die allgemeinen Aussagen in dieser Passage stützen sich auf Barbara A. Hanawalt (Hg.), Women and Work in Preindustrial Europe, Bloomington (Ind.) 1986; Martha C. Howell, Women, Production, and Patriarchy in Late Medieval Cities, Chicago 1986, bes. S. 9 f., 23–25, 33 f.; Merry E. Wiesner, Working Women in Renaissance Germany, New Brunswick (N. J.) 1986; Natalie Z. Davis, Frauen im Handwerk: Zur weiblichen Arbeitswelt im Lyon des 16. Jahrhunderts, in: Richard van Dülmen (Hg.), Arbeit, Frömmigkeit und Eigensinn, Frankfurt a. M. 1990, S. 43–74.

3 Zur Bedeutung von standardisierten Marken, die durch behördliche Kontrollen geschützt werden, vgl. Wolfgang von Stromer, Die Gründung der Baumwollindustrie in Mitteleuropa, Stuttgart 1978, S. 148, 152; zur Bedeutung der Zünfte als Basis eines Exportgewerbes Gustav Aubin und Arno Kunze, Leinenerzeugung und Leinenabsatz im östlichen Mitteldeutschland zur Zeit der Zunftkäufe, Stuttgart 1940.

4 Als Beispiele seien Württemberg (Wolltuch) und Bologna (Seidenzwirn und -krepp) genannt; vgl. Sheilagh C. Ogilvie, Women and Proto-industrialisation in a Corporate Society: Württemberg Woolen Weaving, 1590–1760, in: Pat Hudson und William R. Lee (Hg.), Women's Work and the Family Economy in Historical Perspective, Manchester 1990, S. 76–103; Carlo Poni, Per la storia del distretto industriale serico di Bologna (secoli XVI–XIX), in: Quaderni storici 73 (1990), S. 93–167. Allgemein zur Protoindustrialisierung vgl. Peter Kriedte, Hans Medick und Jürgen Schlumbohm, Industrialisierung vor der Industrialisierung: Gewerbliche Warenproduktion auf dem Land in der Formationsperiode des Kapitalismus, Göttingen 1977; zur organisatorischen Entwicklung bes. Kap. 4; Franklin F. Mendels, Proto-industrialization: The First Phase of the Industrialization Process, in: Journal of Economic History 32 (1972), S. 241–261; Ders., Des industries rurales à la proto-industrialisation: Historique d'un changement de perspective,

in: Annales, E. S. C. 39 (1984), S. 977–1008. Für die Schweiz ist klassisch Rudolf Braun, Industrialisierung und Volksleben: Die Veränderungen der Lebensformen in einem ländlichen Industriegebiet vor 1800 (Zürcher Oberland), Erlenbach/Zürich 1960.

5 Die Ausgangsposition ist jene von Medick in Kriedte et al. (wie Anm. 4), Kap. 2. Dagegen gewendet hat sich insbesondere Gay L. Gullickson, Love and Power in the Proto-industrial Family, in: Maxine Berg (Hg.), Markets and Manufacture in Early Industrial Europe, London 1991, S. 205–226.

6 Für Übersichten vgl. Rudolf Braun, Das ausgehende Ancien Régime in der Schweiz: Aufriss einer Sozial- und Wirtschaftsgeschichte des 18. Jahrhunderts, Göttingen 1984, Kap. 3; Ulrich Pfister, Protoindustrialisierung: Die Herausbildung von Gewerberegionen, 15.–18. Jahrhundert, in: Schweizerische Zeitschrift für Geschichte 41 (1991), S. 149–160.

7 Markus Mattmüller, Bevölkerungsgeschichte der Schweiz, Teil I: Die frühe Neuzeit, 1500–1700, Basel 1987, S. 198–201.

8 Als Beispiel einer von einer protoindustriellen Strumpfstrickerei erfassten Kleinstadt vgl. Beat Mugglin, Olten im Ancien régime: Sozialer Wandel in einer Kleinstadt, Diss., Zürich 1980, Olten 1982, S. 94, 142–147.

9 Die beste allgemeine Darstellung findet sich m. E. in Wiesner (wie Anm. 2).

10 Die Präsenz von Frauen in den diesbezüglichen Arbeitsmärkten weisen nach: Rippmann/Simon-Muscheid (wie Anm. 1), S. 84–87; Liliane Mottu-Weber, Les femmes dans la vie économique de Genève, XVIe–XVIIe siècles, in: Bulletin de la Société d'histoire et d'archéologie de Genève 16 (1979), S. 381–401, hier S. 388.

11 Rippmann/Simon-Muscheid (wie Anm. 1), S. 86 f.

12 Alfred Perrenoud, La population de Genève du seizième au début du dix-neuvième siècle: Étude démographique, Genève 1979, S. 119; Braun (wie Anm. 6), S. 150 f., 207.

13 Als Beispiel vgl. Mottu-Weber (wie Anm. 10), S. 387 f.

14 Zu Bern vgl. Brigitte Schnegg, Marginal und unentbehrlich: Weibliche Erwerbsarbeit in der vorindustriellen Ökonomie an schweizerischen Beispielen des 18. Jahrhunderts, in: Simonetta Cavaciocchi (Hg.), La donna nell'economia. Sec. XIII–XVIII (Atti delle «Settimane di studi» 21), Prato 1990, S. 621–631, hier S. 629 f.; zu Neuenburg vgl. Braun (wie Anm. 6), S. 150 f.

15 Wichtig, wenn auch vor allem auf ländliche Verhältnisse bezogen, ist Pierre Caspard, Les pinceleuses d'Estavayer: Stratégies patronales sur le marché du travail féminin au XVIIIe siècle, in: Schweizerische Zeitschrift für Geschichte 36 (1986), S. 121–156; vgl. auch Christian Simon, «Wollt Ihr Euch der Sklaverei kein Ende machen?» Der Streik der Basler Indiennearbeiter im Jahre 1794, Allschwil 1983 (Selbstverlag), S. 45–47, 136 f., Anm. 97.

16 Zur ersten Phase des protoindustriellen Textilgewerbes in Zürich vgl. Ulrich Pfister, Die Zürcher Fabriques: Protoindustrielles Wachstum vom 16. zum 18. Jahrhundert, Zürich 1992, Abschnitt 2.1.1.

17 Werner Schnyder, Quellen zur Zürcher Zunftgeschichte, Zürich 1936, S. 316 f., Nr. 431, 7. 8. 1564.

18 Pfister (wie Anm. 16), S. 219 f.

19 Zu den Kontinuitätslinien vgl. ebd., S. 48; für Frauen städtischer «Tüchli»-Verlegers, die während dessen Abwesenheit bzw. Krankheit mit Landverlegern Geschäfte abschliessen und auf nahegelegene Messen gehen, vgl. Staatsarchiv Zürich, A 369.9, b–e, 21.–30. 3. 1661 (über Ereignisse um 1648).

20 Zur Technologie der Seidenzwirnerei vgl. Carlo Poni, All'origine del sistema di fabbrica: Tecnologia e organizzazione produttiva dei mulini da seta nell'Italia settentrionale (Sec. XVII–XVIII), in: Rivista Storica Italiana 88 (1976), S. 444–497.

21 Pfister (wie Anm. 16), S. 52 f., 90, 108, 118, 262–264.

22 Ebd., S. 72, 90 f., 108, 118, 121.

23 Rippmann/Simon-Muscheid (wie Anm. 1), S. 70.

24 Hierzu und zum folgenden vgl. Paul Fink, Geschichte der Basler Bandindustrie 1550–1800, Basel 1983, S. 15–18, 30–53, 95–105.

25 Ebd., S. 91 f. Zu überprüfen wäre, ob auch die Kaufleute in ihren Häusern Seidenmühlen betrieben; dies würde die Armut einiger Müllerinnen zu erklären helfen. – Zur Bedeutung des Diebstahls in den Überlebensstrategien von Unterschichtfrauen vgl. Hanawalt (wie Anm. 2), S. 12 f.; allgemein zur «Ökonomie des Improvisierens» («economy of makeshift») Olwen H. Hufton, Women and the Family Economy in Eighteenth-Century France, in: French Historical Studies 9 (1975), S. 1–22.

26 Hans Conrad Peyer, Von Handel und Bank im Alten Zürich, Zürich 1968, S. 121.

27 Diese knappen Bemerkungen stützen sich auf die einschlägigen Studien von Liliane Mottu-Weber, L'évolution des activités professionnelles des femmes à Genève du XVIe au XVIIIe siècle, in: Simonetta Cavaciocchi (Hg.), La donna nell'economia. Sec. XIII–XVIII (Atti delle «Settimane di studi» 21), Prato 1990, S. 345–357 und Dies., Les femmes (wie Anm. 10). Ausführlicher zur Organisation der Woll- und Seidenindustrie Dies., Economie et refuge à Genève au siècle de la Réforme: La draperie et la soierie (1540–1630), Genève 1987; allgemein zur Gewerbeentwicklung und zur Entwicklung des Zunftsystems Dies. und Anne-Marie Piuz (Hg.), L'économie genevoise de la Réforme à la fin de l'Ancien Régime, XVIe–XVIIIe siècles, Genève 1990, Kap. 15 und 16, bes. S. 396–400.

28 Zur parallelen Entwicklung in Augsburg vgl. Wiesner (wie Anm. 2), S. 176 f.

29 Als kurzen Überblick über die Sittener Korporationen vgl. Henri Evêquoz, Essai sur l'histoire de l'organisation communale et des franchises de la ville de Sion depuis les origines jusqu'au début des temps modernes, Diss., Bern 1924, S. 128 f. Zum Vergleich beizuziehen ist Anne-Marie Dubler, Handwerk, Gewerbe und Zunft in Stadt und Landschaft Luzern (Luzerner Historische Veröffentlichungen 14), Luzern 1982, bes. S. 65–76, 108–115. Die das Gewerbe betreffenden Dokumente finden sich im Staatsarchiv Sitten, ABS, Tir. 61. Sich stark auf Gewerbefragen beziehende Ordnungen sind diejenigen der Schneider und Kaufleute (No. 55, 10. 4. 1592), Sattler (No. 61, 5. 5. 1622) und Schlosser (No. 69, 20. 6. 1641). Ein Gegenbeispiel ist die vorwiegend auf religiöse Belange ausgerichtete Bruderschaft der Metzger (Ordnung in No. 3, 1593); eine Liste der Brüder von 1615 (No. 4) verzeichnet knapp 40 Namen, unter denen mit zehn Junkern auch eine Reihe von Mitgliedern der Stadtelite, die sicher keine Metzger waren, figurieren. Ein Konzept von 1642 mit Angaben über die auf dem Wochenmarkt in den einzelnen Kaufabschlüssen zustandegekommenen Viehpreise erwähnt nur vier Metzger (No. 10).

30 Besonders ausgeprägt ist die obrigkeitliche Regelung des Bäckereigewerbes, das seit 1487 eine Bruderschaft aufweist (Staatsarchiv Sitten, ABS, Tir. 61, No. 18). 1530 werden eine Gewerbeordnung erlassen und die Brotpreise festgesetzt (No. 20, 21). Aus den weiteren Erlassen sei nur erwähnt, dass 1585 aus Anlass eines gravierenden Holzmangels die Zahl der Öfen auf vier reduziert wird (No. 32). In der unten untersuchten Liste von 1623 sind allerdings schon wieder zwölf Bäcker nachgewiesen. 1636 erfolgt nach Verhandlungen mit den Metzgern der Erlass von Fleischpreisen (No. 7–9).

31 Eine neuere Geschichte des Wallis in der frühen Neuzeit fehlt. Den besten Einstieg zum fraglichen Zeitraum bietet m. E. Hans Anton von Roten, Die Landeshauptmänner von Wallis, in: Blätter aus der Walliser Geschichte 11 (1952), S. 93–149; 12 (1956), S. 165–234; 15/1 (1969/70), S. 1–122.

32 Staatsarchiv Sitten, ABS, Tir. 249, No. 5, 28. 10. 1623. Zur Quelle vgl. François-Olivier Dubuis

und Antoine Lugon, Inventaire topographique des maisons de Sion aux XVIIe et XVIIIe siècles, in: Vallesia 35 (1980), S. 127–436, hier S. 141–145.

33 Die Haushalte sind in der Quelle schlecht abgegrenzt, und im Rahmen meiner Auswertung habe ich noch keine Zuordnung von Zweifelsfällen vorgenommen. Auch eine approximative Schätzung der Anzahl Haushalte ist deshalb beim derzeitigen Stand der Untersuchung schwierig. – Die Sittener Verhältnisse scheinen für den inneralpinen Raum ziemlich untypisch; vgl. Jon Mathieu, Eine Agrargeschichte der inneren Alpen. Graubünden, Tessin, Wallis 1500–1800, Zürich 1992, S. 279 f. Hinweise auf die Verhältnisse in anderen Städten am Ende des Ancien régime bei Perrenoud (wie Anm. 12), S. 119 und Braun (wie Anm. 6), S. 174 f., 182, 184; zur sozialen Verortung der Gesindehaltung in den Landgebieten des Mittellands vgl. Ulrich Pfister, Haushalt und Familie auf der Zürcher Landschaft des Ancien régime, in: Sebastian Brändli et al. (Hg.), Schweiz im Wandel: Studien zur neueren Gesellschaftsgeschichte (Festschrift Rudolf Braun), Basel 1990, S. 19–42, hier S. 30 f.

34 So springt das Fehlen von Metzgern ins Auge, die eine eigene Bruderschaft haben; zudem arbeiten gut zehn Jahre nach der Zählung mindestens vier Metzger in der Stadt (vgl. Anm. 29).

35 Besonders auffällig ist dies beim Schlosserhandwerk, dessen ausführliche Ordnung von 1641, die nicht mehr auf einer Bruderschaft aufsetzt, von sechs Meistern begehrt wird, unter denen sich fünf Auswärtige befinden (vgl. Anm. 29).

36 Staatsarchiv Sitten, Landtagsabschied vom 10.–22. 12. 1681. Da keine Weberzunft nachgewiesen ist, kann die geringe Anzahl an Webern nicht nur auf Lücken in der Liste von 1623 zurückgeführt werden.

37 Eine Auszählung der Haushaltsvorstände mit Adelstitel und anderen Prädikaten ergibt zwar keine nennenswerte Unterschiede zwischen den Quartieren. Zusätzlich finden sich in Sitta jedoch etliche zum Zeitpunkt der Zählung leerstehende Häuser von auswärtigen Walliser Notablen; auch liegt dieses Quartier dem bischöflichen Hof am nächsten.

38 Das Bäckereigewerbe ist eines derjenigen Gewerbe, das von der Quelle nicht mit der Qualifikation *Magister* (für «Meister») bedacht wird.

39 Vgl. Anm. 36: 1681 wird durch den grossen Überfluss, der auf Zobelkappen, Gold-, Silber-, Seiden- und Leinwandspitzen sowie andere teure und unnötige Kleider verwendet wird, eine merkliche Summe Gelds aus dem Land gezogen. Die hierzu früher ergangenen Mandate (die ich noch nicht finden konnte) werden bestätigt. Ein weiterer Erlass dieser Art erfolgt 1688. 1717 wird der Luxus im Unterwallis kritisiert und der Import entsprechender Textilien zunächst verboten, im Jahr darauf hingegen bereits die Vergabe eines Handelsmonopols erörtert; das Ergebnis ist unbekannt. Staatsarchiv Sitten, Landratsabschiede, 12.–22. 5. 1688, 19.–31. 5. 1717 und 11.–21. 5. 1718.

40 Vgl. die Begrifflichkeit bei Howell (wie Anm. 2), S. 27 f., 34–38.

Anne Radeff

Femmes au marché

(Suisse occidentale, fin 18e – début 20e siècle)

Depuis le Moyen Age, les femmes jouent un rôle important dans les marchés. Elles y apparaissent d'une part en tant que productrices: des paysannes viennent en ville vendre les quelques légumes ou les fruits qu'elles récoltent dans leurs jardins[1] ou, en plus grande quantité, ceux cultivés par leurs familles, telles les «marmettes» du Vully aux marchés de Berne ou Neuchâtel.[2] Dans les régions de production textile comme l'Emmental, elles se rendent au marché en hiver, pour y vendre les tissus qu'elles ont fabriqués. Parfois trop occupées pour y écouler les produits du sol, elles y envoient leurs maris – tout en redoutant les rencontres féminines qu'ils pourraient y faire.[3]
Les femmes sont aussi présentes au marché en tant que marchandes non-productrices: les «revendeuses», ou «cosson(e)s» au Moyen Age,[4] inquiètent au fil des siècles les autorités soucieuses d'éviter l'accaparement des denrées et de limiter la hausse des prix. Enfin, et surtout, les femmes viennent au marché en tant que consommatrices, pour y acheter les denrées nécessaires à leur subsistance et à celle de leurs familles.
Ces activités s'intègrent dans une sociabilité féminine plus informelle que celle des hommes – le marché n'est ni une confrérie ni une association – et beaucoup moins connue.[5] Les citadines y rencontrent les campagnardes, mais le marché est aussi une occasion de se retrouver entre voisines, dans un cadre très différent des visites à domicile ou des haltes à l'auberge – ces dernières étant peut-être mieux admises en Suisse alémanique qu'en Suisse romande, où les tavernes semblent plutôt être fréquentées par les hommes que par les femmes.[6]

Les marchés, des assemblées urbaines

Alors que les foires se multiplient dans les villages dès la fin du Moyen Age,[7] les marchés n'y fleurissent guère: les villes sont très jalouses de leur privilège et protestent vigoureusement lorsque des lieux trop proches prétendent en jouir.[8] De plus, l'organisation d'un marché est coûteuse et sa nécessité ne s'affirme qu'au sein de populations aux activités très spécialisées. A la fin du 18e siècle, sur 70 lieux abritant des foires dans le nouveau Département du Léman, on n'en compte que 19 avec foires et marchés.[9] A la même époque, l'ancien Etat de Berne compte, sur deux lieux de foires, un lieu ayant foires et marchés.[10]

L'histoire des foires au 19e siècle est bien connue pour l'espace vaudois grâce aux recherches de Monique Freymond-Bouquet:[11] une hausse spectaculaire du nombre de lieux en abritant intervient entre les années 1830 et 1850, pour plafonner jusqu'aux années 1880. Cet essor correspond à une période particulièrement propice sur le plan agricole, avec un développement important de l'élevage en plaine.[12] La crise qui frappe le monde paysan dès les années 1870 n'affecte pas immédiatement le réseau des foires, qui ne commence à décliner qu'à partir de 1884. Mais cette concentration est irréversible. Malgré la reprise de la conjoncture paysanne dès les années 1890, le nombre des lieux de foires continue à diminuer: l'essor de l'élevage et son intégration au commerce mondial n'ont pas provoqué une densification du réseau du commerce périodique mais sa réorganisation avec, en particulier, l'abandon des lieux non desservis par le chemin de fer.

Nous ne disposons pas encore d'une histoire des marchés au 19e siècle. Sur le plan spatial, il est probable que le nombre de lieux de marchés n'a pas autant fluctué que celui des foires. Le volume des échanges a sans doute augmenté de la fin du 18e au début du 20e siècle, compte tenu de la forte croissance démographique des villes. Par contre, il a décrû en valeur relative au profit du commerce permanent (boutiques, puis premiers grands magasins).[13] Sous l'Ancien Régime en effet, le marché hebdomadaire joue un rôle essentiel dans l'économie urbaine. C'est là que s'approvisionne la grande majorité des habitants de la ville et des environs: si de nombreux citadins ou ruraux sont propriétaires au 18e siècle, la plupart d'entre eux n'ont pas assez de terres pour nourrir leur famille tout au long de l'année. On vient parfois de loin: le marché d'Orbe par exemple concurrence victorieusement en 1786 ceux de Romainmôtier et de La Sarraz, pourtant distants de plusieurs kilomètres.[14] Les autres sources d'approvisionnement sont marginales: les achats chez le producteur sont surtout et souvent exclusivement le fait de professionnels (bouchers, boulangers etc.) et les colporteurs, comme les boutiques, n'offrent que quelques denrées alimentaires bien précises (huile, citrons, fromage de Schabzieger [!], épices, tisanes, fruits).[15] A côté des boucheries et des boulangeries, le marché d'Ancien Régime est ainsi le lieu par excellence des échanges urbains, compte-tenu du fait que l'essentiel des budgets familiaux est attribué à l'approvisionnement.

On y vend toutes sortes de choses. Jusqu'au début du 19e siècle, le blé est la denrée la plus importante, mais il est accompagné dès le Moyen Age d'autres produits agricoles – dont l'importance relative et la variété croît au cours du 19e siècle – ou de marchandises diverses. Les marchés des grandes villes sont très diversifiés, tels ceux de Genève vers 1900: on y vend des fruits et des légumes, des champignons en saison, des pommes de terre, des viandes et poissons (aux trois halles de Rive, de l'Ile et des Pâquis), des volailles, des produits laitiers; mais on y trouve aussi des fleurs, des plantons, de la paille et du foin, du bois de chauffage et de construction et enfin toutes sortes de produits rappelant autant sinon plus la foire que le marché (toilerie, mercerie, papeterie, chapeaux, souliers, vannerie, ferblanterie, poterie et autres).[16]

Les acteurs du marché d'après les textes écrits

Les règlements de marché sont nombreux et détaillés dès le 18e siècle au moins. On en trouve partout, dans les grandes villes comme les petits bourgs. Nous avons dressé la liste des personnages qu'on y rencontre, afin d'y chercher la présence de femmes (annexe à ce texte pour Lausanne, complétée par le recours à d'autres règlements concernant de plus grandes villes ou de plus petits bourgs).[17]

Les consommateurs sont décrits avec plus de précision sous l'Ancien Régime qu'à l'époque contemporaine; on distingue alors entre bourgeois, habitants et étrangers – qui ont des priorités décroissantes à l'achat – tandis que le 19e siècle se contente généralement des mots «acheteur» ou «acquéreur». Parmi les acheteurs intermédiaires, on trouve souvent des revendeurs, ou «blatiers» lorsqu'il s'agit de blé, mais aussi des meuniers, des boulangers, des traiteurs ou des cabaretiers. Les vendeurs sont mieux décrits au 19e qu'au 18e siècle: il peut s'agir de négociants installés en ville et autorisés à dresser un étalage devant leurs boutiques, de marchands ambulants ou de maraîchers venus vendre leur production. Certains sont très spécialisés, comme les cordiers ou les rôtisseurs de châtaignes. Enfin, on trouve nombre d'acteurs divers, attachés au transport (voituriers, charretiers etc.), à la surveillance (gardes, inspecteurs etc.), voire, plus rarement, au divertissement, comme les saltimbanques.

Une fois seulement, une catégorie est désignée au féminin et au masculin: il s'agit, à Carouge en 1785, des «revendeurs et revendeuses». Leur activité est strictement limitée: «Il est défendu aux revendeurs et revendeuses d'aller à la rencontre de ceux qui apportent des denrées, quant même ce seroit au-delà de Carouge et de son territoire, de marchander ni acheter autre chose à manger, pour eux ni pour autrui.» Ils

– et elles – ne pourront «faire leurs emplettes ailleurs qu'aux Places destinées pour le Marché [...] qu'après la levée de l'étendard, et aux heures permises».[18]
Aucune autre femme n'est citée dans les règlements consultés. A une exception près, sans doute attribuable au style particulier des Savoyards, tous les termes utilisés pour désigner les acteurs du marché sont au masculin – et pour cause, puisque grammaticalement il suffit d'un homme dans une foule de femmes pour que celle-ci soit désignée au masculin! Le bon usage de la langue crée ici un écran opaque entre l'historien et les questions qu'il se pose.

*

D'autres sources écrites sont plus prolixes sur les femmes. En particulier, on peut utiliser les textes littéraires, tels ceux de Jeremias Gotthelf pour l'Emmental utilisés ci-dessus.
Voici quelques autres exemples décrivant les femmes au marché de Lausanne. Le portrait peut être teinté de pittoresque, tel celui que le syndic Berchtold van Muyden trace en 1911 des «ménagères [qui] vont et viennent avec des airs affairés. Les plus cossues sont suivies de leurs servantes. Elles sont tout heureuses de se rencontrer; elles font la causette avec leurs amies, sans souci de l'obstacle qu'elles opposent à la circulation, combattant les prétentions toujours plus élevées des maraîchères et résistant vaillamment à leurs séduisantes propositions lorsque, l'heure de midi approchant, poissons, fruits et légumes sont offerts au rabais.»[19]
Ou lyrique, tel Ramuz racontant comment les paysans descendent en ville: «Ils étaient deux, l'homme et la femme; la femme, elle, avait presque toujours un panier sur les genoux; il était à couvercle ou recouvert d'un linge, avec des œufs dedans ou quelque chose de délicat, c'est pourquoi il faut prendre des précautions.» Puis on se retrouve à la Riponne: «On s'abordait, on se tendait la main; les femmes s'embrassaient; chaque char avait ses habitués, ses pratiques: tout cela faisait un grand bruit joyeux, pendant que les marchands, de leur côté, avaient dressé, autour de la place et sur les deux côtés de la chaussée qui la traversait, leurs échoppes de toile ou leurs grands parasols, autour du mât desquels ils déballaient leurs marchandises.»[20]
Ou encore, moins poétique mais plus précis, Urbain Olivier, faisant ainsi parler un maraîcher: «– Par exemple, dit-il, il faudra que ma femme vende les légumes, le mercredi et le samedi. Je les lui porterai à la place que j'ai louée de la ville, puis je reviendrai travailler chez moi ou ailleurs. Quant mon affaire sera bien en train, j'aurai une forte ânesse et une charrette. Ce sera plus commode, et l'ânesse rapportera bien son intérêt.»[21]

Et l'auteur continue par cette description de la clientèle du marché: «On y coudoie la cuisinière alerte, qui fait de grosses provisions pour les pensionnats et n'a guère le temps de marchander; la jeune fille qui, au contraire, doit ménager les centimes qu'elle gagne péniblement, pour entretenir sa mère infirme; la vieille dame, un profond panier couvert au bras, dans lequel peuvent entrer des primeurs assez chères.» Quant aux hommes: «De bons Lausannois, rentiers à gros ventres, [ils] se promènent dans les rues, en vrais curieux parfaitement oisifs, jusqu'à l'heure où, fatigués du bruit et de la foule, ils se retirent tout doucement dans un café, pour y boire chacun leur demi-pot de Désaley, avant de regagner leur domicile.» Mais tous les messieurs ne sont pas aussi désœuvrés: Urbain Olivier continue en décrivant les avocats, les étudiants, les gamins et les professeurs et finit par se mettre lui-même en scène, dans un curieux effet de miroir: «J'y passe aussi à mon tour, objet de curiosité pour plusieurs, comme il le sont pour moi» et sa connaissance des variétés de fruits et de la pratique du marchandage prouve qu'il ne se contente pas de flâner au marché, malgré qu'il se défende «d'y rien acheter» – activité dégradante pour un homme?[22]

Ces quelques citations démontrent que les textes sur les marchés mériteraient de faire l'objet d'un inventaire exhaustif, ce qui permettrait une analyse nuancée de l'évolution des situations et des variations régionales. Elles percent l'écran de fumée grammatical des règlements de police. La fonction de sociabilité du marché y est autant sinon plus évoquée que sa fonction économique. Fortement biaisés par la personnalité des auteurs, ces textes nous apprennent pourtant autant – sinon plus – sur la manière dont les hommes voyaient les femmes que sur les femmes elles-mêmes; mais la chose est digne d'intérêt, puisque ce regard masculin a, dans une grande mesure, déterminé le devenir féminin et l'image que les femmes se font d'elles-mêmes![23]

Les marchés en images (années 1880–1930)

D'autres sources donnent un éclairage différent: il s'agit des documents iconographiques, dont nous avons publié plusieurs exemples dans un livre consacré aux foires et aux marchés de Suisse romande.[24] Nos observations, qui s'inscrivent dans une période allant des années 1880 aux années 1930, portent sur quelque deux cents documents, tous réunis par Monique Pauchard, et permettent de tracer un portrait animé d'activités féminines très anciennes et méconnues, sans doute à cause de leur banalité et – quel paradoxe pour l'historien! – du fait qu'elles traversent les siècles pour subsister de nos jours encore.[25]

Encore très rares au 18e siècle,[26] les images de marchés se multiplient au cours du 19e, surtout à partir des années 1880, conjointement à l'essor de la photographie. Certaines sont des œuvres d'art, d'autres des documents d'amateur – pour autant que l'on puisse utiliser ce terme à une époque où la photographie nécessitait des connaissances techniques autrement plus précises que de nos jours.[27] Parfois, on en fait des cartes postales, qui peuvent être agrémentées de quelques vers comme au marché de la place des Halles à Neuchâtel,[28] où l'on célèbre le courage des «marmettes»

«Qu'il pleuve, neige ou qu'il vente,
Les Marmettes du Vully
Ne manquent jamais la vente
Au grand marché du jeudi».

Un fait ressort nettement: les femmes de tous âges et de toutes conditions sont toujours majoritaires dans les documents iconographiques. Parfois même, on ne voit qu'elles, comme dans une belle photo des arcades du marché de Nyon réalisée vers 1911:[29] dans des paniers tressés de formes et tailles diverses posés par terre ou sur une poussette de marché, les marchandes, parfois assises, offrent diverses denrées. Les clientes, un panier au bras, parfois un enfant à la main, regardent le photographe qui a figé en un instant d'éternité de très beaux visages féminins, souvent fatigués, à l'ombre d'arcades médiévales.

Dans tous les autres documents iconographiques, on voit ainsi vivre et agir des femmes. Elles sont généralement les seules à acheter: certes, l'on voit fréquemment des hommes traverser le marché, mais ils n'y acquièrent ni denrées ni marchandises. Suivant le lieu et l'heure, les acheteuses peuvent être d'élégantes bourgeoises en longues robes claires, comme au boulevard Helvétique à Genève,[30] de grandes filles portant tablier, comme à Pépinet à Lausanne,[31] des mères poussant un landau ou encore des femmes âgées.

En tant que vendeuses, les femmes côtoient les hommes. A Lausanne en 1898 par exemple, deux commerçants – le père et le fils Jaccoud – offrant des pommes de terre, occupent le premier plan d'une photographie où les femmes, très nombreuses, sont reléguées à l'arrière. Les vendeurs sont ainsi souvent présents, tandis que les vendeuses le sont toujours. Les documents ne permettent pas – sauf exception – de savoir s'il s'agit de paysannes (alors que la chose est plus facile pour les hommes, qui portent des blouses de toile). Elles exposent leurs denrées dans des paniers ou sur des cageots posés par terre, sur des bancs ou des chars au timon dressé. Il est généralement difficile de distinguer les denrées offertes à la vente. Outre les légumes et les fruits en vrac, on voit parfois de beaux chapelets d'oignons ou des fleurs. Mais on trouve aussi des objets de vannerie, du bois ou du foin. Dans la mesure du possible, les denrées sont à l'ombre; les bancs peuvent être bâchés, mais on profite aussi de beaux arbres – tels les platanes du boulevard Helvétique –, des arcades, comme à Nyon, ou de l'abri des maisons, telles à la Grand-Rue de Fribourg (côté droit réservé aux fruits, aux légumes et au beurre, côté gauche aux viandes, charcuteries et fromages).

On fait beaucoup plus de choses au marché que d'acheter ou de vendre. On passe d'un pas pressé, comme beaucoup d'hommes, autoritaire, comme des policiers, ou affairé, comme des mamans menant un enfant à la main. Parfois, une femme tire la bride d'un cheval attelé à un char. On regarde et on discute, ou encore on pose ou on installe des marchandises. La fonction de rencontre du marché est nettement mise en évidence dans les documents iconographiques, bien que l'impression dominante soit celle d'une activité concentrée plutôt que celle d'une convivialité détendue.[32]

Les femmes au marché, les hommes à la foire au bétail

La comparaison entre les marchés urbains et un autre type d'assemblées périodiques très fréquent dans les villes comme dans les villages, les foires au bétail, est frappante: les femmes y sont beaucoup moins présentes et parfois totalement absentes.[33] Ce sont en effet d'abord et surtout les hommes – en blouse paysanne ou en costume de ville – qui participent aux marchés-concours ou aux foires au bétail, qu'il s'agisse du jury, des éleveurs, des marchands ou des acheteurs. Ils sont souvent accompagnés de jeunes garçons chargés de surveiller les bêtes. Lorsque l'on voit des femmes, elles sont plutôt spectatrices qu'actrices et se trouvent souvent en marge de la scène. A certaines occasions, on les surprend même dans une attitude de détente – chose rarissime dans les documents utilisés, tant pour les hommes que les femmes – comme les deux Valaisannes enlacées qui occupent le premier plan d'une scène de foire au bétail à Kippel, dans le Lötschental.[34]

Les femmes ne redeviennent actrices que lorsqu'il s'agit de vente de petit bétail, chèvres ou cochons. Malheureusement, les photographes ont beaucoup plus rarement représenté ce type de scène, moins spectaculaire que les alignements de bovins gras et vigoureux. Les textes écrits viennent heureusement combler cette lacune, tel ceux de J. Gotthelf: il décrit vers 1840 la rencontre, au retour d'une foire, entre le valet Uli, qui y a vendu une vache pour le compte de son patron et la paysanne Käthi, qui y a mené des cochons.[35]

Les sources iconographiques, couplées aux textes, permettent donc de mettre en évidence le rôle essentiel des femmes dans le fonctionnement du commerce périodique. On peut les utiliser de manière plutôt qualitative, comme nous venons de le faire, ou plutôt quantitative, comme Monique Pauchard, en analysant systématiquement tous les éléments représentés: les personnes, avec mention de leur sexe, et, quand la chose est possible, de leurs fonctions; les moyens de transport (chars, voitures, luges etc.); les objets offerts à la vente (fromages, légumes, tissus etc.); la manière dont ils sont présentés (sur le sol, dans des paniers, sur un char, sur un banc, bâché ou non); les activités des personnages (passer, vendre, acheter, discuter etc.); le contenu statique du document (fontaines, maisons, arbres etc.); les objets représentés (paniers, hottes etc.); enfin, les animaux.[36]

De même, on peut travailler sur la longue durée, comme nous l'avons fait ici, ou tenter une analyse chronologique plus précise, qui montrerait par exemple l'évolution des attitudes au cours des décennies; cette approche est cependant rendue très ardue par la difficulté à dater les documents iconographiques, surtout lorsqu'il s'agit de photographies.[37] Enfin, on peut chercher des différences régionales, dont nous n'avons fait que signaler quelques-unes au passage. Bref, de nombreuses directions de recherche sont ouvertes, que cet article ne fait qu'esquisser.

*

Malgré le grand intérêt des sources utilisées ici, nombre d'auteurs ayant étudié l'histoire des femmes ont négligé les images montrant un grand nombre de personnages pour leur préférer des portraits ou des scènes de petits groupes.[38] Ils sont ainsi passés à côté d'un aspect fondamental de l'histoire des femmes: leur activité dans l'approvisionnement de la population, qu'il s'agisse des habitants d'une ville – elles apparaissent alors en tant que vendeuses – ou de leur famille – elles apparaissent alors en tant qu'acheteuses.[39] Clientes ou marchandes, mères, fillettes ou grand'mères, ces femmes font preuve d'une étonnante polyvalence. On est bien loin du rôle dans lequel les confine un aubergiste misogyne du 19e siècle: «Schweine mästen und kochen, Kaffee trinken und alle Jahre ein Kind haben, das ist eure Sache und damit punktum.»[40]

Annexe: noms d'acteurs mentionnés dans les règlements de marchés lausannois, 1788 – 1912, suivis des dates de citations (Archives de la Ville de Lausanne, abr.: AVL, AVLR 18/1)

Acheteurs[*1]: 1822, 1858
Acquéreurs[*1]: 1822
Blatiers (revendeurs de grains)[*1]: 1788, 1799, 1803, 1822
Boulangers[*1]: 1788, 1822
Bourgeois[*1]: 1788
Cabaretiers[*1]: 1788
Charretiers[*3]: 1788
Concierge de la halle[*3]: 1858
Détailleurs[*2]: 1856
Employé de police[*3]: 1858
Etalagistes[*2]: 1912
Etrangers[*1]: 1788, 1799 («non Helvétiens»)
Gardes[*3]: 1788
Habitants[*1]: 1788
Inspecteurs[*3]: 1799, 1803, 1822, 1858
Locataires d'échoppes[*2]: 1882
Marchands[*2]: 1788, 1822, 1858, 1882, 1883, 1901, 1912
Mesureur[*3]: 1788, 1799, 1803
Métral[*3]: 1788
Meuniers[*1]: 1788, 1799, 1803
Muletiers[*3]: 1788
Président du Conseil[*3]: 1788
Propriétaires ou locataires d'échoppes[*2]: 1883, 1901, 1912
Régisseur du poids[*3]: 1882
Revendeurs[*1]: 1788, 1799, 1803, 1822, 1858
Traiteurs[*1]: 1788
Vendeurs[*2]: 1799, 1803, 1822, 1858, 1882, 1883, 1901, 1912
Voituriers[*3]: 1788, 1799

*1 Acheteurs; *2 vendeurs; *3 autres.

Règlements consultés: 1788 (AVLR 18/1/1), 1799 (18/1/2), 1803 (18/1/3), 1822 (18/2), 1858 (18/6/1), 1882 (18/7/1), 1883 (18/8), 1901 (18/9), 1912 (18/12).

N. B.: Notre but étant de relever d'éventuels noms au féminin, nous n'avons pris que les acteurs mentionnés nommément, pas ceux qui sont désignés par une action («les personnes qui...»). Des noms peuvent ainsi disparaître alors que les acteurs sont toujours là: par exemple, les mentions de voituriers et de charretiers sont remplacées au 19e siècle par des phrases du type «il est défendu de passer avec des chars, des chevaux et des voitures» (les automobiles apparaissent dès 1912). Enfin, nous n'avons pas relevé les noms de personnes morales (Direction de police, Municipalité etc.).

Notes

1 Ce rôle a été mis en évidence par Brigitte Schnegg, Marginal und unentbehrlich: Weibliche Erwerbsarbeit in der vorindustriellen Ökonomie an schweizerischen Beispielen des 18. Jahrhunderts, in: Simonetta Cavaciocchi (éd.), La donna nell'economia. Sec. XIII–XVIII (Atti delle «Settimane di studi» 21), Prato 1990, p. 621–631; d'après, entre autres, Niklaus Anton Rudolf Holzer, Beschreibung des Amtes Laupen 1779, éd. par H. A. Michel (Archiv des historischen Vereins des Kantons Bern 68), Berne 1984.

2 Rudolf J. Ramseyer, Zibelemärit, Martinimesse, Langnau 1990, p. 102–108. Sur le terme de «marmettes», cf. William Pierrehumbert, Dictionnaire historique du parler neuchâtelois et suisse romand, Neuchâtel 1926, p. 351.

3 Pour l'Emmental par ex., cf. Jeremias Gotthelf, Uli der Knecht et Uli der Pächter, Lausanne 1970, p. 100, 118.

4 Danielle Anex-Cabanis, La vie économique à Lausanne au Moyen Age, Lausanne 1978, p. 41 ss.

5 Cet aspect a été abordé, entre autres, dans M.-F. Gueusquin-Barbichon, Différenciation et espaces sexuels dans les foires et marchés à Corbigny (Nièvre), in: Etudes rurales 78–80 (1980), numéro spécial Foires et marchés ruraux en France, p. 327 ss.

6 De nombreux exemples de sociabilité féminine à l'auberge sont donnés pour l'Emmental par Jeremias Gotthelf (cf. note 3) p. 102 ss., 248 ss., 293 ss. etc.; André Corboz, Invention de Carouge, 1772–1792, Lausanne 1968, p. 462–463 parle de femmes de mauvaise réputation. A Neuchâtel comme dans le canton de Vaud, le public des auberges semble plutôt masculin; cf. pour Neuchâtel: Michel Schlup, Auberges et cabarets d'autrefois (1500–1850), Hauterive 1988, p. 23–26; cf. pour Vaud: ACV, K XII c 19, 1839, non paginé, fin de volume.

7 Anne Radeff, Des Vaudois trop audacieux pour LLEE? Foires et marchés au 18e siècle, in: La monnaie de sa pièce... Hommages à Colin Martin, Lausanne 1992, p. 275–290 et carte en fin de volume; Id., Grandes et petites foires du Moyen Age au 20e siècle. Conjoncture générale et cas vaudois, in: Nuova Rivista Storica LXXV (1991), p. 329–348.

8 Cf. par ex. le cas de Lausanne et Lutry aux 17e et 18e siècles dans Anne Radeff, Les outils de l'économie ordinaire: foires et marchés lausannois sous l'Ancien Régime, in: Mémoire vive. Pages d'histoire lausannoise 1 (1992), p. 60. Sur le problème des marchés ruraux, cf. le cas de l'Emmental analysé par Fritz Häusler, Die alten Dorfmärkte des Emmentales, Langnau 1986.

9 Archives d'Etat de Genève (abrégé: AEG), ADL IX b 2, 28. 10. 1798. Nous remercions Madame Catherine Santschi de nous avoir communiqué ce document.

10 Radeff, Des Vaudois trop audacieux (cf. note 7), p. 286–289.

11 Monique Freymond-Bouquet, Le messager boiteux reflet des foires vaudoises au 19e siècle, dactyl., 1987; Anne Radeff, Monique Pauchard et Monique Freymond, Foires et marchés de Suisse romande, images de l'histoire des oublié(e)s, Yens 1992, p. 43–55.

12 Georges Nicolas-Obadia, Atlas statistique agricole vaudois (1806 à 1965), Lausanne 1974, p. 107 ss.

13 Qui ont été par ex. étudiées pour Lucerne par Anne-Marie Dubler, Geschichte der Luzerner Wirtschaft. Volk, Staat und Wirtschaft im Wandel der Jahrhunderte, Lucerne 1983, p. 161–168.

14 Radeff, Des Vaudois trop audacieux (cf. note 7), p. 289.

15 Radeff/Pauchard/Freymond (cf. note 11), p. 37–42. Sur l'organisation des marchés, cf. les nombreuses ordonnances publiées dans Les Sources du droit suisse, par ex. Die Rechtsquellen des Kantons Bern, erster Teil, Stadtrechte, vol. VIII, éd. par Hermann Rennefahrt, p. 1–108.

16 Règlement concernant les marchés périodiques dans la Ville de Genève, 1902 (AEG; règlement

édicté en 1899 et modifié en 1902); les marchés genevois d'Ancien Régime ont été décrits dans Anne-Marie Piuz, Liliane Mottu-Weber et al., L'économie genevoise de la Réforme à la fin de l'Ancien Régime, 16e–18e siècles, Genève 1990, p. 349 ss. Cf. aussi Jean-Claude Mayor, Genève et ses marchés, Genève 1987, p. 15 ss.

17 Outre le règlement genevois cité ci-dessus et les règlements lausannois énumérés en annexe, nous avons consulté, par ordre chronologique: Règlement de police pour Carouge de 1785, dans Corboz (cf. note 6) p. 534–545; Règlement pour la location des places de marché de la Chaux-de-Fonds, 1869; règlement pour la location et la police des marchés de la Chaux-de-Fonds, 1887; règlement pour la police et la location des places de marché de la Chaux-de-Fonds, 1893 (Bibliothèque municipale de la Chaux-de-Fonds); Ville de Bulle: règlement concernant la location des bancs et des places pour les jours de foire, 1884; Ville de Fribourg: règlement et tarif des foires et des marchés, 1889 (Archives d'Etat de Fribourg, carton 96); Règlement de police pour la ville et commune de Vevey, 1909 (Archives communales de Vevey). Nous remercions ici les archivistes qui ont bien voulu nous communiquer ces règlements.

18 Corboz (cf. note 6), p. 538. Réglementation comparable par ex. pour Lausanne (AVL, AVLR 18/1/1, 1788, art. VII), mais le texte ne parle que de «revendeurs». On retrouve aussi le masculin seulement dans le règlement de Fribourg de 1889, art. 8.

19 Berchtold van Muyden, Pages d'histoire lausannoise. Bourgeois et habitants, Lausanne 1911, p. 563–564.

20 Charles-Ferdinand Ramuz, Découverte du monde, Lausanne 1951, p. 14–16.

21 Urbain Olivier, La Marjolaine, in: Une voix des champs, Lausanne 1872, p. 128–129; cf. André Lasserre et Françoise Châtelain, La vie villageoise dans la région de Nyon au 19e siècle, Lausanne 1988, p. 37–39.

22 Olivier (cf. note 21), p. 142–143.

23 D'autres documents textuels que les œuvres littéraires peuvent être utilisés, telle par ex. la description de Laupen par Holzer, exploitée par Schnegg (cf. note 1) ou des témoignages oraux comme ceux réunis vers 1940 par les auteurs de l'Atlas de folklore suisse, I/2, Bâle 1988, p. 701–760. Sur des femmes pratiquant le colportage ou divers métiers ambulants au 18e siècle: Anne Radeff, Faire les foires. Mobilité et commerce périodique dans l'ancien canton de Berne à l'époque moderne, in: Bulletin du Centre Pierre Léon d'histoire économique et sociale, 2–4 (1992), p. 67–83.

24 Radeff/Pauchard/Freymond (cf. note 11). Nous renvoyons à cet ouvrage pour une présentation générale de la période étudiée. Ce livre a été rédigé par l'auteur de ces lignes en parallèle à un subside du Fonds national de la recherche scientifique (requête no 11-26318.89) et repose, pour les 19e et début du 20e siècles, sur Freymond-Bouquet (cf. note 11) et Monique Pauchard, Les foires et les marchés à Lausanne et dans le canton de Vaud. Etude iconographique (1880–1930), mém. de lic., Lausanne 1988 (exemplaires consultables aux Archives cantonales vaudoises ou aux Archives de la Ville de Lausanne). Pour le canton de Berne, une très riche iconographie a été récemment publiée par Häusler (cf. note 8) et Ramseyer (cf. note 2).

25 Sur l'ordinarité des foires et marchés, cf. Radeff (cf. note 8), p. 62. Il est frappant de constater que l'on ne trouve aucune image de marché dans la riche documentation iconographique publiée dans le catalogue d'exposition Terre des femmes (Itinéraires Amoudruz VI), Genève 1989.

26 Une exception remarquable: la gravure de 1794 représentant le marché du Molard à Genève, qui fait la couverture de Piuz/Mottu-Weber (cf. note 16).

27 Cf. par ex. sur ces techniques: La photographie en Suisse, 1840 à nos jours, Berne 1992.

28 Radeff/Pauchard/Freymond (cf. note 11), p. 140.

29 Ibid., p. 88–89.
30 Ibid., p. 123.
31 Ibid., p. 70.
32 Pauchard (cf. note 24), tableau 2.5.1: l'auteur a calculé le nombre de fois qu'apparaissent ces diverses actions; la vente et l'achat dominent, suivies par le passage, la discussion, enfin la pose ou l'installation de marchandises.
33 Ce phénomène a été étudié, entre autres, par Martine Segalen, Mari et femme dans la société paysanne, Paris 1980, p. 162–165.
34 Radeff/Pauchard/Freymond, (cf. note 11), p. 133.
35 Gotthelf (cf. note 3), p. 100.
36 Pauchard (cf. note 24), tableaux 2.1–2.8.
37 Sur ce problème, cf. Pauchard (cf. note 24), tableaux 3.1, 3.2.
38 C'est par ex. le cas des chapitres d'Anne Higounet, Femmes et images, in: Histoire des femmes en Occident, vol. 4: Le 19e siècle, éd. par Geneviève Fraisse et Michelle Perrot, Evreux 1991 ou du mémoire de Monique Pavillon, La femme illustrée des années 20. Essai sur l'interprétation de l'image des femmes dans la presse illustrée, 1920–1930, Lausanne 1986.
39 Beatrix Mesmer, Le rôle des femmes dans l'industrialisation, in: 1291–1991. L'économie suisse. Histoire en trois actes, Saint-Sulpice 1991, p. 140–145, met en évidence ces multiples activités féminines.
40 Traduction libre: engraisser les cochons puis les apprêter, boire du café et faire un enfant chaque année, voilà l'affaire des femmes – un point c'est tout!, Gotthelf (cf. note 3), p. 598.

Beate Althammer

Frauenarbeit und Frauenprotest in der Textilindustrie Barcelonas um 1913

Im Sommer 1913 legte ein recht bemerkenswerter Streik die Textilbranche von Barcelona und Umgebung lahm: Mehrere 10'000 Arbeiterinnen und Arbeiter blieben während rund eines Monats den Fabriken fern, um kürzere Arbeitszeiten und höhere Löhne durchzusetzen. Es handelte sich um den ausgedehntesten Arbeitskampf in Barcelona im Jahrzehnt vor dem Ersten Weltkrieg. Aber aussergewöhnlich war vor allem, dass er überwiegend von Frauen getragen wurde. Wie war es zu diesem Streik, der nicht so recht in das von der traditionellen Geschichtsschreibung gezeichnete Bild einer männerdominierten Arbeiterbewegung passen will, gekommen? Wo sind die Ursachen dafür zu suchen, dass ausgerechnet im relativ rückständigen und patriarchalisch geprägten Spanien Frauen eine führende Rolle in einem so wichtigen Arbeitskonflikt zu ergreifen vermochten? Im folgenden soll versucht werden, eine grobe Skizze von den wirtschaftlichen und gesellschaftlichen Voraussetzungen sowie von den Entwicklungen, die in den Streik von 1913 mündeten, zu zeichnen.[1]

Wirtschaftliche Strukturen Kataloniens

Spanien war im 19. Jahrhundert von der Industrialisierung nur am Rande berührt worden, das Land blieb ganz überwiegend agrarisch geprägt; noch um 1910 waren gut 70% der aktiven Bevölkerung im Primärsektor und bloss etwa 14% im Sekundärsektor beschäftigt. Katalonien aber stellte eine deutliche Ausnahme dar: In dieser nordöstlichsten Region Spaniens hatte bereits Ende des 18. Jahrhunderts eine industrielle Entwicklung eingesetzt und zwar mit der beginnenden Mechanisierung der hier ansässigen Baumwollspinnerei. Die Textilbranche etablierte sich in der Folge bald als der eigentliche Motor der wirtschaftlichen und gesellschaftlichen Modernisierung Kataloniens und behauptete sich bis weit ins 20. Jahrhundert hinein als der mit Abstand führende Wirtschaftszweig der Region, der vor dem Ersten Weltkrieg etwa 100'000–125'000 Arbeitskräfte beschäftigte.[2] Die grösste Bedeutung hatte die

Baumwollspinnerei und -weberei; daneben erlangten auch die Wolltuchproduktion und die Strickerei einiges Gewicht.
Die katalanische Textilindustrie war zu einem guten Teil eine ländliche und kleinstädtische Industrie: Sowohl zahlreiche der kleineren Ortschaften an der Küste als auch weite Zonen des gebirgigen Hinterlandes waren ganz wesentlich von der Textilbranche abhängig. Aber immerhin etwa ein Drittel der Produktionskapazität war in der Stadt Barcelona selbst, welche hier im Vordergrund stehen soll, angesiedelt.
Barcelona – das dominierende wirtschaftliche und demographische Zentrum Kataloniens – war seit der Mitte des 19. Jahrhunderts rasant zu einer industriellen Grossstadt angewachsen. Die starke Immigration aus ländlichen Gebieten liess die Bevölkerung von 175'000 im Jahr 1850 auf über 600'000 im Jahr 1914 explodieren. Im Zuge dieses Wachstumsprozesses erlebten verschiedene Wirtschaftszweige wie die Bauwirtschaft, die Maschinenbauindustrie oder das Transportgewerbe einen starken Aufschwung; auch bildete sich in Barcelona eine breite mittelständische Schicht von im Handel, in freien Berufen oder in der Verwaltung Tätigen. Anders als in manchen katalanischen Kleinstädten existierte hier also keine industrielle Monokultur. Trotzdem war Barcelona auch im frühen 20. Jahrhundert noch eine sehr stark durch die Textilindustrie geprägte Stadt: 36'000 Arbeiterinnen und Arbeiter wurden im Jahr 1905 in den städtischen Textilbetrieben gezählt; dies entsprach etwa 7% der Wohnbevölkerung oder 30% der Industriearbeiterschaft Barcelonas.[3]
Die frühe und stark an der Textilbranche orientierte Industrialisierung Kataloniens hatte die Eingliederung der Frauen in den Arbeitsmarkt begünstigt. Bereits um die Mitte des 19. Jahrhunderts war die Hälfte der katalanischen Baumwollarbeiterschaft weiblich gewesen; in den folgenden Jahrzehnten nahm der Frauenanteil in fast allen Bereichen der Textilindustrie kontinuierlich weiter zu und lag um 1905 in den Spinnereien und Webereien bei etwa 75%. Diese starke weibliche Präsenz in der wichtigsten Industrie Kataloniens hatte zur Folge, dass die ausserhäusliche Erwerbsarbeit von Frauen hier eine viel weiter verbreitete Erscheinung als im übrigen Spanien war: Während auf gesamtspanischer Ebene im frühen 20. Jahrhundert nur etwa 10% der Frauen einer statistisch erfassten Erwerbstätigkeit nachgingen, waren es in der Provinz Barcelona gegen 20%. Von den Einwohnerinnen der Stadt Barcelona arbeiteten gut 15% allein im industriellen Sektor; Frauen stellten damit über ein Drittel der Industriearbeiterschaft Barcelonas. Allerdings waren die Arbeitsmöglichkeiten für Frauen auch in Barcelona sehr einseitig, viel einseitiger als für Männer. Die gut 20'000 Textilarbeiterinnen bildeten die mit Abstand wichtigste weibliche Berufsgruppe der Stadt. Es folgten die Hausangestellten (14'000) und die Konfektions-

arbeiterinnen (12'000). An nächster Stelle lagen bereits die Prostituierten, von denen es etwa 10'000 in Barcelona gegeben haben soll, «ohne die Gelegenheitsprostitution von Arbeiterinnen zu zählen, die in ihr einen Zusatzverdienst suchten».[4]
In allen etwas höher qualifizierten Berufen, etwa im Handel oder in der Verwaltung, waren Frauen hingegen noch kaum präsent. Ihr Anteil lag hier viel tiefer als in den meisten übrigen westeuropäischen Staaten, was angesichts der katastrophalen Bildungsverhältnisse im Spanien des frühen 20. Jahrhunderts auch nicht weiter erstaunt: Selbst in einer relativ weltoffenen und fortschrittlichen Stadt wie Barcelona konnte die Masse der Unterschichtfrauen nicht lesen und schreiben. Für Frauen aus den Mittel- und Oberschichten andererseits kam eine Berufstätigkeit aus ideologischen Gründen praktisch nicht in Frage.

Gesellschaftliche Einstellungen gegenüber der Frauenarbeit

In Spanien – und auch in Katalonien – herrschte noch bis weit ins 20. Jahrhundert hinein eine stark ablehnende Haltung gegenüber der Beteiligung von Frauen am Wirtschaftsleben. Auch die ausserhäusliche Erwerbstätigkeit von Unterschichtfrauen wurde von den gesellschaftlich tonangebenden Kreisen – zumal von der Kirche – im Prinzip nicht gerne gesehen. Sie musste zwar als Realität akzeptiert werden; immer wieder wurde aber betont, dass, wenn gewisse Frauen aus materieller Not schon unbedingt arbeiten müssten, sie es wenigstens in Bereichen tun sollten, die ihrem spezifischen «weiblichen Wesen» entsprächen. So stand z. B. noch 1936 in einer führenden katholischen Zeitung Barcelonas zu lesen: «In der Regel soll die Frau nicht arbeiten; als Ausnahme – und die Ausnahme hebt die Regel nicht auf, sondern bestätigt sie – wenn sie keinen Mann, Vater, Bruder, Ehegatten hat, der für sie arbeitet, kann sie arbeiten. Aber dann muss sie in Tätigkeiten arbeiten, die ihrem Geschlecht angemessen sind [...], selbst wenn sie mit diesen nicht soviel verdient, denn das Wohl der Seele steht höher als das des Körpers, und das Interesse der Gesellschaft ist wichtiger als das individuelle.»[5]
Als dem weiblichen Wesen angemessen wurden alle Arbeiten betrachtet, die sich als Fortsetzung der Haus- und Familienarbeit verstehen liessen oder die zu Hause, im Schosse der Familie verrichtet wurden. Die Fabrikarbeit hingegen war – selbst in einem so «weiblichen» Bereich wie der Textilproduktion – sehr umstritten: Von konservativen Ideologen und von der Kirche wurde sie wegen der hier angeblich besonders akuten moralischen Gefährdung der Frauen abgelehnt. Aber auch in der

Arbeiterschaft gab es erhebliche Widerstände gegen das Vordringen der Frauenarbeit in der Fabrik: Die zunehmende Feminisierung der Textilindustrie führte in der zweiten Hälfte des 19. Jahrhunderts zu heftigen Protesten von seiten der männlichen Textilarbeiter. Die Argumentation, von der hierbei Gebrauch gemacht wurde, wirft ein bezeichnendes Licht auf das auch in der Arbeiterklasse vorherrschende patriarchale Familienideal. In einem Protestschreiben, das Textilarbeiter aus dem nahe Barcelonas gelegenen Städtchen Igualada im Jahr 1868 an die Behörden richteten, wurden z. B. die negativen Auswirkungen der Frauenarbeit auf den Status des männlichen Familienoberhauptes beklagt: «Der Stolz dieser Frauen, die die Stellen der Arbeiter einnehmen und ihnen gegenüber bevorzugt werden, und ihre Überheblichkeit gegenüber ihren Vätern, Ehemännern oder Brüdern, ist leicht zu erkennen, und daher kommen die Beleidigungen, die Beschimpfungen, die Geringschätzung, die Vorwürfe der Faulenzerei und Herumtreiberei gegenüber Personen, die sie andernfalls lieben und respektieren würden, wobei es ihnen [den Männern] in einer solch traurigen Situation nicht möglich ist, jene [die Frauen] wegen ihrer Mängel und Fehltritte zurechtzuweisen; dieser Nachteil verursacht als direkte Konsequenz Streit und Unmoral in den Familien der Arbeiter.»[6]

Ebenso negativ gegenüber dem Vordringen der Frauenarbeit äusserte sich ein Delegierter der Baumwollarbeiter-Gewerkschaft «Tres Clases de Vapor» am Arbeiterkongress in Barcelona von 1870: «Ich bin der Vertreter der Clases de Vapor von Barcelona, einer traurigen und beklagenswerten Berufsklasse, weil die Bourgeoisie die Männer als unbrauchbar für die Ausbeutung erklärt und sie durch die Frauen und Kinder ersetzt hat [...]; sie sind nun die Bevorzugten [...]. Nur der Mann ist für die Arbeit geeignet und nicht die Frau, und wenn dies nicht berücksichtigt wird, wissen wir Männer nicht, was tun, denn wir wurden nicht zum Stehlen, sondern zum Arbeiten geboren.»[7]

Anfangs des 20. Jahrhunderts hatte sich diese feindliche Haltung gegenüber der weiblichen Konkurrenz zwar abgeschwächt, war aber immer noch deutlich spürbar, so in zahlreichen Äusserungen von Arbeitern und Gewerkschaftsvertretern der katalanischen Textilbranche in einer staatlichen Umfrage aus dem Jahr 1913. Ein Anarchosyndikalist z. B. erklärte hier: «Früher hatte es in den Werkstätten zu 25% Männer; heute sind es nicht mehr als 1% oder 2%; der Rest sind Frauen, welche man nach Lust und Laune ausbeuten kann, und, da es zu viele Arbeitskräfte gibt, müssen sich die Männer anderen Berufen widmen, zu ihrem Schaden, und wir, die weiter in dieser Branche arbeiten, müssen uns mit einem Frauenlohn begnügen.»[8] Ein sozialistischer Gewerkschaftsführer stellte im selben Sinn fest: «Dieses Eindringen der Frau und des Kindes [...] wirkt sich in der Textilindustrie äusserst schädlich aus.

Denn in der Praxis ist es so, dass, um das Einkommen zu erzielen, welches früher der Mann verdiente, heute alle Familienmitglieder, die dazu in der Lage sind, arbeiten müssen. Wenn nur der Mann arbeitet, dann genügt es nicht, um die wichtigsten Bedürfnisse der Familie zu decken; wenn nur die Frau arbeitet, dann sieht sich der Mann in der Situation, die häuslichen Arbeiten verrichten zu müssen, und der Familie geht es schlecht.»[9] Eine weitere Gewerkschaftsdelegation ergänzte: «Es geschieht häufig, dass, während die Ehefrau und die Kinder der harten Mühe der Arbeit unterworfen sind, der Mann, der Vater, der Ehemann oder der Bruder arbeitslos ist. In dem angenommenen und immer problematischeren Fall, dass sowohl die Frau als auch der Mann arbeitet, wird die Familie praktisch aufgelöst.»[10]

Die von den Arbeitern angesprochenen Probleme – Arbeitslosigkeit, Druck auf die Löhne, instabile Familienverhältnisse – waren zwar zweifellos real und drängend. Aus den zitierten Textstellen wird aber deutlich, dass auch in der Arbeiterschaft die Lösung dieser Probleme primär in der Wiederherstellung der hergebrachten Familienordnung gesehen wurde; die Erwerbsarbeit galt jedenfalls als eine Domäne des Mannes, in der er auf seine Privilegien pochte. Denn hierauf liefen die Einwände gegenüber der Frauenarbeit im konkreten Fall zumeist hinaus: Während man in der Regel wenig gegen weibliche Hilfskräfte einzuwenden hatte, wehrten sich die Männer vehement gegen das Vordringen von Frauen in die lukrativeren Positionen, weitgehend mit Erfolg, wie noch zu zeigen sein wird. Die Quellen deuten im übrigen darauf hin, dass männliche Arbeiter selten zur Lohnkostensenkung direkt durch Frauen ersetzt wurden: Die Feminisierung der Textilbranche scheint jeweils während Expansionsphasen besonders vorangetrieben worden zu sein. Frauen wurden also in Zeiten mir einer grossen Nachfrage nach zusätzlichen unqualifizierten Arbeitskräften mobilisiert. In Krisenjahren wurden sie aber auch als erste wieder entlassen. So sollen z. B. im Jahr 1905, als es zu Fabrikschliessungen und Massenentlassungen kam, in Barcelona 2000 Baumwollarbeiterinnen, aber nur 60 ihrer männlichen Kollegen von Arbeitslosigkeit betroffen gewesen sein.[11]

Krisenjahre häuften sich nach der Jahrhundertwende: Die katalanische Textilindustrie kämpfte seit dem Verlust der letzten spanischen Kolonien 1898, die zuvor einen Teil der Produktion abgenommen hatten, mit chronischen Absatzschwierigkeiten, die sich erst mit den aussergewöhnlichen Exportchancen während des Ersten Weltkrieges überwinden liessen. Entsprechend instabil blieben die Arbeitsplätze der Textilarbeiterinnen: Als Frauen in der Fabrik ohnehin mehr geduldet als geschätzt, konnte jeder Konjunktureinbruch den Verlust der Stelle bedeuten.

Arbeitsbedingungen in der Textilindustrie

Die Stagnation der Textilbranche zwischen 1898 und 1914 sowie das tendenzielle Überangebot speziell an weiblichen Arbeitskräften, für die es kaum alternative Berufsmöglichkeiten gab, wirkten sich natürlich auch auf die Entwicklung der Arbeitsbedingungen aus: Um Verbesserungen zu erreichen, waren diese Rahmenbedingungen alles andere als günstig.

Was die Arbeitszeit betrifft, so war diese im Jahr 1902 für Frauen gesetzlich auf 66 Stunden pro Woche, d. h., da Sonn- und Feiertage obligatorisch arbeitsfrei waren, im Normalfall auf elf Stunden pro Tag begrenzt worden. Bis zehn Jahre alte Kinder waren seit 1900 offiziell überhaupt nicht mehr in den Fabriken zugelassen, diejenigen im Alter von 10–14 Jahren sollten nur sechs Stunden pro Tag arbeiten. Allerdings zeichnete sich die spanische Sozialgesetzgebung dadurch aus, dass sie in der Regel ignoriert blieb. Auch der 1906 ins Leben gerufenen Fabrikinspektion gelang es nicht, ihr Nachachtung zu verschaffen. Vor allem die illegale Kinderarbeit war im frühen 20. Jahrhundert in der katalanischen Textilindustrie noch weit verbreitet.

Arbeitsbeginn war sehr früh, in den meisten Spinnereien und Webereien um 5.30 Uhr morgens. Da der Arbeitstag durch Pausen von insgesamt etwa zwei Stunden Dauer unterbrochen wurde, war Arbeitsschluss erst um 18.30 Uhr. Die Arbeitszeitbeschränkung auf 66 Stunden pro Woche wurde also zumindest in den Textilfabriken der Stadt Barcelona in der Regel eingehalten. Die Limite war aber sehr hoch angesetzt, sowohl im internationalen Vergleich als auch im Vergleich zu den in anderen Industriezweigen Barcelonas üblichen Arbeitszeiten: Der Bausektor z. B. arbeitete bereits seit 1901 nur noch acht Stunden pro Tag; in der Metallindustrie betrug die tägliche Arbeitszeit zehn Stunden. Auch Teilbereiche der Textilindustrie, nämlich die Bleicherei, Färberei, Druckerei und Appretur, die im sogenannten «Ramo del Agua» zusammengefasst waren, arbeiteten kürzer: Die Arbeiter dieser Teilbranche – fast ausschliesslich Männer – konnten 1912 eine Reduktion auf neun Stunden pro Tag durchsetzen. Die weiblich dominierte Spinnerei und Weberei arbeitete hingegen weiterhin elf Stunden: Die «Schutzgesetzgebung» für Frauen verhinderte also nicht, dass Frauen überdurchschnittlich lange Arbeitstage leisteten.

Angesichts dieser Tatsachen sprachen sich die Fabrikinspektoren Kataloniens für eine weitere gesetzliche Verkürzung der Arbeitszeit in der Spinnerei und Weberei aus: Der geltende 11-Stunden-Tag sei «wirklich exzessiv», hielten sie 1913 fest, und es müsse der Arbeiterschaft um so mehr so erscheinen, da «die Masse der übrigen Industrien kürzere Arbeitszeiten hat».[12] Die Unternehmerschaft aber wehrte sich vehement gegen ein solches Ansinnen. In der Umfrage, welche das Instituto de Reformas Sociales 1913 durchführte, zeigte nur ein einziger Textilfabrikant Verständnis für den Wunsch der Arbeiterschaft nach einer Arbeitszeitreduktion: «Die Reduktion der Arbeitszeit in den Baumwollspinnereien und -webereien wäre nur logisch, nachdem die anderen Berufe in den letzten Jahren in den Genuss einer solchen gekommen sind. Es kam vor, dass die Frau, die zur Sorge für Haushalt und Familie verpflichtet ist, Arbeitszeiten von elf oder mehr Stunden pro Tag leistete, während der Ehemann, wenn er zum Beispiel Maurer war, nur acht Stunden arbeitete.»[13]

Hier wird also die Zuständigkeit der Frau für Haushalt und Familie herangezogen, um die Notwendigkeit einer Arbeitszeitverkürzung in der Textilindustrie zu begründen; denn der Anteil von verheirateten Frauen mit Kindern scheint unter den Textilarbeiterinnen recht hoch gewesen zu sein. Dasselbe Argument wurde auch von der Arbeiterschaft selbst vorgebracht. Die entsprechenden Aussagen bestätigen nebenbei, dass tatsächlich die Frauen alleine für den Haushalt zuständig gewesen zu sein scheinen, selbst wenn sie voll berufstätig waren. So begründete ein Arbeitervertreter in der Umfrage von 1913 die Forderung nach dem freien Samstagnachmittag folgendermassen: «Wir Arbeiter haben unsere Ehefrauen, die ebenfalls in die Fabrik gehen [...], und wir finden uns in der Situation, dass unsere Frauen [...] am Abend nach der Arbeit keine Kraft mehr dafür haben, das Haus in einen hygienischen Zustand zu bringen.» Es bleibe den Arbeiterinnen damit nur der Sonntag zur Erledigung dieser Pflicht, wie ein anderer schilderte: «Wenn sie alle Tage, einschliesslich des Samstags [...] arbeiten, dann ist es so, dass sie an diesem Tag nach der Arbeit das Essen vorbereiten müssen und am Sonntagmorgen zum Waschplatz gehen, um die Wäsche zu waschen, und danach, wenn sie zurückkommen, das Haus fegen, und sie haben für nichts Zeit. Wenn sie hingegen samstags bereits um Mittag die Arbeit beenden würden, dann könnten sie nach Hause gehen, essen, und nach dem Essen die Wäsche waschen und das Haus in Ordnung bringen, und es bliebe ihnen wenigstens der Sonntagnachmittag um freizunehmen oder dorthin zu gehen, wo sie wollen.»[14]

Keiner der Arbeiter machte eine Andeutung in die Richtung, dass die Männer sich im Haushalt beteiligt hätten; dies schien offenbar ganz selbstverständlich Sache der Frauen zu sein. Dasselbe gilt für die Kindererziehung, die natürlich ebenfalls unter den langen Arbeitszeiten der Frauen litt, wie ein weiterer Arbeitervertreter beklagte: «Hier existiert nicht diese Mutterliebe, wie sie sich in anderen Provinzen feststellen lässt. Wisst ihr wieso? Weil in Katalonien die Frau so barbarisch ausgebeutet wird, dass die Mutter ihre Kinder fast nie sieht, und wenn sie sie sieht, dann nur für fünf Minuten zur Essensstunde. Sie verlässt die Fabrik um sieben Uhr abends und muss noch ein wenig das Abendbrot für ihren Ehemann zubereiten und anschliessend zu Bett gehen; auf diese Weise kennen die Kinder alles andere besser als ihre Mutter.»[15]

Männerlöhne und Frauenlöhne

Die Arbeitszeiten galten innerhalb der Textilindustrie – ausgenommen den «Ramo del Agua» – gleichermassen für Männer wie für Frauen. In bezug auf die Löhne hingegen herrschte nicht dieselbe Gleichberechtigung. Trotz der weitgehenden Feminisierung der Textilbranche bestand nach wie vor eine recht ausgeprägte Hierarchisierung nach Geschlecht. Die Vorgesetzten, d. h. die Aufseher und Werkmeister, waren immer Männer; sie erhielten in den Fabriken der Stadt Barcelona Wochengehälter von mindestens 30 Peseten.[16] Relativ gut bezahlt waren auch die den Männern vorbehaltenen Arbeiten in der Faservorbereitung: Für das Reinigen und Kardieren des Rohmaterials verdienten sie wöchentlich etwa 20–25 Peseten. Ähnliche Löhne erzielten die Arbeiter des «Ramo del Agua».

Reine Frauenbereiche waren die Vorspinnerei sowie die Vorbereitungsarbeiten in der Weberei. Arbeiterinnen verdienten hier je nach Maschinentyp zwischen etwa zwölf und maximal 18 Peseten. Etwas besser waren die Verdienstmöglichkeiten für Frauen in der Feinspinnerei und in der Weberei: Hier arbeiteten vorwiegend Frauen, aber auch Männer; prinzipiell führten beide Geschlechter als MaschinenführerInnen dieselbe Tätigkeit aus. In der Praxis wurde aber eine geschlechtliche Hierarchie doch meist gewahrt, indem die Männer die grössten und modernsten Maschinen zugeteilt erhielten. So wurden in der Spinnerei die Selfaktoren, in der Weberei die breiten Webstühle und die Jacquard-Webstühle meist von männlichen Arbeitern bedient; die Frauen mussten sich mit den kleineren Ringspinnmaschinen und den schmalen Webstühlen begnügen. Diese Arbeitsteilung wirkte sich natürlich auf die Einkommen aus: Ein Selfaktor z. B. warf etwa doppelt soviel Lohn wie eine Ringspinnmaschine ab.

Die meisten männlichen Arbeiter der Baumwollindustrie Barcelonas kamen somit auf wöchentliche Einkommen von 20–25 Peseten, an den Selfaktoren von bis zu 35 oder manchmal sogar 45 Peseten. Arbeiterinnen verdienten fast alle weniger als 20, in der Regel zwischen 13 und 18 Peseten, also etwa zwei Drittel eines Männerlohnes; Gehilfinnen zwischen 9 und 14, Kinder 3–10 Peseten. Es ist aber interessant festzustellen, dass es dennoch manche Spinnerinnen und Weberinnen gab, die auf

«Männerlöhne» von 20–25 Peseten kamen, und zwar mittels Akkordarbeit. Die vor allem in der Baumwollbranche sehr weit verbreitete Akkordarbeit war offensichtlich von Vorteil für Frauen, denn hier wurden prinzipiell geschlechtsneutrale Ansätze bezahlt. In der Wollindustrie, wo im Gegensatz zur Baumwollbranche fixe Taglöhne das übliche waren, verdienten Frauen schlechter, die Differenzen zwischen Männer- und Frauenlöhnen waren ausgeprägter.

Wenn die Löhne der Textilindustrie mit denjenigen anderer Branchen verglichen werden, so ist festzuhalten, dass männliche Textilarbeiter in Barcelona etwa gleichviel wie Arbeiter anderer Branchen verdienten: Generell waren für erwachsene Arbeiter Löhne zwischen etwa 18 und 30 Peseten pro Woche das übliche. Für Frauen hingegen waren die Verdienstmöglichkeiten in der Textilindustrie deutlich besser als in den meisten anderen Wirtschaftszweigen: Während erwachsene Textilarbeiterinnen in Barcelona auf durchschnittliche Tageseinkommen von etwa zwei bis drei Peseten kamen, liessen sich in den übrigen typischen Frauenberufen kaum mehr als eine bis zwei Peseten erzielen.

Diese Tatsache darf aber nicht darüber hinwegtäuschen, dass die Textilarbeiterinnen im Verhältnis zu ihren männlichen Kollegen deutlich unterbezahlt waren und dass auch ihre Löhne in der Regel nicht zur Bestreitung des Lebensunterhaltes genügten. Sie genügten hierzu immer weniger. Denn das Lohnniveau stagnierte seit dem Ende des 19. Jahrhunderts, während die Preise kräftig anzogen. Nach Erhebungen der Barceloneser Stadtverwaltung brauchte es zur Existenzsicherung einer vierköpfigen Arbeiterfamilie um 1900 28 Peseten pro Woche, 1910 33 Peseten, und 1914 bereits 40 Peseten.[17] Soviel verdiente kaum ein Arbeiter und erst recht keine Arbeiterin. Selbst wenn in einer Familie beide Ehepartner arbeiteten, kamen meist nicht diese notwendigen 40 Peseten pro Woche in die Haushaltskasse. Um 1913 war denn in der Presse auch immer wieder von der prekären Lage vieler Arbeiterfamilien die Rede. Die katholische Arbeiterzeitung «El Social» schrieb z. B. am 17. Juli 1913: «Der Arbeiter kann schon seit Jahren kein Fleisch essen, aber jetzt kann er sich auch keinen Fisch mehr leisten, der sich in einen Luxusartikel verwandelt hat. Früchte und Gemüse sind ebenfalls Nahrungsmittel, die dem Volk vorenthalten sind.»

Die Textilfabrikanten erklärten sich angesichts der Stagnation der Branche ausserstande, die Löhne an die Teuerung anzupassen. Allerdings erwirtschaftete zumindest ein Teil von ihnen nach wie vor erhebliche Gewinne, wie die Fabrikinspektoren 1913 bestätigten: «Der Schutz, den die Zölle gewähren, die tiefen Löhne der Frauen und Kinder sowie die übermässig langen Arbeitszeiten sind ausreichende Faktoren, welche offensichtlich die rasche Bereicherung vieler Fabrikanten ermöglichen und den übrigen genügend Gewinn im Verhältnis zum investierten Kapital garantieren.»[18] Die Diskrepanz zwischen sinkenden Realeinkommen, gleichbleibend langen Arbeitszeiten und offensichtlichem Wohlergehen der Textilmagnaten trug denn auch wesentlich zur wachsenden Unzufriedenheit unter der Textilarbeiterschaft Barcelonas bei.

Wie wurde es nun begründet, dass Frauen bei gleichlangen oder längeren Arbeitszeiten weniger verdienten als Männer, weniger, als dass zum Leben notwendig gewesen wäre? Die Rechtfertigungen waren in Spanien ähnlich wie in anderen Ländern. In einem staatlichen Bericht aus den 1880er Jahren z. B. erklärte ein Experte die Tatsache, dass Frauen damals für dieselbe Arbeit in der Regel etwa die Hälfte eines Männerlohnes erhielten, mit der geringeren körperlichen Kraft, Ausdauer und Konzentrationsfähigkeit der Frau sowie mit «ihrer Angewohnheit, zu singen und zu schwatzen, was die Menge ihrer Arbeit merklich einschränkt». Beeinträchtigt werde die Höhe der Frauenlöhne auch durch «die Überlegung, dass, wenn die Frau zusammen mit dem Mann arbeitet, sie nie die Führerin ist, sie wird noch nicht einmal als diesem gleichwertig betrachtet, sondern sie figuriert als Gehilfin. So wird ihre Arbeit, auch wenn es dieselbe ist, immer tiefer gewertet.»[19]

Dies war die dominierende Einstellung zur Frage der Frauenlöhne, die auch von den katalanischen Textilfabrikanten vertreten wurde. Diese waren der Meinung, dass ihre Arbeiterinnen «exzessiv» gut bezahlt seien, «bis zu dem Extrem, dass viele, selbst wenn sie nicht die geschicktesten sind, mehr verdienen als ihre eigenen Ehemänner oder Brüder in anderen Berufen».[20] Aber nicht alle gesellschaftlichen Gruppen teilten die hier implizierte Überzeugung, dass die lohnmässige Diskriminierung der Arbeiterinnen im Prinzip eine Selbstverständlichkeit sei. Ausdrücklich kritisiert wurde die Benachteiligung der Frauen z. B. von den katalanischen Fabrikinspektoren in der bereits erwähnten Umfrage von 1913. Die Inspektoren bezeichneten es hier als «Anomalie», dass der Lohn der Frauen in der Regel tiefer als der der Männer sei, obwohl beide in der Textilindustrie häufig mit praktisch identischen Arbeiten beschäftigt waren und die Frauen auch gleichviel leisteten; dies lasse sich eigentlich nicht rechtfertigen, stellten sie fest. Die Inspektoren anerkannten sogar, dass Frauen oft produktiver arbeiteten als Männer: «Bei den Arbeiten, die unterschiedslos Männern oder Frauen anvertraut werden, schneidet die Arbeit der Frau besser ab, wegen ihrer grösseren Leistung und Sorgfalt, bedingt durch ihre Geschicklichkeit und Flinkheit bei der Arbeit», erklärten sie. Und an anderer Stelle: «Man sagt, dass die Frauen in der Weberei mehr Produktion erzielen als die Männer.»[21]

Die Inspektoren räumten zudem mit dem weitverbreiteten Vorurteil auf, dass Frauen keine Familie ernähren müssten, der Frauenlohn eine blosse Ergänzung zum Einkommen des Vaters oder Ehemannes sei: «Es gibt viele Frauen, die mit ihrem kleinen Lohn einen oder mehrere Familienangehörige unterhalten, Alte, Invalide oder Kinder, und in diesem Fall ist das Leben dieser Unglücklichen unmöglich mit dem kargen Lohn, den sie verdienen.»[22]

Unterstützt wurde diese recht fortschrittliche und realistische Einschätzung – auf den ersten Blick eher paradoxerweise, da sie die Frauenarbeit ja prinzipiell ablehnten – von katholischen Kreisen. Der sozialkatholische Autor José Elias de Molins z. B. schrieb 1913 in einer Schrift über die Lage der katalanischen Arbeiterin: «Einer der Irrtümer, die in Barcelona überwunden werden müssen, ist derjenige, dass der Frauenlohn fast immer nicht als Lebensunterhalt, sondern als ein Beitrag, als ein Zuschuss zum Wohlergehen der Familie betrachtet wird [...]. Aber es ist nicht anzuzweifeln, dass es Legionen von alleinstehenden und verwitweten Frauen gibt, die zum Überleben auf die Arbeit angewiesen sind.»[23] Und ein Artikel in der katholischen Zeitung «El Social» aus demselben Jahr stellte fest: «Man sagt, dass die Frau gewöhnlich in ihrer Familie mit Männern [...] rechnen kann, die Arbeiter sind wie sie, und deren Löhne zusammen das Familieneinkommen bilden. Aber wenn diese Überlegung schon im allgemeinen die ungenügenden Löhne der Industriearbeiterinnen nicht rechtfertigt, dann umso weniger in der Textilindustrie. In ihr ist die wahre Arbeitseinheit die Frau, denn die Zahl der Arbeiterinnen ist viel grösser als die der Männer; wenn in dieser Industrie die Löhne fast aller ihrer Beschäftigten als Ergänzungslöhne betrachtet werden – tiefer, folglich, als der reguläre Lohn – dann wird von einer falschen Grundlage ausgegangen.»[24]

Trotz dieser Einsichten taten die Katholiken und die katholischen Gewerkschaften in der Praxis allerdings kaum etwas, um die Gleichberechtigung der Frauen zu fördern. Dasselbe lässt sich prinzipiell auch von den sozialistischen und anarchistischen Gewerkschaften sagen, die in der Theorie zwar schon viel früher und auch aus ganz anderen Überlegungen als die Katholiken die Lohngleichheit für Mann und Frau postuliert hatten. So war bereits am Kongress der spanischen Sektion der I. Internationalen von 1872 in Zaragoza in einer Resolution anerkannt worden, dass die ökonomische Emanzipation der Frau eine Grundvoraussetzung für die Etablierung gesellschaftlicher Gleichheit sei und dass es zu den Aufgaben der Gewerkschaften gehöre, diese Emanzipation zu fördern. Ähnliche Postulate finden sich in zahlreichen weiteren Partei- und Gewerkschaftsdokumenten. In der Praxis wurden sie aber meist hintangestellt. Wie bereits erwähnt, herrschten zumindest in Teilen der männlichen Arbeiterschaft Ressentiments und Ablehnung gegenüber den weiblichen Kolleginnen; diese wurden nicht als gleichwertig und gleichberechtigt akzeptiert. Auch

Gewerkschaftsführer waren von solchen Einstellungen nicht frei. Umgekehrt verstärkten die reale geschlechtliche Hierarchie und das Lohngefälle in den Fabriken wiederum die männlichen Überlegenheitsgefühle und erschwerten somit eine Solidarisierung zwischen Männern und Frauen. Die lohnmässige Diskriminierung der Arbeiterinnen wurde letztlich von den meisten Arbeitern, und wohl auch von den Arbeiterinnen selbst, nicht in Frage gestellt. Als sich die Textilarbeiterinnen für eine Verbesserung ihrer Arbeitsbedingungen zu wehren begannen und im Sommer 1913 hierfür in den Streik traten, tauchte die Forderung nach einer Angleichung der Löhne an die der Männer denn auch gar nie auf.

Die gewerkschaftliche Organisation der Textilarbeiterinnen

Um die gewerkschaftliche Organisation des Textilsektors stand es im ersten Jahrzehnt des 20. Jahrhunderts ziemlich schlecht: Während die katalanische Textilarbeiterschaft in den 1870er und 1880er Jahren noch über recht schlagkräftige Gewerkschaften verfügt hatte, war nun – nach einer Reihe von gescheiterten Arbeitskämpfen um die Jahrhundertwende – nur mehr ein winziger Bruchteil organisiert. In anderen Branchen sah die Lage ähnlich aus. Eine Wende trat erst nach der *Semana Trágica* vom Juli 1909 ein: Dieser Barceloneser Volksaufstand, der mit einem Proteststreik gegen die Einberufung von Reservisten für den Kolonialkrieg in Marokko begonnen hatte und in einer allgemeinen Revolte gegen Staat und Kirche endete, hatte eine nachhaltig radikalisierende Wirkung auf die städtische Arbeiterschaft. Der beinahe verschwundene Anarchismus gewann in Katalonien nun neuen Rückhalt. 1910 wurde in Barcelona der anarchistische Gewerkschaftsdachverband «Confederación Nacional del Trabajo» (CNT) gegründet. Zwar war der Einfluss dieser später so mächtigen CNT vor dem Ersten Weltkrieg noch sehr begrenzt; dennoch markierte ihre Gründung den Beginn eines neuen Aufschwungs der katalanischen Gewerkschaftsbewegung: Die Streiktätigkeit nahm ab 1910 stark zu, in verschiedenen Berufszweigen entstanden neue, mehr oder weniger anarchosyndikalistisch orientierte Organisationen.

Unter diesen nach 1909 gegründeten Barceloneser Berufsgewerkschaften war auch die «Constancia». Sie sollte bald die mitgliederstärkste Gewerkschaft Barcelonas sein. Bemerkenswert an der «Constancia» war aber vor allem, dass sie sich zum Ziel setzte, speziell die Frauen der Spinnerei- und Webereibranche zu organisieren. Zwar deutet einiges darauf hin, dass Arbeiterinnen schon an den Textilgewerkschaften des späten 19. Jahrhunderts recht stark beteiligt gewesen waren; es scheinen damals aber nie besondere Anstrengungen unternommen worden zu sein, um Frauen für die Arbeiterbewegung zu gewinnen. Dies war nun anders: Offensichtlich hatte sich in Gewerkschaftskreisen die Erkenntnis durchgesetzt, dass das riesige Mitgliederpotential der Textilarbeiterinnen nicht länger ignoriert werden konnte.

Am Gründungskongress der CNT von 1910 war das neue Interesse an den Arbeiterinnen bereits angetönt worden. Hier war in einer Resolution zur Frage der Frauenarbeit u. a. festgehalten worden, «dass es Aufgabe der Gewerkschaften, welche die CNT Spaniens bilden, ist, sich zur Durchführung einer aktiven Kampagne für die gewerkschaftliche Organisation der Frauen [...] zu verpflichten».[25] Die Resolution blieb – zumindest in bezug auf die Textilarbeiterinnen – für einmal keine leere Formel; sie klingt deutlich im Gründungsaufruf für die «Constancia» vom Oktober 1912 nach. Dieser Aufruf richtete sich zwar an die Männer – ein Indiz für die Neuartigkeit des Vorhabens –, gemeint waren aber vor allem die Frauen der Textilbranche: «Ihr, die Frauen oder Kinder in diesen Höhlen, die Fabriken genannt werden, habt und seht, wie sie am Abend nach ELF STUNDEN Arbeit ermüdet nach Hause kommen und euch als Entschädigung für eine solch horrende Arbeitszeit sagen, dass die Arbeit schlecht läuft, dass die Preise hinuntergesetzt wurden, dass sie diese Woche sehr wenig verdienen würden, dass es unerträglich sei, wie man sie missbrauche; ihr, wiederhole ich, die von euren Geliebten solch bittere und berechtigte Klagen hört: Sagt euch euer Herz nichts? Quält euch nicht euer Gewissen? Beschämt euch nicht die Verantwortung, die auf euch wegen eures Verhaltens lastet? [...] Die Frau ist diejenige, die am meisten von allen Ausgebeuteten ausgebeutet wird, und deswegen verdient sie es, dass ihre Befreiung an bevorzugter Stelle steht, und von allen Frauen erleidet zweifellos die der Textilindustrie am meisten Mühsal, sowohl wegen der langen Arbeitszeit als auch wegen der Arbeitsbedingungen. Wir alle müssen für sie kämpfen; wir alle müssen für die Rettung unserer Kinder arbeiten. Heute wurde ein Signal gesetzt: Eine Gewerkschaft wurde in Barcelona gegründet, welche die Sicherung der Ansprüche der Frau verspricht; ihr Name ist La Constancia, und Standhaftigkeit ist von allen gefordert, wenn wir wollen, dass die Gewerkschaft die erwünschten Früchte trägt; damit Gleichgültigkeit und Apathie verschwinden und alle ausgebeuteten Männer und Frauen dieser Branche in die Vereinigung eintreten, um von unseren Unterdrückern den nötigen Respekt zu verlangen.»[26]

Die neue Gewerkschaft war ein grosser Erfolg: Im Frühsommer 1913 zählte sie bereits etwa 8000 Mitglieder. Hiermit hatte sie den nötigen Rückhalt, um eine Offensive zu wagen: An einer Mitgliederversammlung im Juni wurde ein Forderungskatalog an die Textilfabrikanten verabschiedet, der als wesentlichste Punkte eine

Reduktion der täglichen Arbeitszeit auf neun Stunden sowie die Erhöhung aller fixen Taglöhne um 25% und der Akkordlöhne um 40% enthielt. Den Unternehmern wurde eine Frist von 30 Tagen gesetzt, um auf diese Begehren einzugehen. Das taten jene aber nicht, und so wurde am Morgen des 30. Juli der Streik ausgerufen.

Der Streik von 1913

Die Streikparole stiess auf ein überwältigendes Echo: Bis zum Abend des ersten Tages hatten in Barcelona bereits 12'000 Textilarbeiterinnen und -arbeiter die Fabriken verlassen. In den folgenden Tagen nahm die Beteiligung weiter zu und erreichte um den 9. August ihren Höhepunkt: 256 Spinnereien, Webereien und Strickereibetriebe mit etwa 25'000 Beschäftigten standen nun in Barcelona still. Hinzu kamen etwa 4000 Arbeiter des Ramo del Agua, die sich aus Solidarität angeschlossen hatten. Auch griff die Bewegung auf zahlreiche weitere Textilzentren über, so dass in Katalonien insgesamt gegen 70'000 Streikende gezählt wurden.[27]
Trotz dieser enormen Ausdehnung verlief der Streik sehr diszipliniert und friedlich. Alle Presseberichte bestätigen, dass unter der Textilarbeiterschaft eine grosse Geschlossenheit herrschte. Es gab kaum Streikbrecher oder Streikbrecherinnen, obwohl der Konflikt viel länger als erwartet dauerte und die materielle Not wegen des Lohnausfalls schon bald um sich zu greifen begann. An den zahlreichen Versammlungen, die im Laufe des Arbeitskampfes abgehalten wurden, sprach sich die Basis immer deutlich für eine Fortsetzung des Streiks und für ein Festhalten an der Hauptforderung nach dem 9-Stunden-Tag aus. Verschiedene Augenzeugen hoben besonders hervor, wie entschlossen und aktiv die Frauen hinter dem Streik standen. Zwar wurde die Bewegung von Männern geleitet; aber die Arbeiterinnen waren keineswegs nur eine passive Hilfstruppe dieser männlichen Streikleitung: Frauen nahmen zu Tausenden an den Streikversammlungen teil, sie ergriffen hier auch häufig das Wort, wobei sie sich durchaus nicht scheuten, die Männer wegen deren zu nachgiebigen Haltung zu schelten: «Wenn die Männer verzagen, dann sollen sie sich zurückziehen, und die Frauen werden den Kampf fortführen», erklärte z. B. eine Rednerin Mitte August, nachdem die Streikleitung vorgeschlagen hatte, von der Forderung nach dem 9-Stunden-Tag abzurücken.[28]
Die Arbeiterinnen ergriffen zudem bald eigene Massnahmen, um dieser Forderung Nachachtung zu verschaffen: Sie organisierten – ohne männliche Beteiligung – mehrere Demonstrationen im Stadtzentrum von Barcelona. Jeweils einige 100 bis einige

1000 Frauen zogen über die Ramblas – die zentrale Flanierstrasse Barcelonas – bis zum Sitz des Provinzgouverneurs, um mit diesem zu verhandeln. Anfänglich zeigte sich der Gouverneur bereit, Delegationen zu empfangen. Als sich der Konflikt in die Länge zog, verhärtete sich die Haltung der Behörden allerdings: Ein massives Aufgebot an Sicherheitskräften war in Stellung gebracht worden; «Barcelona glich einem Heerlager; so gross war die Zahl der Streitkräfte, die die strategischen Punkte der Stadt besetzten».[29] Die Frauendemonstrationen wurden unterbunden; auch Streikversammlungen wurden ab Mitte August nur noch in Ausnahmefällen erlaubt.
Die Behörden griffen aber nicht – wie dies sonst oft bei Streiks geschah – nur repressiv ein, sondern primär bemühten sie sich um Vermittlung. Dieser Haltung des Staates war es wohl zu einem guten Teil zu verdanken, dass der Streik trotz der äusserst unnachgiebigen Haltung der Fabrikanten zumindest mit einem Teilerfolg für die Arbeiterschaft endete: Die Regierung bot als Kompromisslösung eine gesetzliche Beschränkung der Arbeitszeit in der Textilindustrie auf 60 Stunden pro Woche bzw. 3000 Stunden pro Jahr an; ausserdem versprach sie verschiedene Massnahmen, um die bereits bestehende Arbeitsgesetzgebung endlich durchzusetzen. Auf Lohnforderungen sollten die Streikenden hingegen verzichten; nur für die im Akkord Arbeitenden sollte der durch die Verkürzung der Arbeitszeit entstehende Verlust ausgeglichen werden.
Weder die Unternehmerschaft noch die Streikenden waren von diesem Vorschlag begeistert: Den Fabrikanten ging er viel zu weit, und die Arbeiterschaft hatte sich viel mehr erhofft. Besonders die Arbeiterinnen wollten lange nichts von einem solchen Kompromiss wissen, und es bedurfte einiger Überredungskünste von seiten der Streikleitung, bis sie sich schliesslich zum Streikabbruch auf dieser Basis bereiterklärten. Am Sonntag, 24. August, war es soweit: Die Regierung erliess an diesem Tag ein Dekret, welches die versprochenen Zugeständnisse fixierte; am folgenden Dienstag sollte die Arbeit – nach vier Wochen Unterbruch – wieder aufgenommen werden.
Allerdings legten sich nun die Fabrikanten quer: Zuerst öffneten viele von ihnen aus Protest gegen das Dekret, dem sie nun auf einmal nie zugestimmt haben wollten, ihre Fabriken überhaupt nicht. Als sie dann nach und nach doch wieder den Betrieb aufnahmen, versuchten manche, ihre Belegschaften zu Arbeitszeiten von mehr als 60 Stunden pro Woche zu zwingen: Sie beriefen sich auf die im Dekret enthaltene doppelte Definition der Arbeitszeit und demonstrierten mit komplizierten Rechnungen, denen die Masse der Arbeiterschaft wohl kaum folgen konnte, dass unter Berücksichtigung aller üblichen Feiertage im Normalfall 62 Stunden pro Woche gearbeitet

werden müssten, um 3000 Stunden im Jahr zu erreichen. Wegen diesen Differenzen zog sich der Arbeitskonflikt in vielen Fabriken noch bis weit in den September hinein hin.
Materiell waren die Ergebnisse des Streiks schliesslich recht bescheiden: Je nach Kräfteverhältnissen in den einzelnen Fabriken reduzierte sich die Arbeitszeit in der Stadt Barcelona auf zwischen 60 und 62 Stunden pro Woche; vorher war sie in der Regel bei 64 Stunden gelegen. Diese Stundenzahlen verstanden sich als effektive Maschinenlaufzeit, also ohne die für Reinigungsarbeiten benötigte Zeit. In vielen kleineren Ortschaften Kataloniens und besonders in der Bergregion änderte sich noch weniger an den bis anhin herrschenden Arbeitsbedingungen: Hier wurde das Dekret vom 24. August 1913 schlicht missachtet.[30] Diese äusserst harte Haltung der katalanischen Unternehmerschaft, die sich auch in anderen Arbeitskonflikten immer wieder manifestierte, sowie die Ohnmacht der zumindest beschränkt reformbereiten Regierung trugen wesentlich dazu bei, dass sich die sozialen Spannungen in Katalonien in den folgenden Jahren weiter zuspitzten.
Erfolgreicher als in materieller Hinsicht war der Streik von 1913 in bezug auf die gewerkschaftliche Mobilisierung der Textilarbeiterinnen. Der Organisationsgrad nahm massiv zu: vor dem Arbeitskampf hatte die «Constancia» 8000 Mitglieder gezählt; bis zum Herbst 1913 stieg ihre Zahl auf 18'000. Damit war nun die grosse Mehrheit aller Spinnerei- und Webereiarbeiterinnen Barcelonas organisiert, die «Constancia» hatte sich zur mit Abstand grössten Gewerkschaft der Stadt entwickelt. Auch in die Leitungsgremien, die vor dem Streik ausschliesslich von Männern besetzt wurden, gewannen Frauen als Folge des Streiks Einsitz. So wurden nach einer Umbildung des Streikkomitees am 9. August erstmals zwei Arbeiterinnen in diesen aus neun Mitgliedern bestehenden Ausschuss aufgenommen. Die Führungsjunta der «Constancia» – die mit dem Streikkomitee nicht identisch war – bestand nach Streikende aus zehn Männern und immerhin fünf Frauen. An der Versammlung, an der diese Junta gewählt wurde, gab es sogar Protest gegen die nach wie vor bestehende Untervertretung der Frauen: «Eine Versammlungsteilnehmerin protestierte dagegen, dass in der Junta nicht mehr Arbeiterinnen seien, da es sich um eine Industrie handle, in der sie die Mehrheit stellten.»[31] – Dies zeugt von einem durch den Streik gestärkten Selbstbewusstsein der Frauen; sie forderten nun das Mitspracherecht ein, welches sie sich durch ihre tragende Rolle in diesem Arbeitskampf verdient hatten.
In den folgenden Jahren blieben die Textilarbeiterinnen stark an der Arbeiterbewegung Kataloniens beteiligt. Neben einer zunehmenden Zahl von kleinen, auf einzelne Betriebe beschränkten Streiks kam es zwischen 1914 und 1920 in der katalanischen

Textilbranche zu mindestens drei weiteren grossen, jeweils von Tausenden von Frauen mitgetragenen Arbeitskämpfen. Auch in anderen sozialen Konflikten, besonders in den Protesten gegen die kriegsbedingte Teuerung vom Winter 1918, spielten Arbeiterinnen eine aktive öffentliche Rolle. Trotz alledem scheinen aber in diesen Jahren die Fortschritte in Richtung auf eine gleichberechtigte Stellung der Frauen in Fabrik und Gewerkschaften eher gering gewesen zu sein. Der Streik vom August 1913 hatte Ansätze geschaffen: die Arbeiterinnen nahmen im Laufe des Konflikts immer deutlicher Einfluss auf das Geschehen und erreichten ihre Beteiligung an der Gewerkschaftsleitung; sie erkämpften sich, trotz heftigsten Widerstandes von seiten der Fabrikanten, eine Angleichung ihrer Arbeitszeiten an die in männerdominierten Branchen üblichen. Diese Ansätze liessen sich in der Folge aber kaum ausbauen.

Ergebnisse

Abschliessend will ich auf die anfangs aufgeworfene Frage nach den Ursachen für die massive Mobilisierung von Frauen im Streik von 1913 zurückkommen. Denn verschiedene Faktoren – die Stagnation der Textilbranche und die daraus resultierende Gefahr von Arbeitslosigkeit; die bis dahin schwache Integration der Arbeiterinnen in die Gewerkschaftsbewegung; die tiefen Löhne, die einen mehrwöchigen Verdienstausfall kaum zuliessen – standen einem solchen Arbeitskampf ja eher entgegen. Dennoch waren meiner Meinung nach einige wichtige Voraussetzungen gegeben, die zur Erklärung dieses Phänomens beitragen können:

1. Die Textilindustrie war regional stark konzentriert und in relativ grossen Fabriken zusammengefasst. Dies erleichterte die Kommunikation und die Koordination einer kollektiven Aktion. Ausserdem hatte die Textilbranche ein so grosses wirtschaftliches Gewicht in Katalonien, dass für einen Arbeitskampf trotz schlechter Konjunkturlage gewisse Erfolgsaussichten bestanden: Zehntausende von Streikenden liessen sich weder ignorieren, noch waren sie ohne weiteres ersetzbar.

2. Trotz der auch in den Textilfabriken herrschenden Hierarchie nach Geschlecht hatten die Frauen hier doch eine den Männern viel ebenbürtigere Stellung als in anderen Branchen; manchmal verrichteten Männer und Frauen sogar dieselben Arbeiten und erzielten ähnliche Akkordeinkommen. Dies gab den Frauen einen gewissen Status und machte sie für die männlichen Arbeiter als Partnerinnen in einer gemeinsamen Aktion eher akzeptabel.

3. Nachdem von männlicher Seite das Vordringen der Frauenarbeit lange Zeit

bekämpft worden war, scheint sie nun allmählich als nicht mehr rückgängig zu machende Tatsache akzeptiert worden zu sein. Die Männer waren jetzt aber in der Minderheit: Wenn sie ihre eigenen Arbeitsbedingungen verbessern wollten, waren sie auf ein Mitmachen der Arbeiterinnen praktisch angewiesen.

4. Die Arbeit in den Textilfabriken scheint für Frauen nicht nur eine kurze Zwischenphase zwischen Kindheit und Eheschliessung gewesen zu sein, sondern für viele war es ein lebenslanger oder zumindest langjähriger Beruf. Dies förderte ihr Interesse an einer Verbesserung der Arbeitsbedingungen.

5. Die langen Arbeitszeiten, die sinkenden Reallöhne und die Missachtung der Arbeitsgesetzgebung durch die Fabrikanten machen die Unzufriedenheit unter den Textilarbeiterinnen sehr verständlich. Allerdings reichen schlechte Arbeitsbedingungen nicht dazu aus, um Frauen in den Streik zu treiben, wie etwa ein Vergleich mit der Konfektionsbranche zeigt. Im Gegenteil scheint gerade die materiell etwas gesichertere Stellung der Textilarbeiterinnen eine wesentliche Bedingung für ihre kollektive Aktion gewesen zu sein: Erst dies erlaubte es ihnen, sich einen Arbeitskampf für die Reduktion der Arbeitszeit zu leisten.

6. Die Durchsetzung der gestellten Hauptforderung nach dem 9-Stunden-Tag lag nicht nur im Interesse der Arbeiterinnen selbst, sondern vor allem auch in dem ihrer Ehemänner und Kinder: Denn Haushalt und Familienversorgung litten stark unter der übermässig langen Arbeitszeit der Frauen. Die Arbeiterinnen konnten bei diesem Streik also wohl mehrheitlich mit dem Rückhalt ihrer Angehörigen rechnen.

7. Schliesslich war das politische Umfeld 1913 recht günstig für die Lancierung eines Arbeitskampfes: Die Gewerkschaftsbewegung Kataloniens hatte seit 1909 einen starken Aufschwung genommen, Streiks nahmen allgemein zu. Hinzu kam, dass gerade in der anarchistischen Theorie, die nun neuen Rückhalt gewann, die Gleichberechtigung der Frau prinzipiell anerkannt war. Auch wenn die Auswirkungen der Theorie auf die Praxis nicht überbewertet werden sollten, so herrschte doch offensichtlich in anarchosyndikalistischen Kreisen eine gewisse Bereitschaft, sich für die gewerkschaftliche Organisierung der Arbeiterinnen zu engagieren. Mit der Gründung der «Constancia» schufen sie eine wichtige Grundlage dafür, dass sich die Textilbranche an der nach der *Semana Trágica* einsetzenden Streikwelle beteiligen konnte.

Anmerkungen

1 Dieser Beitrag basiert auf meiner Lizentiatsarbeit an der Universität Zürich, die in der von Walther L. Bernecker et al. herausgegebenen Reihe «Forschungen zu Spanien» publiziert wurde. Vgl. Beate Althammer, Die Textilarbeiterinnen von Barcelona. Arbeitsbedingungen, Alltag und soziale Konflikte 1900–1914, Saarbrücken 1992.

2 Absolut betrachtet hatte die katalanische Textilindustrie damit etwa dieselbe Bedeutung wie die schweizerische, die um 1913 ebenfalls etwa 100'000 Arbeitskräfte zählte. Allerdings lag die Schweizer Bevölkerung bereits bei knapp 4 Mio. Einwohnern, die Kataloniens nur bei 2 Mio.; relativ gesehen hatte die Textilindustrie für Katalonien also ein bedeutend grösseres wirtschaftliches Gewicht.

3 Ayuntamiento de Barcelona, Anuario Estadístico de la Ciudad de Barcelona 1905, S. 599 ff.

4 Joaquín Romero Maura, La rosa de fuego. El obrerismo barcelonés de 1899 a 1909, Madrid 1989, S. 133 f. Übrige Daten nach Anuario Estadístico 1902, S. 160 f. bzw. 1905, S. 599 ff.

5 Joan Gaya, in: Catalunya Social, Juli 1936, zit. nach Mary Nash (Hg.), Mujer, familia y trabajo en España 1875–1936, Barcelona 1983, S. 304–307.

6 Instancia de Mariano Llorens, Juan Bursos y Augustín Codorníu dirigida a la junta revolucionaria de Igualada el 16 de octubre 1868.

7 La Federación, 28. 8. 1870.

8 Juan Martí, Präsident der Textilgewerkschaft La Constancia, in: Instituto de Reformas Sociales (IRS), La jornada de trabajo en la industria textil. Trabajos preparatorios del reglamento para la aplicación del Real Decreto de 24 de agosto de 1913, Madrid 1914, S. 59.

9 José Comaposada, ebd., S. 119.

10 Textilgewerkschaft von Roda, ebd., S. 299 ff.

11 Miguel Sastre, Las huelgas en Barcelona y sus resultados durante el año 1905, S. 12.

12 IRS, La jornada de trabajo en la industria textil, S. 424.

13 Ebd., S. 286.

14 Ebd., S. 87, 93.

15 Ebd., S. 65.

16 Alle Lohnangaben beziehen sich auf die Küstenebene von Barcelona. Im Hinterland lagen sie um 20–25%, in abgelegeneren Gegenden um bis zu 50% tiefer. Die Daten stammen mehrheitlich aus dem erwähnten IRS-Bericht von 1913 und aus dem Anuario Estadístico 1902; weitere Angaben finden sich bei Miguel Sastre, Las huelgas en Barcelona y sus resultados durante los años 1903–1914, 7 Bde., Barcelona 1903–1915.

17 Instituto de Estadística y Política Social del Ayuntamiento de Barcelona, Monografía estadística de la clase obrera, Barcelona 1921, S. 127 f.

18 IRS, La jornada de trabajo en la industria textil, S. 411.

19 Alejandro San Martín, Trabajo de las mujeres, in: Comisión de Reformas Sociales, Información oral y escrita practicada en virtud de la Real Orden de 5 de diciembre de 1883 en Madrid, Bd. II.

20 IRS, la jornada de trabajo en la industria textil, S. 158.

21 Ebd., S. 424, 450, 459.

22 Ebd., S. 408.

23 José Elias de Molins, La obrera en Cataluña, en la ciudad y en el campo. Orientaciones sociales, Barcelona [1913], S. 43.

24 A. Daunis, in: El Social, 7. 8. 1913. Der Nebengedanke der Katholiken war übrigens, dass die Lohngleichheit der Frauenarbeit entgegenwirken würde. Derselbe Autor fuhr fort: «Der einzige

Grund [...] für die Fabrikarbeit der Frau ist, dass ihre Arbeit billiger ist; eine Billigkeit, die daraus resultiert, dass der Lohn der Frau nicht als solcher, sondern als Ergänzungslohn betrachtet wird [...]. Wenn die relative Billigkeit der Frauenarbeit verschwinden würde, dann würde auch die Frau allmählich aus der Fabrik verschwinden.»

25 Nash (wie Anm. 5), S. 364 f.

26 El Sindicalista, 26. 10. 1912.

27 Daten aus der Tagespresse nach Angaben der Provinzbehörden.

28 El Progreso, 11. 8. 1913.

29 IRS, La jornada de trabajo en la industria textil, S. 517.

30 Vgl. IRS, Suplemento a la información sobre la regulación de la jornada de trabajo en la industria textil, Madrid 1915.

31 El Progreso, 6. 9. 1913.

Regula Pfeifer

Frauen und Protest

Marktdemonstrationen in der deutschen Schweiz im Kriegsjahr 1916

Im Kriegsjahr 1916 brachen in den schweizerischen Städten Bern, Biel, Grenchen, Thun und Zürich Unruhen auf den Märkten aus. Ausgelöst wurden sie durch schnell steigende Kartoffel- und Gemüsepreise. Wegen ungenügender staatlicher Vorratspolitik und kriegsbedingt erschwerten Importverhältnissen war ein Kartoffelmangel entstanden, der die Preise in die Höhe trieb. Zudem erhitzte die Angst vor einer – wetterbedingten – schlechten Ernte die Gemüter. Die Unruhen, die hier als «Marktdemonstrationen» bezeichnet werden, brachen 1916 alle im Juli, jedoch nicht gleichzeitig aus. Bern war die erste Stadt. Hier fand die Wut am 1. Juli ihren Ausdruck in Protesten. In Biel geschah dies am 11. Juli, in Zürich am 14. Juli. Im Gegensatz zum Ausbruch ist das Ende der Demonstrationen schwieriger zu bestimmen, da die Zeitungsmeldungen immer dünner wurden. In Bern scheinen sie etwa einen Monat lang, in Biel und Zürich nur etwa zehn Tage gedauert zu haben. Während für Bern und Biel der Grund für das Ende der Demonstrationen nicht genau zu eruieren ist, war es in Zürich eindeutig das energische Eingreifen der Polizei gegen die Demonstrantinnen, welches das Aufhören bewirkte.[1]

Methode und Quellenlage bei der Bearbeitung des Themas

Das hier besprochene Thema beschränkt sich also auf einen relativ kurzen Zeitraum. Ich habe mich ausserdem auf die Städte Bern, Biel und Zürich konzentriert, wobei mir als Quellen primär Zeitungsartikel zur Verfügung standen, sowie Stadt- und Gemeinderatsprotokolle, Dokumente der Sozialdemokratischen Partei der Schweiz (sowie meinem glücklichen Fund der Protokollbücher des Bieler Arbeiterinnenvereins),[2] Quellen des Bundesarchivs, usw. Trotz der breitangelegten Suche war das zur Verfügung stehende Quellenmaterial schliesslich nicht sehr reichhaltig und ausserdem politisch gefärbt (z. B. gemäss den politischen Ausrichtungen der Zeitungen). Eine kritische, in die Tiefe gehende Quellenanalyse, die sich vor Interpretationen nicht scheute, war deshalb unabdingbar. Die Stadt für Stadt realisierten Einzelfallanalysen der Lizentiatsarbeit sollen hier vergleichend wiedergegeben werden.

Wie wickelten sich die Marktdemonstrationen ab?

Ein erster Eindruck über das Geschehen bei den Marktdemonstrationen soll über ein Zitat aus der Zeitung «Der Bund»[3] vermittelt werden. Es beschreibt die erste Marktdemonstration am 1. Juli in Bern (wobei darauf hingewiesen werden muss, dass der Bericht eindeutig gegen die Demonstrantinnen Stellung nahm): «Samstags punkt 8 Uhr sammelten sich einige proletarische Frauen vor dem Parlamentshaus in der Absicht, die Marktpreise zu drücken. Jede der Frauen war mit Marktkorb und Netz versehen. Von Zeit zu Zeit unternahm ein ‹Détachement› einen Ausfall und ergoss sich über den Markt. Dann wurden Frauen, die friedlich ihrem Gemüseeinkauf nachgingen, mit einem Wortschwall und sogar bedrohlichen Redensarten bewogen, sich ihnen anzuschliessen. Vor einigen Marktkörben wurde Halt gemacht und im Gemüse herumgewühlt, worauf denn die Marktfrau einem scharfen Verhör unterzogen wurde, ob sie jetzt geneigt sei, ihre Ware zu dem und dem Preis abzugeben. [...] Schliesslich wurden dann noch einigen Bauernfrauen, die Fr. 1.60 für fünf Liter neue Kartoffeln verlangten, die Körbe umgeleert, so dass die Kartoffeln weit herumkollerten. Wie man sich darauf stürzte! Selig die, welche auch nur eine oder zwei ‹Grundbirnen› erhaschen konnte!»[4]

Die Marktdemonstrationen wickelten sich in ihrem Grundmuster in den drei Städten auf sehr ähnliche Weise ab. In Bern und Biel versammelten sich die Demonstrantinnen am frühen Morgen auf einem Platz in der Nähe des Marktes, um von dort aus zusammen einzelne Verkaufsstände zu umringen und die MarktverkäuferInnen zu Preissenkungen zu überreden, wobei sie auch mit Boykott drohten. Auch in Zürich wurde auf diese Weise demonstriert, allerdings schien der Gang auf den Markt ohne vorherige Versammlung stattgefunden zu haben. Wenn die umringten VerkäuferInnen mit einer Preissenkung für ihre Produkte einverstanden waren, dann ging der Verkauf reibungslos vonstatten. Wenn dies nicht der Fall war, versuchten die Demonstrantinnen sich des betreffenden Marktstandes zu bemächtigen und die Ware eigenhändig zu den von ihnen festgesetzten Preisen zu verkaufen. Den Erlös gaben sie korrekt der überrumpelten Verkäuferin oder dem Verkäufer ab.[5] Bei all dem kam es auch zu wörtlichen bis – im seltenen Extremfall – handgreiflichen Auseinandersetzungen zwischen den Demonstrantinnen und der jeweiligen Verkäuferin oder dem Verkäufer. Die Demonstrantinnen liessen ihrer Wut freien Lauf, indem sie Körbe voller feilgebotener Waren umstiessen und mit den herauskollernden Produkten, vor allem den Kartoffeln, die renitente verkaufende Person bewarfen. Die VerkäuferInnen versuchten sich der Wucht der fordernden Frauen zu entziehen, indem sie mit ihren Waren flüchteten, diese bei HändlerInnen oder Gewerbetreibenden versteckten und sagten, es sei alles verkauft oder verschenkt worden. Oft wurden solche Fluchtversuche aber durch die Demonstrantinnen vereitelt und es kam zu «Volksaufläufen».[6] Auch zwischen Demonstrantinnen und anderen, meist wohlhabenderen Marktbesucherinnen kam es zu Konflikten. Die Demonstrantinnen ärgerten sich darüber, dass die reicheren Käuferinnen höhere Preise als die behördlich festgelegten Höchstpreise bezahlten, nur um die gewünschte Ware zu erhalten.[7] Vereinzelte Presseberichte geben Szenen an den Marktständen wieder, bei denen die Demonstrantinnen gegen eine Käuferin direkt einschritten, die von sich aus mehr als die Höchstpreise bezahlen wollte.[8] Die wohlhabenderen Frauen, die auf dem Markt einkaufen gingen, reagierten teilweise sauer auf die Demonstrationen und beschimpften die Protestierenden.[9] In Bern nahm der Konflikt zwischen Demonstrantinnen und reicheren Marktbesucherinnen am ersten Demonstrationstag ein solches Ausmass an, dass sie sich schliesslich als zwei Gruppen gegenüberstanden und sich so gegenseitig beschimpften.[10] In Biel und Zürich blieb der Konflikt im Rahmen von Auseinandersetzungen zwischen den Demonstrantinnen und einzelnen reicheren Käuferinnen an den Marktständen. Bern war aber nicht nur die Stadt mit den ausgeprägtesten Auseinandersetzungen zwischen Demonstrantinnen und reicheren Marktbesucherinnen, sondern andererseits auch der Ort, an dem sich eine Annäherung beider Gruppen feststellen lässt. Die Marktdemonstrationsbewegung erfasste in Bern auch bürgerliche Frauen. So wurde beispielsweise schon vor dem Einsetzen der Marktdemonstrationen berichtet, dass die Stimmung nicht nur bei den Arbeiterfrauen schlecht sei, sondern dass auch zahllose bürgerliche Frauen empört seien über den Wucher, der auch für sie unbezahlbare Lebensmittelpreise gebracht habe.[11] An der Protestversammlung, die der sozialdemokratische Frauenverein auf den 4. Juli einberufen hatte, erschienen sozialdemokratische wie auch bürgerliche Frauen in Massen.[12] Und am 15. Juli wurde gemeldet, dass beim Umzug der Frauen die Marktgasse hinauf «diesmal auch bürgerliche Frauen zahlreich dabei waren».[13] Auf Organisationsebene zeigt sich eine Beeinflussung bürgerlicher durch die sozialdemokratischen Frauen. Nach einer Vorsprache letzterer bei ersteren übernahm eine jener bürgerlichen Frauen, Frau Dr. Merz, die Forderung der Sozialdemokratinnen nach mehr Gemeindeverkauf und den Einbezug der Frauen in die städtische Lebensmittelkommission und vertrat sie vor der Parteiversammlung der Freisinnigen (am 17. Juli) und dem anwesenden städtischen Polizeidirektor.[14] Die gleichen Forderungen stellten die Frauen eines bürgerlichen «Hausfrauenabends» – an dem ebenfalls die Frau Merz referierte – auf, um sie dem Gemeinderat als Eingabe zukommen zu lassen.[15] Eine weitere Gruppe, die sich in die Auseinandersetzungen auf dem Markt mischte, mischen musste, war die Polizei. Auch wenn die Beurteilung ihres Verhaltens in der Presse unterschiedlich bewertet wurde, erhält frau/man den Eindruck, dass sie sich grundsätzlich um die Aufrechterhaltung der Ordnung auf dem Markt bemühte, d. h. um die Einhaltung der Marktverordnung und den reibungslosen Ablauf des Verkaufs unter Berücksichtigung der amtlichen Preise. Unter der besonderen Situation der Marktdemonstrationen heisst dies, dass sie einerseits versuchte, Demonstrationen zu verhindern oder aufzulösen. Sie führte zu diesem Zweck Demonstrantinnen weg und auf den Polizeiposten – wobei sie vor allem in Zürich hart zugriff, so dass es zu leichten Verletzungen kam –, löste «Volksaufläufe» auf. Andererseits wies die Polizei auch VerkäuferInnen zurecht, die ihre Ware zu höheren als den festgesetzten Höchstpreisen verkaufen wollten, wobei sie den Verkauf der Ware selbst an die Hand nahm, wenn ihren Anweisungen nicht Folge geleistet wurde.

Wer waren die Demonstrantinnen? Und wie gross war ihre Anzahl?[16]

Als die Marktdemonstrationen in Bern, Biel und Zürich ausbrachen, ging aus den Presseberichten vorerst nicht hervor, wer denn eigentlich die Protestierenden genau waren. In Zürich beispielsweise nannte das «Volksrecht» die Demonstrantinnen ungenau «eine grössere Anzahl Arbeiterfrauen»,[17] der «Tages-Anzeiger» sprach nur von «Käuferinnen» [18] und die «Neue Zürcher Zeitung» las aus dem Artikel des «Volksrecht» heraus, dass die Marktkrawalle – wie schon in den anderen Städten – von sozialdemokratischer Seite her organisiert wurden,[19] während der «Bund» «eine Anzahl Hausfrauen aus Aussersihl» erwähnte.[20] Erst im Zusammenhang mit späteren Demonstrationen wurde dann der Zürcher Arbeiterinnenverein oder sogar das «weibliche Volkshaus-Agitationskomitee unter der Anführung der Frau Rosa Bloch» – dies die despektierliche Benennung der Gruppe Demonstrantinnen durch die «Neue Zürcher Zeitung» – genannt.[21] Auch in den anderen Städten wurden die Presseberichte mit der Wiederholung der Vorfälle an den folgenden Markttagen klarer. Bei meinen Untersuchungen stellte sich heraus, dass die Marktdemonstrationen in allen Städten durch die dortigen sozialdemokratischen Arbeiterinnenvereine organisiert und durchgeführt wurden. Diese Feststellung wird durch die Tatsache gestützt, dass sich jene Frauenvereine selber die Organisation der Marktdemonstrationen zuschrieben.[22] Die Frauen jener Vereine bildeten den Kern der Demonstrantinnen. Es schlossen sich ihnen auf dem Markt aber auch andere spontan an – mehrheitlich Arbeiterfrauen,[23] in Bern teilweise auch bürgerliche Frauen. Bezüglich Biel wurde klar, dass es einen tendenziellen Unterschied zwischen den organisierenden Sozialdemokratinnen und den spontanen Mitdemonstrantinnen gab: Während erstere teilweise aus Idealismus und nicht aus persönlicher Not heraus demonstrierten, beteiligten sich letztere eher aus direkter Betroffenheit.[24] Männer beteiligten sich kaum – ausser vereinzelten Arbeitslosen. Eine Ausnahme bildete der erste Marktprotesttag in Biel, an dem einige Sozialdemokraten die Frauen bei wörtlichen und handgreiflichen Auseinandersetzungen unterstützten. Ihre Präsenz auf dem Markt stand wohl mit der am Vorabend von der Arbeiterunion und der Sozialdemokratischen Partei Biels einberufenen öffentlichen Protestversammlung in Zusammenhang.

Um einen Eindruck von den Marktdemonstrationen zu gewinnen, wäre es wichtig zu wissen, wie viele Frauen (und Männer) es waren, die jeweils demonstrierten. Es existieren jedoch keine verlässlichen und vergleichbaren Zahlenangaben. Trotzdem lassen sich aus Begriffen, die sich auf die Demonstrantinnen beziehen, gewisse Schlüsse ziehen; was hier anhand von Bern geschehen soll. Wenn beispielsweise der «Bund» schrieb, dass sich am 1. Juli um 8 Uhr «einige proletarische Frauen» vor dem Parlamentsgebäude versammelten, dann schien die Demonstration zu Beginn eher einen kleinen Umfang gehabt zu haben. Sie wuchs aber bald zahlenmässig enorm an: Während ein «Détachement» der Frauen auf dem Markt die Preise beeinflussen ging, verblieb – laut «Bund» – «die Menge» vor dem Parlamentshaus.[25] Die gleiche Tendenz wird aus dem Bericht der «Berner Tagwacht» über den Markt am 15. Juli ersichtlich. Am Morgen «sammelten sich wieder die entrüsteten Frauen» (ohne jegliche Mengenangabe), die Preise drücken gingen. Nach etwa einer Stunde hatte die Zahl der Demonstrantinnen bedeutend zugenommen: «Inzwischen hatten sich immer mehr Marktbesucherinnen zusammengeschart, sie zogen nach dem Fleischmarkt und von da die Marktgasse hinauf.»[26] An den auf den 1. Juli folgenden Markttagen schien die anfängliche Ansammlung jeweils etwas grösser gewesen zu sein als am ersten Demonstrationstag.

Die Demonstration nahm jeweils schlagartig zu, wenn es zu Auseinandersetzungen zwischen den Demonstrantinnen und den feilbietenden Marktleuten kam. So sammelte sich bei einer solchen Auseinandersetzung am Mittag des 4. Juli eine «lärmende

Volksmenge» an.[27] Am 8. Juli formierte sich aus gleichem Anlass ein «grosser Volksauflauf», den die Polizei darauf zerstreute.[28] Diese Bemerkungen zeigen, dass die Zahl der Demonstrantinnen jeweils sehr variabel und situationsbedingt war. Sie war wohl auch schwierig festzustellen, wenn frau/man bedenkt, dass die Demonstrationen auf einem rege besuchten Marktplatz stattfanden. «Volksaufläufe» (siehe oben) scheinen aber eher Ausnahme gewesen zu sein; sie nahmen mit der Zeit auch ab. Ab dem 18. Juli gab es offenbar keine solchen mehr, ebensowenig wie «Krawalle». Die Zahl der Frauen schien sich nun auf die Kerngruppe – die Marktkontrollkommission – zu beschränken. Es wurde aber weiterhin mit «Krawallen» und «Marktdemonstrationen» gedroht für den Fall, dass die Behörden nicht wirksamer einschreiten würden.[29]

Ähnliche Tendenzen der Zu- und Abnahme der Demonstrationsteilnehmerinnen sind auch für Zürich und Biel ersichtlich. Allgemein hatten die Proteste in Zürich einen kleineren Umfang und waren weniger heftig als in Bern und Biel. In Biel war vor allem der erste Protesttag ein grosser Eklat – mit einer «Menschenansammlung, die nach Tausenden zählte», wie die «Neue Zürcher Zeitung» meldete[30] –; später kam es nicht mehr zu solch grossen und heftigen Demonstrationen.

Entwicklung der Marktdemonstrationen von Markttag zu Markttag

Anhand des Beispiels Bern soll aufgezeigt werden, wie sich die Marktdemonstrationen über die ganze Periode hinaus entwickeln konnten.

Schon vor Ausbruch der Marktdemonstrationen waren in Bern gewisse Anzeichen einer sozialen Unzufriedenheit vorhanden. Die «Berner Tagwacht» jedenfalls wusste schon Ende Juni um den Unmut der «Hausfrauen der Stadt Bern» aus erster Quelle, denn: «Aus zahlreichen telefonischen, mündlichen und schriftlichen Protesten der Hausfrauen, die wir in jüngster Zeit entgegennehmen konnten, geht hervor, dass der Unmut der Konsumenten heute schon einen bedrohlichen Grad erreicht hat.»[31] Weiter beschrieb dasselbe Blatt die Situation auf den Berner Märkten: «Unter den Hausfrauen der Stadt Bern herrscht seit Wochen eine furchtbare Erbitterung über die schamlosen Wucherpraktiken der Bauern und Händler auf den Märkten, [...]. Diese Empörung hat am gestrigen Dienstag einen Grad erreicht, dass damit zu rechnen ist, es könne in Bälde zu regelrechten Krawallen kommen.»[32] Die Wut der Frauen hatte auch schon vor dem 1. Juli zu «Vandalszenen» geführt, wie im Gemeinderat berichtet wurde.[33]

Wie oben erwähnt waren vor allem die hohen Kartoffelpreise der Grund der Empörung der Marktbesucherinnen, aber auch die Preise anderer Nahrungsmittel, wie verschiedene Gemüse und Eier trugen dazu bei. Zudem wurden gewisse Verkaufspraktiken als unfair empfunden. Beispielsweise ärgerten sich die KonsumentInnen darüber, dass die VerkäuferInnen den Kauf der Kartoffeln mit der Bedingung verknüpften, gleichzeitig Blumen zu kaufen.[34]

Der erste Protesttag in Bern wickelte sich gemäss dem oben beschriebenen Grundmuster ab: Versammlung der Demonstrantinnen vor dem Parlamentshaus und Abspaltung einzelner Gruppen, die auf dem Markt Preise drücken gingen. Die Versammlung der Demonstrantinnen löste sich im Gegensatz zu allen anderen (auch denjenigen in Biel und Zürich) Marktdemonstrationen nicht auf, sondern schwoll noch zahlenmässig an, wobei auch in Richtung Bundeshaus geschimpft wurde. Der erste Tag war auch der Tag der heftigsten Auseinandersetzungen zwischen Demonstrantinnen, VerkäuferInnen und anderen Marktbesucherinnen.[35]

Am zweiten Demonstrationstag (4. Juli) wurde die sich erneut bildende Frauenansammlung vor dem Bundeshaus durch ein «stattliches» Polizeiaufgebot wieder zerstreut, weshalb der Markt bis gegen Mittag ruhig verlief.[36] Zudem kam es dann gegen Mittag doch zu einer Ansammlung einer «lärmenden Volksmenge», die gegen übersetzte Kartoffelpreise protestierte. Die Polizei versuchte den Aufruhr zu beenden, indem sie einige Marktfrauen etwas abseits des Geschehens – in den Vorgarten einer Bierwirtschaft – führte.[37] Alles in allem gelang es den Demonstrantinnen an jenem Tag, «durch Boykott und Geduld» die Kartoffelpreise um volle 30 Rappen zu drücken.[38] Die Demonstrantinnen diskutierten auch ausserhalb des Marktplatzes über die Vorfälle auf dem Markt. Am Abend des zweiten Demonstrationstages hielt der sozialdemokratische Frauenverein Bern eine öffentliche und von ihr geleitete Protestversammlung gegen den «Marktwucher» im Volkshaus ab, die viele ZuhörerInnen anzog. Dort wurde beschlossen, was eigentlich schon realisiert worden war, nämlich eine durch die Frauen selbst auszuübende Marktkontrolle.[39] Am nächsten Markttag versammelten sich die demonstrierenden Frauen vor dem Volkshaus statt, wie vorher, vor dem Bundeshaus. Dies war vermutlich ihre Reaktion auf den Polizeieinsatz vom 4. Juli. Von dort zogen sie auf den Markt, unter Führung von Rosa Grimm.[40] Bei der Kontrolle der Preise wurden diesmal nicht die Kartoffel-, sondern die Gemüsepreise beanstandet. Dabei wandten die Frauen – neben dem Mittel des Protests und Boykotts – einen noch weitergehenden Weg zur Durchsetzung ihrer Forderungen an, nämlich den sogenannten Selbstverkauf: sie übernahmen den betreffenden Verkaufsstand, setzten die Preise selber fest, und kauften und verkauften die Ware.[41] Die Demonstrantinnen trugen ihre

Forderungen aber auch in die Behörden hinein. Am 15. Juli sprach eine Delegation Demonstrantinnen – nach einem Umzug durch die Stadt – bei Polizeidirektor Lang vor, um «ganze Massnahmen» (mehr ist nicht bekannt) zur Bekämpfung der «allgemeinen Not» zu fordern.[42] Die Idee, an den Polizeidirektor zu gelangen, war klug, denn dieser war der Hauptverantwortliche für einen geregelten Marktverlauf. Ob die Besprechung jedoch konkret etwas brachte, ist nicht ganz klar. Die «Berner Tagwacht» schrieb, der Polizeidirektor «hatte nur Verlegenheitsausreden und meinte, dass hier die Gemeinde eben nichts machen könne, sondern da müsse der Kanton einschreiten».[43] «Die Vorkämpferin» hingegen beobachtete nach jener Aussprache ein anderes Verhalten der Polizei: «Eine Delegation beim Polizeidirektor in Bern formulierte die Forderungen der Arbeiterinnen dahingehend, dass man *ganze* Massnahmen fordere, um der allgemeinen Not zu steuern. Die Wirkung der Ansprache zeigte sich dann schon am nächsten Markttage, die Polizei unterstützte das Vorgehen der Arbeiterinnen, so dass es möglich war, die Preise noch mehr zu drücken.»[44]

Wie die Demonstrantinnen weiter vorgingen, bleibt unklar. Bis zum 18. Juli wird der Zug der Demonstrantinnen zum Markt erwähnt, bis zum 8. August Marktkontrollen.[45]

Übrigens wurden – wie die Berner – auch die Bieler und Zürcher Demonstrantinnen ausserhalb des Marktes für ihre Anliegen aktiv. In Biel veranstaltete der sozialdemokratische Frauen- und Töchterverein am Abend des auf den ersten Marktprotesttages folgenden Tages (d. h. am 12. Juli) eine öffentliche Versammlung über die Demonstrationen. Diese beschloss, die Marktkontrolle weiterhin durchzuführen und ernannte eine Kommission, «[...] die die Aufgabe hat, in Fällen, wo die Konsumenten übervorteilt werden, bei der zuständigen Behörde zu intervenieren».[46] Jene Frauenkommission ging dann am folgenden Markttag zum Armendirektor (da der Polizeidirektor abwesend war), um eine Herabsetzung des Höchstpreises für Kartoffeln zu verlangen. Dies wurde ihnen für den folgenden Markttag versprochen, aber dann nicht eingehalten.

Auch in Zürich ging eine Frauendelegation der Demonstrantinnen zum Polizeivorstand der Stadt – und zwar schon am ersten Tag der Marktdemonstrationen (14. Juli). Sie hatte Erfolg: Die von ihnen verlangten Höchstpreise für Kirschen, Johannisbeeren, grüne Bohnen und Eier wurden festgesetzt, wie im städtischen Amtsblatt des 17. Juli bekanntgegeben wurde.[47] Ob es dieser Erfolg war oder ob es damit zu tun hatte, dass die Leiterin der Zürcher Demonstrantinnen die politisch versierte Rosa Bloch-Bollag war – die Präsidentin des Verbandes Schweizerischer Arbeiterinnenvereine –, es erstaunt, dass die Zürcher Demonstrantinnen nicht nur an die städtischen, sondern auch an die kantonalen Behörden gelangten. Am 20. Juli ging eine Frauendeputation zum Vorsteher der Volkswirtschaftsdirektion des Kantons Zürich, um bezüglich Kartoffeln eine Bestandesaufnahme, den Verkaufszwang, und Höchstpreise für den ganzen Kanton zu verlangen, sowie die Abgabe von Fleisch zu reduzierten Preisen an bedürftige Familien, Massenspeisungen, usw.[48] Diesmal war der Erfolg nicht so offensichtlich: Der Regierungsrat lud als Antwort eine Vertreterin des sozialdemokratischen Arbeiterinnenvereins zu einer von ihm einberufenen Teuerungskonferenz der Gemeindevertreter ein.[49]

Auswirkungen der Marktdemonstrationen

Der konkrete Einfluss der Marktdemonstrationen auf die städtische Wirtschaftspolitik und auf die Situation auf den städtischen Märkten ist nicht einfach zu fassen. Am ehesten ist dies für Bern möglich. Das Problem der Teuerung und der problematischen Marktsituation wurden zwar im Gemeinde- und im Stadtrat schon kurz vor Ausbruch der Marktdemonstrationen besprochen und mit dem Gemeindeverkauf schon am ersten Demonstrationstag begonnen, doch bewirkte erst der Ausbruch der Demonstrationen ein verstärktes Engagement der Politiker. Entgegen dem üblichen Geschäftsverlauf wurden die Interpellation der Freisinnigen und die Motion der Sozialdemokraten – die am 5. Juli, also vier Tage nach der ersten Marktdemonstration eingegeben wurden – sofort behandelt, und letztere einstimmig für erheblich erklärt. Darin wurde der Gemeinderat aufgefordert, den An- und Verkauf von Kartoffeln, Gemüse und Eiern an die Hand zu nehmen, um so die Teuerung und die Lebensmittelknappheit zu bekämpfen. Zudem wurde die Einsetzung einer Kommission zur Organisation des Lebensmittelhandels verlangt. All dies wurde nun sehr zügig realisiert: Die Lebensmittelkommission wurde am 7. Juli neu gebildet und der Gemeindeverkauf immer stärker ausgebaut von einem auf mehrere Stände Kartoffeln, dann auf weitere Gemüsesorten. Weitere städtischen Verkaufsstellen wurden in die Aussenquartiere Berns verlegt. Der Gemeindeverkauf fand grossen Anklang.
Auch in Biel wurden als Reaktion auf die Marktdemonstrationen eine Interpellation und dazu eine Motion der Sozialdemokraten und eine Interpellation der Freisinnigen bezüglich der Lebensmittelversorgung gestellt. Dies bewirkte zwar ebenfalls eine Ausdehnung des städtischen Verkaufs, jedoch nicht in mit Bern vergleichbarem Umfang. Die Organisation der städtischen Lebensmittelversorgung wurde nicht grundsätzlich verbessert.

Die Marktdemonstrationen in Zürich bewirkten weder parlamentarische Vorstösse noch die Festsetzung von Kartoffelhöchstpreisen, denn dies war schon vor Ausbruch der Demonstrationen geschehen. Neben weiteren Höchstpreisen für bestimmte Gemüse und Früchte ist auch das Einsetzen des Gemeindeverkaufs als Folge der Marktproteste zu werten. Der Gemeindeverkauf setzte allerdings erst ein, nachdem die Polizei durch energisches Eingreifen gegen die Demonstrantinnen die Proteste unterbunden hatte. Ob er ausgedehnt wurde, ist nicht bekannt.
Als weitere Folge der Marktdemonstration könnte die Preisentwicklung auf den Märkten angesehen werden: In allen drei Städten sanken nämlich die Lebensmittelpreise, vor allem die Kartoffelpreise, massiv. Welche Faktoren allerdings zu dieser Entwicklung beitrugen, ist schwierig zu sagen; sicher spielten auch kaum direkt auf dem städtischen Markt zu beeinflussende wirtschaftliche Faktoren eine Rolle. Zwei Parteien auf dem Markt schrieben sich jedoch selbst einen preissenkenden Einfluss zu: Die Behörden sagten, sie beabsichtigten mit dem städtischen Verkauf, eine «preisbildende» – sprich: preissenkende – Wirkung zu erzeugen. Zeitungen, die eher staatstreu ausgerichtet waren, berichteten vom Erfolg der Behörden. Linke Zeitungen oder das Organ der Sozialdemokratinnen, die «Vorkämpferin», lobten hingegen die preissenkende Wirkung des Einsatzes der Demonstrantinnen.
Die Fragen der Lebensmittelversorgung wurden auf verschiedenen Ebenen nach Ausbruch der Marktdemonstrationen intensiver behandelt. Es fällt beispielsweise auf, dass sich die (männlich dominierte) Arbeiterbewegung vermehrt mit dem Thema auseinanderzusetzen begann. Neben zunehmenden lokalen Protestaktionen berief sie auf den 6. August eine gesamtschweizerische Konferenz ein, die eine Resolution zuhanden der Bundesbehörden verfasste, in der ein umfassendes Konzept zur Bekämpfung der Teuerung und der besseren Organisation der Versorgung vorgestellt wurde. Über die Wirkung dieser Resolution war sich jedoch nicht einmal die Sozialdemokratische Partei selbst im klaren.[50]
Auch der Bundesrat wurde aktiv in bezug auf die Kartoffelversorgung: Auf seine Anweisung hin setzte das Schweizerische Volkswirtschaftsdepartement Mitte Juli erste national gültige Höchstpreise für Kartoffeln fest, die in der Folge immer mehr gesenkt und diversifiziert wurden. Im September schuf der Bundesrat zudem eine Zentralstelle für die Kartoffelversorgung, die das bundesrätliche Kartoffelimportmonopol ausführen sollte. Im Winter 1916/1917 führte er erstmals eine Bestandesaufnahme der bestehenden Kartoffelvorräte durch – eine Forderung, die von linker Seite immer wieder gestellt wurde. Sicher lassen sich diese neuen wirtschaftspolitischen Massnahmen nicht allein durch die Marktdemonstrationen erklären. Auch die im Juli

und August von verschiedenen Kreisen gemachten Vorstösse – von Gemeinden, Kantonen, Arbeiterorganisationen, dem Städteverband, die Diskussionen in der Junisession der vereinten Bundesversammlung, usw. – werden ihren Teil zu den Bundesratsentscheiden beigetragen haben. Aus linken Äusserungen von damals übernehme ich die Aussage, dass die Marktdemonstrationen den Bundesrat veranlassten, das Problem der Kartoffelversorgung endlich anzugehen.[51] Vielleicht hatte die persönliche Unterredung, die Rosa Bloch in ihrer Funktion als Präsidentin des Zentralverbandes der Schweizerischen Arbeiterinnenvereine mit Bundesrat Schulthess, dem damaligen Chef des Volkswirtschaftsdepartementes am 31. Juli erreichte, auch einen Einfluss auf die bundesrätliche Politik gehabt. (Ihre Forderungen bezüglich Kartoffeln gingen allerdings viel weiter: Bestandesaufnahme, Verkaufszwang, ein bundesrätliches Importmonopol; dann eine Regelung des Obst-, Vieh- und Kohlenhandels, sowie staatliche Arbeitsbeschaffung und Steuersistierung.)

Die Marktdemonstrationen brachten in die sozialdemokratische Frauenbewegung einen neuen Wind. In den Städten, in denen demonstriert wurde, traten plötzlich jeweils etwa 50 neue Mitglieder den Frauenvereinen bei. Das war eine grosse Anzahl angesichts der bisherigen geringen Vereinsgrössen. Einen kleinen Erfolg konnten die Frauen in Bern und Biel bezüglich Mitsprache in der Lebensmittelversorgung erreichen. In Biel wurde die Präsidentin des sozialdemokratischen Frauen- und Töchtervereins – nach den diesbezüglichen Bemühungen des Vereins – in die städtische Lebensmittelkommission gewählt, allerdings nur für die Dauer Herbst/Winter 1916/17. In Bern wurde im folgenden Jahr – 1917 – eine bürgerliche Frau in die Lebensmittelkommission gewählt und eine hauswirtschaftliche Kommission aus neun Frauen unterschiedlicher politischer Richtungen bestellt. In Zürich hingegen wurde erst nach der Frauendemonstration im Juni 1918 ein geschlechtsparitätischer Beirat für Lebensmittelversorgungsfragen gebildet.

Marktdemonstrationen als Teil der Geschichte der Schweiz im Ersten Weltkrieg

Die Marktdemonstrationen des Sommers 1916 waren ein Ausdruck der zunehmenden Politisierung vieler von der Not betroffener Frauen und breiter Bevölkerungsschichten überhaupt. Jene Politisierung wurde im Ersten Weltkrieg durch die sich bedrohlich verschlechternden Lebensbedingungen hervorgerufen: Während die Preise von Jahr zu Jahr höher stiegen, sanken dagegen die Reallöhne, so dass es vor allem für die unteren und mittleren Bevölkerungsschichten immer schwieriger wurde, sich über-

haupt noch mit den lebenswichtigen Nahrungs- und Bedarfsmitteln einzudecken. Es machte sich Hunger und Unterernährung breit.
Als Antwort auf die zunehmenden Schwierigkeiten engagierte sich die gesamte Arbeiterinnen- und Arbeiterbewegung im Kampf gegen die Teuerung und für eine bessere Lebensmittelversorgung, der schliesslich in den Landesstreik von 1918 mündete. Die sozialdemokratischen Männer hatten die Möglichkeit, sowohl innerhalb (z. B. in den Parlamenten) als auch ausserhalb der politischen Institutionen (z. B. öffentliche Protestveranstaltungen, Strassendemonstrationen) für eine Verbesserung der Lebensmittelversorgung zu kämpfen. Den politisch oder gewerkschaftlich organisierten sozialdemokratischen Frauen war dies – wegen fehlendem Stimm- und Wahlrecht – nur ausserhalb der politischen Institutionen möglich. Eine Form des Frauenprotests waren die Marktdemonstrationen 1916. Aber auch schon zu Beginn des Krieges hatten die gewerkschaftlich und politisch organisierten sozialdemokratischen Frauen sich in Frauenkonferenzen zur Kriegs- und Notlage und den nötigen staatlichen Massnahmen geäussert; wie die Gewerkschaftssekretärin betonte, hatten sie damit als erste – vor den sozialdemokratischen Männern – gegen den Krieg und die Not Stellung genommen.[52] Gegen Ende des Krieges kämpften vor allem in der Schweiz lebende ausländische (italienische und deutsche) Frauen für eine Erhöhung der ihnen zustehenden staatlichen Wehrmannsfrauenunterstützung – auch diesmal in Zusammenarbeit mit sozialdemokratischen Frauen. Auch nahm die Streikbeteiligung der Frauen gegen Ende des Krieges rapide zu. Ein inzwischen bekannter Markstein im Kampf der Frauen gegen die Teuerung und die Not bildete die Hungerdemonstration vom 10. Juni 1918 in Zürich, die sowohl eine Solidaritätswelle in der ArbeiterInnenbewegung und bürgerlichen Frauenbewegung als auch ein entschiedeneres Auftreten des Kantons Zürich gegenüber dem Bundesrat (bezüglich Lebensmittelversorgung) auslöste. Die sozialdemokratische Frauenbewegung gegen die Teuerung war vergleichsweise klein gegenüber der Männerbewegung. Anhand der Marktdemonstrationen konnte aber gezeigt werden, dass sie durchaus einen Einfluss auf das politische Geschehen hatte – und folglich bei einer Untersuchung des Vorfelds des Landesstreiks von 1918 mitberücksichtigt werden müsste.

Marktdemonstrationen und Lebensmittelproteste international und historisch betrachtet

Marktdemonstrationen und andere Formen von Lebensmittelprotesten fanden während und vor beziehungsweise nach dem Ersten Weltkrieg in vielen europäischen Ländern statt. Die Schweiz war diesbezüglich keineswegs ein «Sonderfall». Etwas Spezielles schienen die Marktdemonstrationen in der Schweiz trotzdem an sich gehabt zu haben. Während bisherige Untersuchungen über Lebensmittelunruhen (in Ländern wie Deutschland, Spanien, Italien, usw.) betonten, diese seien von politisch unorganisierten Arbeiterfrauen auf der Basis ihres sozialen Frauennetzes durchgeführt worden,[53] gingen die Marktdemonstrationen in der Schweiz – wie gezeigt – eindeutig von den sozialdemokratischen Arbeiterinnenvereinen aus. Auch historisch gesehen waren Marktdemonstrationen keine Seltenheit, denn die Tradition der subsistenzorientierten Protestformen – d. h. Lebensmittelunruhen – reicht bis ins 16.–18. Jahrhundert zurück. Dabei bildeten Frauen – gemäss der Historikerin Karen Hagemann – immer schon die wichtigste TrägerInnengruppe, denn die Hauptorte des Protestes – Läden und Märkte – stellten den zentralen Bereich der Frauenöffentlichkeit dar.[54] Edward P. Thompsons vielbeachtete Theorie zu den Unterschichtprotesten der Frühen Neuzeit sagt aus, dass die Unterschichten damals nicht allein aus Hunger zum Mittel des Protests griffen, sondern weil sie eine volkstümliche Vorstellung über den Ablauf wirtschaftlichen Lebens (die *moral economy)* hatten, die sie, wenn sie sie als verletzt oder nicht eingehalten beurteilten – zum Protest bewog.[55] Interessanterweise sind Elemente jener Vorstellungen «sittlicher Ökonomie» auch noch in den Begründungen der demonstrierenden Frauen von 1916 zu finden. Ähnlich den protestierenden Unterschichten der Frühen Neuzeit gingen sie von eigenen Vorstellungen über «gerechte» Preise und über die Pflichten der Behörden gegenüber dem Volk aus, mit dem sie ihr Eingreifen auf dem Markt, ihre «Selbsthilfe» rechtfertigten. Sie gingen bei ihren Marktkontrollen nach gleichem Verhaltensmuster wie die Polizei vor (speziell beim Selbstverkauf) und betrachteten ihr Vorgehen als eine Ergänzung des Polizeieinsatzes, da diese nicht genügend eingegriffen habe.[56] Der Kern der Demonstrantinnen, die Sozialdemokratinnen, brachten aber auch eine neue Dimension in die Marktdemonstrationen ein: Sie beurteilten die Teuerungsbekämpfung auch als Teil oder als Vorstufe des sozialistischen Klassenkampfes. Die Begründung lautete: Die Teuerung und die Not müssten bekämpft werden, denn nur wohlgenährte, kräftige Menschen könnten den Kampf für den Sozialismus aufnehmen.[57] Diese Aussage könnte folgendermassen interpretiert werden: Indem sich die Frauen am Teuerungskampf beteiligten, übernahmen sie in der sozialdemokratischen Bewegung dieselbe Rolle, die sie schon im Privatleben innehatten, nämlich für die Ernährung und das Wohlergehen anderer zu sorgen. Ansätze eines dualistischen Geschlechterverständnisses – nicht nur bei bürgerlichen, sondern auch bei sozialdemokratischen Frauen – werden also in Zusammenhang mit der Teuerungsbekämpfung im Ersten Weltkrieg sichtbar. (Allerdings ist zu beachten, dass nicht nur die Frauen, sondern auch – und sogar stärker – die Männer der Sozialdemokratie den Teuerungskampf des Ersten Weltkrieges führten).

Wo steht diese Arbeit forschungsmässig?[58]

Zuerst zur Methode: Mit der Aufzeichnung der Marktdemonstrationen dreier Städte werden drei Einzelfälle mikroanalytisch untersucht. Das Phänomen der Marktdemonstrationen wird zudem in ein volkskulturelles und alltagshistorisches (Alltag der Arbeiterfrauen) Umfeld eingebettet, wobei allerdings ausserhalb der Demonstrationen nicht auf die lokalspezifischen Aspekte eingegangen wird. Ich bewege mich im Rahmen der in den 1980er Jahren aufgekommenen kulturhistorischen Protestforschung, die auch in der Frauen- oder Geschlechtergeschichte Verbreitung gefunden hatte.

Was die hier untersuchte Protestform betrifft, so schliesse ich mich mit dieser Arbeit an die grosse Mehrheit der ProtestforscherInnen an, die sich mit den traditionellen Formen des Protests (d. h. «sozialem Protest» im engeren Sinn) beschäftigten. Das Thema «Markdemonstrationen» hätte schon in den 1970er Jahren behandelt werden können, denn es passte schon in den damaligen Protestbegriff hinein – allerdings wäre die Methode anders gewesen. Inzwischen wurde der Protestbegriff stark erweitert, so dass er nun auch individuelle und versteckte Formen des Widerstands umfasst. Die Untersuchung von Marktdemonstrationen und von deren langfristigen Entwicklung bleibt auch in diesem neuen Rahmen eine noch zu leistende Arbeit.

Anmerkungen

1 Neue Zürcher Zeitung, 29. 7. 1916.
2 Die Protokollbücher sind im Schweizerischen Sozialarchiv in Zürich archiviert. Sie sind Teil des Archivs der Bieler Arbeiterbewegung, das erst 1991 bearbeitet wurde (Schweizerisches Sozialarchiv, Jahresbericht 1991, S. 5). Die Protokollbücher des Berner oder des Zürcher Arbeiterinnenvereins jener Zeit sind leider bisher nicht gefunden worden.
3 «Der Bund» war damals schon eine bürgerlich und staatstreu ausgerichtete Zeitung.
4 Der Bund, 2. 7. 1916. Der sozialdemokratische Arbeiterinnenverein Bern stellte allerdings in der «Berner Tagwacht» des 10. Juli richtig, dass die Berichte des «Bundes» und des «Intelligenzblattes» bezüglich Demonstrationsbeteiligung von Ausländerinnen falsch gewesen seien; es habe keine «Schar Russinnen» dabei gehabt, im Gegenteil seien ausser Rosa Grimm alle Schweizerinnen gewesen.
5 Der Selbstverkauf durch Demonstrantinnen wird beschrieben: Bern: Der Bund, 9. 7. 1916; Biel: Die Vorkämpferin, 1. 8. 1916, Neue Zürcher Zeitung, 13. 7. 1916; Zürich: Die Vorkämpferin, 1. 8. 1916.
6 «Volksauflauf» wurde in den Zeitungen die plötzlich zunehmende Anzahl Demonstrantinnen genannt, die sich um den Marktstand drängten, an welchem es zu Auseinandersetzungen zwischen dem Kern der Demonstrantinnen und den VerkäuferInnen kam.
7 Biel: Berner Tagwacht, 10. 7. 1916; Zürich: Die Vorkämpferin, 1. 8. 1916.
8 Für Zürich: Volksrecht, 19. 7. 1916; für Bern: Der Bund, 9. 7. 1916.
9 Biel: Berner Tagwacht, 20. 7. 1916.
10 Der Bund, 2. 7. 1916.
11 Berner Tagwacht, 28. 7. 1916.
12 Berner Tagwacht, 4. 7. 1916.
13 Berner Tagwacht, 15. 7. 1916.
14 Berner Tagwacht 18. 7. 1916.
15 Der Bund, 21. 7. 1916.
16 Da – wie in diesem Kapitel ersichtlich – die Protestierenden in überwiegender Anzahl Frauen waren, während die Männerzahl verschwindend klein war, benütze ich hier die weibliche Form des Plurals, d. h. «Demonstrantinnen» statt «DemonstrantInnen».
17 Volksrecht, 14. 7. 1916.
18 Tages-Anzeiger, 15. 7. 1916.
19 Neue Zürcher Zeitung, 16. 7. 1916.
20 Der Bund, 16. 7. 1916.
21 Tages-Anzeiger, 20. 7. 1916; Neue Zürcher Zeitung, 29. 7. 1916.
22 Die Vorkämpferin, 1. 8. 1916 (Organ des Zentralverbandes Schweizerischer Arbeiterinnenvereine, d. h. der Dachorganisation aller sozialdemokratischen Arbeiterinnenvereine).
23 Mit diesem Begriff sind allgemein Frauen der ArbeiterInnenschicht gemeint, also sowohl erwerbstätige als auch nichterwerbstätige. Für Frauen der ArbeiterInnenschicht werden in der Literatur sonst meist zwei Begriffe gebraucht: «Arbeiterin» für die erwerbstätige Fabrikarbeiterin, «Arbeiterfrau» für die nichterwerbstätige Frau eines Arbeiters. Die Wahl eines einzigen Begriffs für erwerbstätige und nichterwerbstätige Frauen ist Ausdruck einer Forderung des heutigen Feminismus: Frauen dürfen nicht in Hausfrauen und Berufsfrauen aufgeteilt werden, damit die Solidarität erhalten bleibt.
24 Berner Tagwacht, 15. 7. 1916: «[...] dass sich auch Frauen für die Ärmsten der Armen ins Zeug

legten, die nicht gerade in Not und Elende schwimmen, sondern aus Idealismus die Sache der Proletarierinnen verfechten helfen.» Im Textzusammenhang wird klar, dass dabei die «Delegation Arbeiterinnen, die jeweils die Marktkontrolle vornehmen» gemeint war.

25 Der Bund, 2. 7. 1916.

26 Berner Tagwacht, 15. 7. 1916.

27 Der Bund, 4. 7. 1916 (Abend).

28 Berner Tagwacht, 8. 7. 1916.

29 Berner Tagwacht, 22. 7., 25. 7., 1. 8. 1916.

30 Neue Zürcher Zeitung, 13. 7. 1916. Da die Zeitungsberichte nicht sehr ergiebig sind, könnte der Eindruck bezüglich Beteiligung an und Dauer der Marktdemonstrationen auch verfälscht sein.

31 Berner Tagwacht, 28. 7. 1916.

32 Ebd.

33 Gemeinderat Bern, Protokoll der Sitzung vom 28. 7. 1916 (Stadtarchiv Bern, handschriftlich).

34 Berner Tagwacht, 28. 6. 1916.

35 Der Bund, 2. 7.; Berner Tagwacht, 1. 7. 1916.

36 Der Bund 4. 7. (Abend), 5. 7. 1916 (Morgen).

37 Der Bund, 4. 7. 1916 (Abend).

38 Berner Tagwacht, 5. 7. 1916.

39 Ebd.

40 Der Bund, 9. 7. 1916. Rosa Grimm war damals die Präsidentin des sozialdemokratischen Frauenvereins Bern.

41 Ebd.

42 Die Vorkämpferin, 1. 8., Berner Tagwacht, 15. 7. 1916.

43 Berner Tagwacht, 15. 7. 1916.

44 Die Vorkämpferin, 1. 8. 1916.

45 Berner Tagwacht, 18. 7., 9. 8. 1916.

46 Der Bund, 12. 7. 1916 (Morgen).

47 Neue Zürcher Zeitung, 17. 7.; Tages-Anzeiger, 17. 7.; Der Bund, 17. 7. 1916 (Abend).

48 Die Vorkämpferin, 1. 8. 1916.

49 Ebd. Die weiteren Folgen der Vorsprache der Frauendelegation auf kantonaler Ebene wurden nicht untersucht.

50 Sozialdemokratische Partei der Schweiz. Protokoll über die Verhandlungen des Parteitages in Zürich, 4. und 5. 11. 1916, S. 31 (Sozialarchiv, 335: 215/3).

51 Berner Tagwacht, 22. 8. 1916 (Abend): «Endlich, unter dem Druck der Marktdemonstrationen, entschloss sich das Volkswirtschaftsdepartement zur Einberufung einer sogenannten Expertenkommission.» Die Expertenkommission war massgeblich an der Ausarbeitung der folgenden Bundesratsbeschlüsse zur Kartoffelversorgung beteiligt (Der Bund, 12. 7. 1916 [Morgen und Abend]). Und Robert Grimm beurteilte den Einfluss der Marktdemonstrationen auf die bundesrätliche Politik: «Erst auf die Demonstrationen in Bern, Biel und Zürich wurden neue Massnahmen getroffen» (Protokoll der Geschäftsleitung der Sozialdemokratischen Partei der Schweiz, Teuerungsversammlung vom 6. 8. 1916; Standort: Schweiz. Sozialarchiv).

52 Tätigkeit des Schweizer. Arbeiterinnensekretariats in den Jahren 1914/15/16, in: Schweizerischer Gewerkschaftsbund. Bericht des Bundeskomitees an die Zentralvorstände und Mitglieder der schweiz. Gewerkschaftsverbände 1914–1915 und 1916, S. 53–61 (Standort: Schweiz. Sozialarchiv, K 203).

53 Für Deutschland: Richard J. Evans, Sozialdemokratie und Frauenemanzipation im deutschen

Kaiserreich, Berlin/Bonn 1979, S. 299; Ute Frevert, Frauen-Geschichte. Zwischen Bürgerlicher Verbesserung und Neuer Weiblichkeit, Frankfurt a. M. 1986, S. 162. Für Spanien/Italien: Temma Kaplan, Women in Communal Strikes in the Crises of 1917–1922, in: Renate Bridenthal et al. (Hg.), Becoming Visible. Women in European History, 2. Aufl., Boston 1987, S. 429–449.

54 Karen Hagemann, Frauenprotest und Männerdemonstrationen. Zum geschlechtsspezifischen Aktionsverhalten im grossstädtischen Arbeitermilieu der Weimarer Republik, in: Bernd Jürgen Warneken (Hg.), Massenmedium Strasse. Zur Kulturgeschichte der Demonstration. Frankfurt a. M./New York 1991, S. 202–230.

55 Edward P. Thompson, Die «sittliche Ökonomie» der englischen Unterschichten im 18. Jahrhundert, in: Detlev Puls (Hg.), Wahrnehmungsformen und Protestverhalten. Studien zur Lage der Unterschichten im 18. und 19. Jahrhundert, Frankfurt a. M. 1979, S. 13–80, hier S. 16.

56 Die Vorkämpferin, 1. 8. 1916.

57 Berner Tagwacht, 14. 7. 1916.

58 Wichtige Literatur zur Forschung: Heinrich Volkmann und Jürgen Bergmann (Hg.), Sozialer Protest. Studien zu traditioneller Resistenz und kollektiver Gewalt in Deutschland vom Vormärz bis zur Reichsgründung, Opladen 1984; Claudia Honegger und Bettina Heintz (Hg.), Listen der Ohnmacht. Zur Sozialgeschichte weiblicher Widerstandsformen, 2. Aufl., Frankfurt a. M. 1984; Bernd Jürgen Warneken, Massenmedium Strasse. Zur Kulturgeschichte der Demonstration, Frankfurt a. M./New York 1991.

Frauen in der Öffentlichkeit – Les femmes dans la vie publique

Susanna Burghartz

Frauen – Politik – Weiberregiment

Schlagworte zur Bewältigung der politischen Krise von 1691 in Basel[1]

Am 28. September 1691 war in Basel mit der Hinrichtung von drei Rädelsführern der Versuch zu einer Revolution endgültig gescheitert. Nachträglich waren sich viele Zeitgenossen einig: «die Regiersucht und schlimme Verwaltung der gemeinen insonderheit der geistlichen Güeteren, nicht weniger auch der entstandene Weiberrath, darauss viel Unraths in Erwehlung der Ämbteren erwachsen»,[2] waren entscheidend für den Ausbruch der Unruhen.

Das Urteil der Zeitgenossen übernahmen die späteren Historiker ungeprüft. Auch sie bezeichneten den sogenannten «Weiberrath», die vermeintliche Tatsache, dass Basel «durch 2 liederliche Weiber»[3] regiert werde, als Hauptgrund für den Ausbruch der Unruhen; gemeint waren Salome Schönauer, die Frau des Oberstzunftmeisters Burckhardt, und Esther Hummel, die Frau des Bürgermeisters Brunschweiler. 1829 schrieben die Historiker Heinrich Escher und J. Jakob Hottinger: «Es waren vorzüglich einige Weiber, welche schon seit längerer Zeit alle Wahlen leiteten.»[4] Als eine der Hauptursachen für die Opposition von Grossräten und damit für den Ausbruch der Unruhen nannten sie «2. Das Eindringen in Stellen, die schlechte Verwaltung und der entstandene ‹Weiberrath›, woraus die Schändlichkeiten aller Art bey Besetzung der Ämter entstanden».[5] Und schliesslich berichteten sie über die Verurteilung der «Frau des Obristzunftmeisters Burkhard, deren ausgezeichnete Schönheit ihren Einfluss beförderte».[6] 1877 schrieb Buxtorf-Falkeisen über die «durch ihre Schönheit glänzende Frau Oberstzunftmeisterin Burckhardt-Schönauer»: «[...] daneben hat sie viele Praktiken angesponnen und einen Manchen des Raths ihr unterwürfig gemacht, der um ihre Gunst sich von ihr führen und regieren liess, wie sie nur wollte».[7] Und über «die Partei der Burckhardt und Socin» meinte er, dass sie «unter dem Weiberregiment der beiden ‹liederlichen› Schwestern Schönauer schmählich standen».[8] Paul Burckhardt urteilte 1910 in seiner Biographie des Oberstzunftmeisters Christoph Burckhardt über dessen Frau, «die resolute, redegewandte und ehrgeizige Dame» habe «grosse Neigungen» gezeigt, «den Basler Staatshaushalt mit ihrer eigenen Haushaltung zu verwechseln, überall mitzureden, nachzuhelfen, zu raten und zu versprechen, wo sichs um Versorgungen und Ämterbestellungen handelte».[9] Und noch in der jüngsten Überblicksdarstellung zur Basler Geschichte schreibt René Teuteberg 1986, nachdem er die «üble Rolle» der «Hauptsünderin, Frau Salome Burckhardt» geschildert hat: «Doch es ist an der Zeit, von den Männern des ‹Einundneunzigerwesens› zu sprechen; ihre Taten gehören zur eigentlichen Geschichte der Stadt. Die begleitende Skandalchronik belegt nur wieder einmal die menschliche Schwäche gegenüber der Versuchung durch den Ehrgeiz.»[10] Die Urteile der Historiker waren und sind geprägt durch die Geschlechterstereotype und Politikvorstellungen des 19. Jahrhunderts:[11] die vermeintlich naturgegebene Trennung von privat und öffentlich,[12] Politik und Familie einerseits und die Meinung, der Platz der Frauen sei im Haus nicht in der Politik, andererseits. In einer solchen Konzeption konnte einer Frau wie Salome Schönauer in der Politik nur die Rolle der Verführerin zukommen, die das Staatswesen in eine tiefe Krise stürzte. Diese Vorstellungen verunmöglichten es den Historikern, die Rolle von Frauen für die Politik im Ancien régime zu untersuchen und dabei die besonderen Politikmittel und -instrumente jener Zeit zu berücksichtigen. Sie gestatteten es ihnen ebenso wenig, die Funktionen zu analysieren, die die Rede vom «Weiberrath» für die politische Krise von 1691 und ihre Bewältigung hatte.

Für beides ist die Geschichte von Salome Schönauer, dem Schlagwort vom «Weiberrath» und der Basler Revolution von 1691 höchst interessant: erstens erlaubt sie uns, politische Einflussmöglichkeiten von Oberschichtfrauen in Basel im Ancien régime kennenzulernen und zweitens – und das macht sie noch spannender – zeigt sie, wie multifunktional das Schlagwort von der «Weibermacht» im politischen Kampf zur Disqualifizierung von Gegnern und Zuständen verwendet werden konnte.

Die Unruhen von 1691

Im 17. Jahrhundert fand in Basel ein allmählicher sozioökonomischer Strukturwandel statt.[13] Mit dem Aufkommen der Seidenbandindustrie wuchs der Einfluss der Fabrikanten; zwischen 1670 und 1692 kam es zu Auseinandersetzungen mit den zünftigen Posamentern um die Einführung des Kunststuhls und damit zugleich um Veränderungen von Produktionsmitteln und -verhältnissen; diese Auseinandersetzung ging schliesslich zugunsten der Fabrikanten aus.[14] Die Einbürgerungspolitik Basels wurde, wie andernorts auch, zunehmend restriktiver, die zünftigen städtischen Handwerker sicherten sich so

ihr Kollektivmonopol.[15] Anfangs des 17. Jahrhunderts entstand in der Oberschicht die Gruppe der Berufsbeamten, die von Verwaltungsämtern lebten.[16] Zu ihnen gehörte auch der Ehemann von Salome Schönauer, Oberstzunftmeister Christof Burckhardt. Mit der allmählichen Dominanz der Berufsbeamten veränderte sich die politische Führungsschicht grundlegend: in der Regierung (Dreizehnerrat) wurden die Kaufleute geschwächt, die Handwerker verdrängt. In der zweiten Hälfte des 17. Jahrhunderts kam es zu einem vorübergehenden Familienregiment vor allem der Burckhardt und Socin,[17] das nach Röthlin durch die Einführung der Losordnung von 1718 beendet wurde.[18] Während des ganzen 17. Jahrhunderts wurde ein Kampf gegen das «Praktizieren», d. h. gegen Geschenke und Zahlungen vor Wahlen und Ämterbestellungen, geführt, an dem sich die Geistlichen in führender Rolle beteiligten.[19] Schliesslich führte die Obrigkeit 1688 auf Grund des massiven Drucks der Geistlichkeit und unzufriedener Bürger eine neue Wahlordnung, die «Ballotierordnung», ein, um die immer wieder vorkommenden Wahlbestechungen zu unterbinden. Offensichtlich gelang dies aber nur sehr ungenügend.[20] In dieser Ballotierordnung hiess es u. a.: «Dass mann bald nicht mehr Gott sondern die Menschen förchten muss, als welche durch vielfältige List, Griff und Ränckh, Lauffen, Rennen, Spendiren, Verheissung, Dröwungen, Vorstellungen allerhand Interesse mit heurathen, promotionen und beförderungen, es mit ihren Jaghünden, Läuffer und Läufferinnen dahin gebracht, dass niemand bald ohne Zaghafftigkeit sein votum frey geben. Ja kein ehrlicher Mann, wegen seiner tugendt und meriten einiche beförderung mehr verhoffen kan.»[21] Alle diese Praktiken wurden unter Strafe gestellt; wie in Basel wurden im 17. Jahrhundert ähnliche Ordnungen gegen das «Practizieren» auch in anderen Schweizerstädten erlassen.[22] Auffällig ist in Basel vor allem die explizite Erwähnung von Frauen als «Läuferinnen».
Auch nach 1688 prangerten die Geistlichen immer wieder das Laster des Meineids an,[23] das sie denjenigen vorwarfen, die bei ihrem Amtsantritt einen Eid ablegten,[24] obwohl sie mittels Absprachen und Wahlbestechungen zum Zuge gekommen waren. Sie mahnten zu Umkehr und Reinigung des ganzen Standes Basel.[25] Der massive aussenpolitische Druck auf Basel durch den Ausbau der Festung Hüningen im Zuge der französischen Reunionspolitik und die zunehmend schlechtere Versorgungslage der Stadt aufgrund der massiven Kornteuerung führten im November 1690 zur ersten grösseren Konfrontation zwischen dem Kleinen Rat und unzufriedenen Grossräten, unter denen neu aufgestiegene Kaufleute eine wichtige Rolle spielten.[26] In der Folge tagte der Grosse Rat regelmässig und verlangte eine Verfassungsrevision zu seinen Gunsten. Zu Beginn des Jahres 1691 radikalisierte sich die Bewegung: es bildeten sich Zunftausschüsse, die sich als Vertreter der eigentlichen Zunftbasis verstanden. Ende

Januar begannen die Prozesse gegen Vertreter der Socinpartei, Ende Februar die Prozesse gegen die Burckhardt-Partei, allen voran gegen Salome Burckhardt-Schönauer und ihre Helferinnen, Ester Träumerin, Barbara Treu und Anna Rosa Kraus. Dieser Prozess führte am 24. März, dem sogenannten Kuechlitag oder wilden Zinstag, zu einer eigentlichen Säuberungswelle im Kleinen und Grossen Rat. Am 26. März wurde Salome Schönauer zu 6000 Reichstalern Busse, vierjähriger Verbannung ins Haus und Erscheinen vor dem Kirchenbann verurteilt. Sie starb am 2. Juli des gleichen Jahres, «nach lang ausgestandener Kranckheit, zweiffelsohn vor Kummer».[27] Im Frühsommer gewannen die Zunftausschüsse weiter an Macht, so dass am 23. Juli die von ihnen angestrebte Verfassungsrevision angenommen wurde. Nach immer neuen Koalitionen und Koalitionsbrüchen zwischen Kleinem Rat, Grossem Rat und Ausschüssen, spaltete sich schliesslich die Ausschussbewegung. Dies führte zum Sieg des alten Regiments, das die Niederschlagung der Aufstandsbewegung mit der Hinrichtung von drei Führern der Ausschüsse, Mosis, Müller und Fatio, am 28. September besiegelte.

Frauen und Politik

Das Thema «Frauen und Politik» hat im Kontext der Bürgerunruhen von 1691 zwei Seiten.[28] Zum einen ermöglichen die Ereignisse von 1691 einen Blick auf Frauen mit politischer Macht oder doch wenigstens Einfluss, zum anderen zeigen die Vorgänge von 1691 wie die Verbindung von «Frauen und Macht» im Bild des «Weiberregiments» als Metapher zur Verurteilung politischer Verhältnisse gewendet wurde. Zum ersten Aspekt – dem politischen Einfluss von Frauen – enthalten die Prozessakten gegen Salome Schönauer, die Frau des Oberstzunftmeisters Christof Burckhardt, und ihre Helferinnen, Ester Träumerin, Barbara Treu und Anna Rosa Kraus Informationen.[29] Im Verlauf dieses Prozesses gelang es den Zunftausschüssen, ihre politischen Gegner im Kleinen und Grossen Rat auszuschalten und zugleich das alte System als «Weiberregiment» zu diskreditieren. Durchgeführt wurde der Prozess gegen Salome Schönauer und die «Burckhardtpartei» ebenso wie schon derjenige gegen Anhänger der Socins vor eigens eingesetzten Untersuchungsausschüssen. Die Verhörprotokolle wurden anschliessend im Grossen Rat verlesen, der auch die Urteile fällte. Dieser Kontext hat quellenkritische Konsequenzen für die Frage nach der Macht von Frauen: Ihre «Praktiken», d. h. ihr Vorgehen und ihre Strategien zur politischen Einflussnahme, wurden im Prozess mit Sicherheit nicht vollständig mitgeteilt.[30] In den Verhören ist ferner immer wieder der Versuch festzustellen, die Verantwortung auf andere, vor allem auf die Oberstzunftmeisterin, abzuschieben. Interessanterweise blieben die Ehemänner der verhörten Frauen von diesem Versuch verschont; im Gegenteil, die Frauen bemühten sich, ihre Männer als Unschuldige, ja frühe Warner darzustellen. Dabei ist zu bedenken, dass mit dem Prozess gegen Salome Schönauer mehr oder weniger direkt der Oberstzunftmeister Christoph Burckhardt angegriffen wurde, die ranghöchste Person, die in diese Prozesse verwickelt war. Situationsinhärent ist also zum einen die Übertreibung der Rolle der Frauen im Vergleich zu derjenigen der mit ihnen verheirateten Ratsherren, zum anderen das Verschweigen weiterer belastender Handlungen von Frauen. So bleibt notwendigerweise auch die Zusammenarbeit von Ehepaaren und ihre innereheliche Arbeitsteilung zur Ausübung politischer Macht im Dunkeln. Schliesslich ist vor der Auswertung der Verhörprotokolle noch daran zu erinnern, dass Christof Burckhardt als Berufsbeamter 1690 kurz vor dem Höhepunkt seiner politischen Karriere, der Wahl zum Bürgermeister, stand. Seine Machtressourcen bildeten vor allem seine zahlreichen Ämter und die Einkünfte, die er aus ihnen bezog. Sein ererbtes Vermögen scheint nicht allzu gross gewesen zu sein. Salome Schönauer dagegen besass als reiche Witwe von Christof Hummel das Gundeldingergut und erwarb noch nach ihrer Heirat mit Christoph Burckhardt den «Gempis», einen Einzelhof bei Reigoldswil;[31] sie verfügte also unabhängig von ihrem Ehemann über ökonomische Ressourcen, die ihr politische Geschäfte ermöglichten.[32]

Im Prozess gegen Salome Schönauer und ihre Helferinnen wird sichtbar, dass die informelle Macht der Oberstzunftmeisterin – über formelle Macht konnte sie ja verfassungsgemäss nicht verfügen – auf den Verbindungen und Verflechtungen beruhte, die sie geschaffen hatte. Wolfgang Reinhard,[33] der die römische Oligarchie um 1600 untersucht hat, hat für historische Verflechtungsanalysen vier Typen persönlicher Beziehungen unterschieden: Verwandtschaft, Landsmannschaft, Freundschaft[34] und Patronage. Für die Analyse der Basler Verhältnisse scheinen mir vor allem die Typen «Verwandtschaft» und «Freundschaft» nützlich zu sein.[35] Ob in einem republikanischen Stadtstaat noch andere Beziehungsformen wie «Nachbarschaft» und «(Amts-)Kollegenschaft» zu berücksichtigen sind und welche Rolle prinzipiell den Frauen bei der Herstellung und Pflege der verschiedenen Formen persönlicher Beziehungen zukam, die für die Politik wichtig waren, bleibt zu klären.[36]

Verwandtschaftliche Verflechtungen[37] baute Salome Schönauer auf und aus, indem sie für ihre Söhne bzw. Stiefsöhne und für ihre Schwiegersöhne Ämter «postete», d. h. durch Zahlungen und Absprachen ihre Wahl zu Sechsern bzw. Kleinräten protegierte und ihre Versorgung mit Pfründen (Schaffneien und Pfarrstellen) sicherstellte. Bei der Verheiratung ihrer Töchter verhalf sie deren Ehemännern bzw. Verwandten zu politischen Ämtern.[38] Konkret hiess es in den Aussagen der Ester Träumerin beispielsweise: Als der Stiefsohn Christof Burckhardt Schaffner in St. Alban werden sollte, veranstaltete man auf dem Gundeldingergut Gastereien für Ratsherren. Wer nicht erschien, erhielt Esskörbe nach Hause geschickt, wie etwa Ratsherr Segenman, für dessen Frau zusätzlich 6 Reichstaler im Korb lagen. Diese Körbe musste die Verhaftete Ester Träumerin vertragen.[39] Mit ihrer Heirats- und Versorgungspolitik für Kinder, Stiefkinder und Schwiegerkinder sicherte Salome Burckhardt-Schönauer ihren Familienangehörigen ein standesgemässes Auskommen und damit auch die Grundlage für eine politische Karriere als «Berufsbeamte».[40] So verhalf sie ihren Verwandten und sich selbst wiederum zu politischem Einfluss. Die Sicherung des standesgemässen Auskommens gehörte aber durchaus zu den zentralen Aufgaben rechtschaffener Eltern und Verwandter.[41]

Reinhard betont für die frühe Neuzeit «die instrumentale Komponente» der Freundschaft als erworbener Beziehung. Nach ihm, bezeichnet «Freund» «in der frühen Neuzeit in ganz Europa einen Menschen, mit dem man vielleicht durch Gefühle, vor allem aber durch die Erwartung gegenseitiger Nützlichkeit verbunden ist».[42] Solche Beziehungen konnten durch Geld- oder Sachgeschenke geschaffen und aktiviert werden. Im ersten Verhör sagte beispielsweise Esther Träumerin aus, dass sie auf Befehl der Oberstzunftmeisterin und des Herrn Dietiger, der zum Meister gewählt werden wollte, zwölf Reichstaler an die Ehefrau des von Gartten zahlte.[43] Mit Geschenken und der Organisation von Kauf und Verkauf von Stimmen knüpften Salome Schönauer und ihre Frauen ein ganzes Netz von Verpflichtungen, das zugleich der Zirkulation von Informationen diente. Damit erfüllte die Oberstzunftmeisterin durchaus auch organisatorische Aufgaben für die Faktionsbildung der Burckhardts.

Neben Geschenken und Zahlungen war auch das einfache «Rekommandieren», die Empfehlung, eine Möglichkeit, Wahlen im gewünschten Sinn zu beeinflussen. So musste Barbara Treu auf Geheiss der Oberstzunftmeisterin deren Schwiegersohn, Herrn D'Annone, bei der Frau von Ratsherr Schlosser für die nächste Ratsherrenwahl empfehlen. Darüber ungehalten empfahl Frau Schlosser ihr ihrerseits Herrn Ebneter, der viel ältere Ansprüche habe. Die Treuin berichtete dies ihrer Auftraggeberin. Salome Schönauer antwortete, «sie glaube nit dz er sich zu ihrem hauss halten würde, wann man ihme schon da hülffe, sondern er würde socinisch sein». Trotzdem schickte sie Barbara Treu zu Ebneter, der ihr sagte, «er habe schon lang liebe zu diesem hauss gesucht, aber keine gefunden, doch solte sie ihne noch weiters recommendirn».[44] Die Aussagen der Barbara Treu machen Salome Schönauers zentrale Bezugsgrösse für ihre «nützlichen Freundschaften» – und zugleich die Grundlage der Politik – deutlich: ihr «Haus».[45]

Der Oberstzunftmeisterin wurde jedoch nicht nur die Herstellung und Pflege von Verflechtungsstrukturen vorgeworfen. Nach den Aussagen ihrer Helferin Esther Träumerin mischte sich Salome Schönauer noch Ende 1690 und Anfang 1691 in den unruhigen Gang der Politik ein.[46] Beim Tod des Bürgermeisters Johann Jakob Burckhardt am 1. November 1690 versuchte sie gewissermassen als «Statthalterin» ihres Mannes, Christof Burckhardt, der auf der Tagsatzung in Baden war, die Burckhardt-Faktion und damit seine Wahl zum Bürgermeister zu organisieren, da die Wahlordnung sofortiges Handeln nötig machte.[47] Die Gegner der Burckhardts setzten sich jedoch durch, so dass der schwer kranke Brunschweiler zum Bürgermeister gewählt wurde. Wenig später, zu Beginn des Jahres 1691 versuchte Salome Schönauer mit dem Oppositionsführer Dr. Petri ein politisches Bündnis einzugehen. Dies scheint ihr auch in einem gewissen Umfang geglückt zu sein, denn als die Prozesse gegen die Socin-Partei eröffnet und auch Vorwürfe gegen die Oberstzunftmeisterin laut wurden, erklärte Petri im grossen Rat, es handle sich nur um Bagatellen und «Juppensachen».[48] Als aber Petri Ende Februar gestürzt wurde,[49] wurde auch gegen Salome Burckhardt-Schönauer die Strafuntersuchung eröffnet. Obwohl Salome Schönauer in beiden Fällen schliesslich nicht erfolgreich war, zeigen sie doch, dass der Zugang zu Informationen eine unabdingbare Voraussetzung für den Versuch von Frauen war, politisch einzugreifen. Dass Salome Schönauer über solche Informationen verfügte, macht eine gewisse Zusammenarbeit von Oberstzunftmeister und Oberstzunftmeisterin wahrscheinlich. Politische Aktivitäten im Interesse des Hauses – also die Herstellung und Pflege von Verbindungen und Verflechtungen – waren durchaus funktional und daher wohl im allgemeinen auch den Ehemännern bekannt, vor allem wenn sie über Jahre dauerten, wie im Fall von Salome Burckhardt-Schönauer.

Reinhard nennt als vierte Kategorie «Patronagebeziehungen». Wieweit sie zur Analyse des Falls von Salome Schönauer verwendbar sind, ist aufgrund der Verhöre und der bisherigen Forschungen zur Basler Gesellschaft schwierig zu entscheiden.[50] Eine eindeutige soziale Asymmetrie bestand zwischen der Oberstzunftmeisterin und ihren Helferinnen, ob sie aber aufgrund eines Patronageverhältnisses zu Salome Schönauer zu Leistungen bereit waren, bleibt unklar.[51] Ihre zentrale Funktion bestand in der Vermittlung von Informationen, Geschenken und Zahlungen zwischen dem Haus Burckhardt und anderen Angehörigen der Oberschicht.[52] Ob Salome Schönauer auf solche Vermittlerinnendienste angewiesen war, weil sie selbst aufgrund ihrer sozialen Stellung als Oberstzunftmeisterin und (Ehe-)Frau zu wenig mobil war, müsste genauer untersucht werden.

Im Verhör berichtete Ester Träumerin zuletzt auch von Geschenken, die keinen unmittelbaren Zweck verfolgten, sondern wohl eher allgemein der Erhaltung von Verbindungen oder, modern formuliert, der «Beziehungspflege» dienten, ein Brauch, der in der Form der Neujahrsgeschenke bei den Zünften eine lange Tradition besass. Hans Rudolf, der gemeinsame, jüngste Sohn von Salome und Christof Burckhardt bekam z. B. eine Taschenuhr oder ein anderes Mal zwei silberne Schalen als «Badenkram» geschenkt.[53] In ihrer eigenen Aussage bestätigte Salome Schönauer zwar die Annahme von Geschenken, verwies aber in ihrer Rechtfertigung gleichzeitig auf den Aspekt der Beziehungsarbeit, wenn sie erklärte: «[...] wann man auch die sach an sich selbsten betrachtet wirdt mann daraus nichts, das mir argwohnisch were, muthmassen können. Massen mein gegenpresent wohl soviel oder ein mehrers als das emphangene werth gewesen undt dergleichen zeichen der affection zu thun weder in gött- noch weltlichen rechten nirgent verbotten.» Die Bedeutung der Reziprozität von Gabe und Gegengabe in diesem Tauschsystem, die schon in diesem Zitat angesprochen wird, zeigt sich noch deutlicher in der folgenden Aussage: «[...] und wiewohlen dieses ein gantz ohnverbottenes praesent welches mein söhnlein mit rechtmässigem titul annemmen können, so bezeuge ich jedoch, dass sobalden als mir dieses zu gesicht khommen, ich selbiges durch die verhafftin widerumben zurückh schickhen wollen. Es hat aber diese sich solches zu thun gewaigert und darbey vermeldet, die fraw Kölnerin werde es für einen schimpf halten, sie habe keine kinder und werde ihro an solchem wenigen nicht viel gelegen seyn – darüber hin ich es geschehen lassen.»[54] Schenken und Beschenkt werden war also Beziehungs- und Verbindungsarbeit[55] und erfüllte darüber hinaus auch die Aufgabe der Gruppendistinktion.[56]

Im Urteil einer zeitgenössischen Quelle über die Bürgerunruhen von 1691 hiess es über die Oberstzunftmeisterin: «[...] zu diesem gab auch merklichen ursach der entstandene WeiberRath durch Frauw Salome Schönauwerin Ihr...[?] Herr Obristzunftmeister Christof Burckardt gewesenes Eheweib, die ihre eigene Läuffer und Läufferinnen gehalten und viel der herren Räthen an sich gezogen, die sich ihro anhängig und underwürfig gemacht [...]».[57] War sie mit ihrem «Praktizieren» ein Sonderfall – ähnliche Prozesse gegen andere Frauen in anderen Städten sind mir bis jetzt nicht bekannt – oder erlaubt der Fall Salome Schönauer allgemeinere Rückschlüsse auf politische Einflussmöglichkeiten von Frauen?

Deutlich wird in den Verhören, dass Salome Schönauer ein besonderes Frauennetz zur politischen Beeinflussung aufbaute; immer wieder hiess es, ihre Helferinnen seien zu Frauen von Amtsinhabern, meist Ratsherren, gegangen, um die Ehemänner durch ihre Ehefrauen in einer bestimmten Weise zu beeinflussen. Zugleich zeigt sich aber, dass Salome Burckhardt-Schönauer keineswegs die einzige Ehefrau war, die Verbindun-

Abb. 1: *«Wie man einander das gut iar verehrt» (Quelle: Hanns Heinrich Glaser, Basler Kleidung, 2. Aufl. Basel 1634, S. 51).*

gen durch Geschenke herstellte und aufrechterhielt: so schickte, nach Aussage der Esther Träumerin, die Frau des Ratsherrn Köllner nach dessen Wahl zum Ratsherr eine vergoldete Silberschale an den Dreierherrn Hans Balthasar Burckhardt, der die Annahme aber verweigerte. Daraufhin musste die Träumerin, wiederum im Auftrag von Frau Köllner, die Schale zu Herrn Schultheiss Harder bringen, «dessen magdt es auch ihro abgenommen und ihro 6 H. zum trinkhgeltt herab gebracht mit vermelden der Herr hab gesagt, es were nit vonnöthen gewest, habe es aber einen weeg behalten».[58] Auch andere Frauen beteiligten sich also an der Herstellung und Erhaltung von Verflechtungen entlang der Linien von Verwandtschaft und Freundschaft.[59] Über die bereits erwähnte Ester Hummel, die Frau des Oberstzunftmeisters Franz Brunschweiler, der am 1. Dezember 1690 statt Christof Burckhardt zum Bürgermeister gewählt worden war, hiess es in ihrer Leichenpredigt im Jahr 1711: «Es hat Gott der Herr unser Frau Burgermeisterin / mit vielen so wol Leibs / Glücks als Gemüths / Gütern / insonderheit einem herrlichen Verstand / sattem Urtheil und ungemeinem Gedächtnuss begabet / dahero sie auch eine grosse Wissenschafft von Geist und Weltlichen Sachen gehabt / von allem wohl discurieren und urtheilen / und einem jeden mit gutem Rath an die Hand zu gehen gewusst. Ist beneben gantz willfährig und geneigt gewesen / denen / so es verlangt / solchen Rath mitzuteilen.»[60] Ähnlich wie Christof Burckhardt, dessen politische Talente in seiner Leichenpredigt ausdrücklich betont worden waren,[61] wurde auch Ester Hummel «herrlicher Verstand», «sattes Urteil» und «ungemeines Gedächtnis» attestiert, ihre Informiertheit hervorgehoben und ausdrücklich ihre Fähigkeit, aber auch Bereitschaft erwähnt, zu urteilen und zu raten.

Frauen leisteten also durchaus einen Beitrag zur Regelung des Zugangs zu Machtressourcen in der Basler Gesellschaft, zur Konvertierung von ökonomischen Ressourcen in politische Macht und zur Herstellung und Sicherung von politischem Einfluss für ihr Haus. Gastereien, Geschenke und Zahlungen waren jedoch keineswegs nur von Frauen eingesetzte «weibliche» Politikmittel, wie u. a. Prozesse gegen verschiedene Männer der Socin- und der Burckhardtpartei zeigen.[62] Sie waren vielmehr typisch für ein politisches System, in dem die informelle, aus Verflechtungen der Führungsschicht resultierende Macht eine wesentliche Rolle spielte. Zu untersuchen bleibt, ob mit der Ablösung der Familienherrschaft und der Zerschlagung des Berufsbeamtentums, die beide Oligarchisierungstendenzen gefördert und das «Haus» gegen das kommunale Prinzip gestärkt hatten, der Zugang zu informeller Macht für Frauen erschwert wurde oder sogar ganz verschwand.

Weiberregiment

Der Prozess gegen Salome Schönauer legt nicht nur politische Einflussmöglichkeiten von Frauen offen, er verweist auf einer zweiten Ebene vielmehr auch auf die negativen Konnotationen des Zusammenhangs von «Frauen und Politik» und die Bedeutung, die die Verwendung dieser Negativbilder im Kontext der Unruhen von 1690/91 hatte. Welche Animositäten die politischen Aktivitäten der Oberstzunftmeisterin auslösen konnten, zeigt die folgende Aussage der Anna Rosa Kraus: Sie sei vor etwa fünf Jahren von Salome Schönauer mit einer Wahlempfehlungen des nach Baden verreisten Oberstzunftmeisters zum Substitut geschickt worden. «Es hette aber derselbe anstatt der antwort ihro ein buch mit biblischen kupferfiguren gewiesen, worinn Adam und Eva abgebildet und die Eva gesponnen, mit vermelden, solte ihro Fr.[au] auch zur kunckhel wiesen und diese ihren hern machen lassen, so würde es schon recht gehen, dann ihr herr ihme hiervon nichts gesagt hette.»[63] So wurde Salome Schönauer ins Haus zu ihren eigentlichen «weiblichen Arbeiten», dem Inbegriff hausfraulicher Tätigkeit, dem Spinnen, verwiesen. Hier versuchte ein Untergebener ihres Mannes die Ordnung und damit auch Hierarchie zwischen den Geschlechtern, die durch die politischen Aktivitäten der Salome Burckhardt-Schönauer gestört wurde, wiederherzustellen. Die Bewertung ihrer Grenzüberschreitung in den politischen Raum fiel, wenn auch noch implizit, eindeutig negativ aus.

«Weibermacht», wie sie seit dem 15. Jahrhundert immer wieder literarisch verarbeitet und bildlich etwa mit der auf Aristoteles reitenden Phyllis oder dem Kampf um die Hosen vor Augen geführt wurde, war Inbegriff der widernatürlich verkehrten Welt,[64] einer Welt die dringend der Reinigung bedurfte. Für eine solche Reinigung der verderbten Zustände in Basel setzten sich die Geistlichen mit ihren Memorialen und Predigten gegen den Meineid und die «Gabenfresserei» schon seit Jahren ein. Auch die Zunftausschüsse verlangten in einer Supplikation vom 14. Februar, «es wollen Ew. Gn. so wohl den vor als nach der ballotierordnung also ungescheut von einem oder dem anderen begangenen Meineyd gebührend undersuchen und straffen und dermahlen eins ein rein und sauberes Regiment pflantzen».[65] Das Reformationswerk als Reinigungswerk wurde also von Geistlichen *und* Zünften gefordert. Das Symbol der «Weiberherrschaft» erfüllte hier verschiedene Funktionen. Zunächst legitimierte es die Kritik am «von der Fusssohle bis auf das Haupt»[66] verderbten Zustand des Standes Basel. Präsent war diese Ebene etwa in der Predigt, die Pfarrer Johann Jacob Frey am 1. Dezember 1690 im Münster hielt. In seiner Regierungsschelte führte er als Beispiel für die göttlichen Strafgerichte u. a. den folgenden Fall aus: «Chrysostomus, der einen brennenden Eyfer hatte zu Constantinopel / straffte auff ein zeit des Kaysers Arcadii weib / wegen ihrer üppigkeit / Prachts / sonderlich wegen der Regiersucht. Chrysostomus ist zwar darüber verstossen worden / in das ellend verjagt; aber diese Eudoxia hatte sich nicht lang darüber zu erfrewen / sie lebte nicht länger als drey Monat nach dem Tod Chrysostomi, indem sie dergestalten mit den Geburts-schmertzen überfallen worden / dass ihren die Seel darüber aussgegangen / und siben Monat darnach ist auch ihr Ehmann der Arcadius nachgefolgt.»[67] Eudoxia musste mit ihrem Übergriff in die Sphäre der Macht an der weiblichen Natur selbst scheitern; die Geburtsschmerzen waren in doppeltem Sinne Strafe Gottes: zum einen als Fluch, der auf Eva und damit allen Frauen lastete, zum anderen als Strafe für die verkehrten Zustände in Konstantinopel, für Eudoxia in ihrer anmassenden Üppigkeit und Regiersucht und für Arcadius, der statt die Missstände zu beheben, den Kritiker verbannte.

Sehr viel direkter auf die reformbedürftigen Zustände in Basel zielten Gerüchte, wie sie über Margaretha Burckhardt kolportiert wurden:[68] danach sollte die Stieftochter von Salome Schönauer ein aussereheliches Kind geboren und im Spital ausgesetzt haben. Dass die Oberstzunftmeisterin angeblich den entrüsteten Ehemann durch die Wahl zum Sechser besänftigen musste, rechtfertigte das Vorgehen gegen sie und legitimierte zugleich das unternommene Reformationswerk, mit dem verhindert werden sollte, dass solcherart kompromittierte Familien und Personen weiterhin an der Spitze des Standes Basels standen.

Während des Prozesses gegen Salome Schönauer war das Thema «Weibermacht» de facto präsent, auch wenn das Stichwort selbst nicht fiel. Mit der Verurteilung der Oberstzunftmeisterin konnten die Zunftausschüsse den Ausstand von 29 Gegnern im Kleinen und Grossen Rat erzwingen, so einen erheblichen Machtgewinn erzielen und zugleich die Burckhardt-Partei insgesamt als Weibermacht diffamieren. Wie gut ihnen das gelang, zeigt die folgende Meldung der «Leipziger Post- und Ordina-Zeitung»: «Basel vom 6. April. Vorgestern war abermahl der grosse Rath alhier versamlet und muste eines Zunfftmeisters Hausfrau / weil sie eine Urheberin alles Ubels / so in dieser Republic eingeschlichen / Kirchen-Busse zu thun / als denn 4. Jahr im Haus zu bleiben / und 6000. Rthl. Straffe zuerlegen.»[69]

Das Schlagwort vom «Weiberrath» kann auf verschiedenen Ebenen gelesen werden: als Legitimationsargument für die Kritik am bisherigen Regiment, als Symbol für die Verderbtheit und Verkehrtheit der Zustände, die dringend der Besserung, d. h. Reinigung bedürfen. Daneben kann die herausgehobene Stellung, die der Prozess gegen Salome Schönauer und ihre Helferinnen einnahm, aber auch als Angebot für eine

Abb. 2: *«Ein gute fraw shlegt irem versoffenen tropf den wein aus dem kopf» (Quelle: Hanns Heinrich Glaser, Basler Kleidung, 2. Aufl. Basel 1634, S. 53).*

Diskursverschiebung interpretiert werden. Mit dem Begehren der Zünfte nach grösserer politischer Partizipation wurde die Grenzziehung problematisiert, die den Zugang zu politischem Einfluss regelte und bisher den grösseren Teil der männlichen Bürger aus der politischen Sphäre ausgeschlossenen hatte. Mit dem Kampf gegen Salome Schönauer konnte statt der alten sozioökonomischen neu eine Grenzziehung entlang der Trennlinie zwischen den Geschlechtern thematisiert werden.[70] Dass die Kritik an den bestehenden Zuständen in Begriffen von Reinigung und Säuberung vorgebracht wurde, legte den Rückgriff auf Metaphern aus dem Geschlechterdiskurs besonders nahe, in dem die verunreinigende und damit verderbende Kraft von Frauen eine lange Tradition hatte.

Nach der Niederschlagung der Unruhen benützten auch die neuen, alten Machthaber das Bild von der Weibermacht. In einem Ratsbeschluss vom 8. Oktober 1691 hiess es «der weibern halb bleibts bey der HH deputierten und advocaten gutachten dahin gehendt weilen stattkündig, dass die weiber bey all unsern ohnruhen dz meiste gethan, ohnverantwortliche Ehr- und Gotsvergessene reden an allen enden und orthen getrieben, die Männer vielfeltig animirt und ehrliche leuth geschänt und geschmächt».[71] Die daraufhin durchgeführten Verhöre mit verdächtigen Frauen erwiesen sich jedoch als ausgesprochen unergiebig.[72] Bereits am 10. Oktober wurde daher vom Grossen Rat beschlossen: «Es dabey nun zu mahlen dabey bewenden zu lassen, es solten aber die schon erkandte zedul auf alle ehrenzünft gegeben und auf dergleichen ohnverantwortliche reden genauer achtung gehalten auch die Übertreter darauff ernstlich abgestraft vom Obristen knecht aber diesen weibern von hauss zu hauss angezeigt werden, dergleichen reden inskünftig müssig zu gehen und ihr maul im zaum zu halten oder höchster obrigkeitlicher ungnadt gewärtig zu sein.»[73] Die Behauptung der Obrigkeit, die Frauen hätten hinter allem gesteckt, kann ebenso als Symbol gelesen werden, mit dem der politische Gegner desavouiert werden sollte, wie auch als Argument zur Entlastung der verurteilten Mitbürger, die am Aufstand beteiligt gewesen waren.[74]

Bilder von «Frauen-» oder eben «Weibermacht» waren also seit Beginn der Unruhen in verschiedenen Formen präsent. Auf den Begriff gebracht wurden sie jedoch erst nach der Niederschlagung der Bürgeropposition und der weitgehenden Wiederherstellung des alten Regiments in der Rede vom «Weiberrath». Dieser «Weiberrath» wurde in zeitgenössischen Quellen, die ex post die politischen Vorgänge von 1690/91 beschrieben und abschliessend beurteilten, als eine der Hauptursachen für den Ausbruch der Unruhen angegeben. Damit wurde ein Symbol geschaffen, das für die Entgleisung eines an sich richtigen Systems stand und so die Wiederherstellung der früheren Machtverhältnisse legitimieren konnte. Wenn also Johann Conrad Harder,

Abb. 3: *«Hurtige mägt mit dem maul aber im haus gar faul» (Quelle: Hanns Heinrich Glaser, Basler Kleidung, 2. Aufl. Basel 1634, S. 52).*

der 1691 entlassene und später wieder rehabilitierte Stadtschreiber, von Salome Schönauer behauptete, dass sie «sich bald nach solcher ihres Manns Erhebung nach und nach erkühnet, aller Sachen zu unterfangen, der Partheyen, ja aller Bestellungen sich anzunehmen, also dass von der höchsten bis zu den niedrigsten sie aller orthen ihre hand, ja bald allen gewalt haben wollen»,[75] so ging es ihm weniger darum, die wirklichen Machtverhältnisse zu analysieren als vielmehr einen Sündenbock zu benennen, der exemplarisch für Praktiken bestraft worden war, die zu den zentralen Politikmitteln einer ganzen Gruppe gehörten. Das Schlagwort vom «Weiberrath» erlaubte die Rehabilitierung der übrigen Politiker, nicht zuletzt auch von Johann Conrad Harder, der als Parteigänger der Socin ebenfalls unerlaubter Praktiken verdächtigt worden war.

Eine weitere Form der Diskursverschiebung brachte eine Schmähschrift zur Einführung der Loswahl im Jahr 1718. Auch nach dem Ende der 91er Unruhen hatten die entsprechenden Gruppen das «Praktizieren» keineswegs aufgegeben.[76] Daher beschloss der Grosse Rat am 3. Februar 1718 «das blinde Los (aus drei, ab 1740 aus sechs Kandidaten) müsse bei Wahlen ‹in allen Ehrenstellen, Erbettenen Ämbteren vnd Diensten, so wohl Jn dem weltlichen als geistlichen stand vnd lobl.r Universitet von dem obersten biss auf den untersten an ohne exception› angewandt werden».[77] Kurz darauf erschien eine Schmähschrift mit satirischem Kupferstich (vgl. Abb. 4), in der es u. a. hiess: «Ach! ihr knaben, kommet her! Macht uns diese bänne lär»; «Ihr knaben, wer ir seyd, verschmächt nicht unsere Gunst; wann ihr nicht wohlfeil wollt, so nemt uns doch umsunst» und: «Nur schlechte Waaren schreyt man aus, die guten findet man bey Haus».[78] Wieder waren es also die Frauen, diesmal die unverheirateten, auf deren Kosten gelacht bzw. Kritik an der Änderung der politischen Verhältnisse geübt wurde – und keineswegs die Männer, die ihre Wahl nun nicht mehr mit den bisher üblichen Mitteln befördern konnten. Und wieder ist es gerade dieses Pasquill, das von Archivaren und Historikern überliefert und zitiert wurde.

Das Schlagwort vom «Weiberrath» und die Kritik am politischen Verhalten von Frauen, generell die negative Konnotation von Frauen und Politik erwies sich im Lauf der Ereignisse der Jahre 1690/91 als äusserst vielseitig verwendbar: von der Legitimierung der Kritik an den bestehenden Verhältnissen und dem Aufruf zur Reinigung (und grundlegenden Reformation) über die gezielte Verunglimpfung führender Politiker und ihrer Absetzung zum Bild der besiegten Aufständischen, deren Frauen eigentlich an allem Schuld waren, bis hin zur Rechtfertigung der Wiederherstellung der alten, nun vom Skandal des «Weiberraths» befreiten Regiments und der unter ihm herrschenden Zustände. Zentral erfolgte dabei eine Diskursverlagerung als Verschiebung

Abb. 4: *Schmähschrift von 1718: Zwei Ausrufer bieten in einem Korb zwölf alte Jungfern aus den besten Familien feil, die nach der Einführung der Losordnung im Jahr 1718 niemand mehr heiraten wollte, weil sie kein Amt mehr einbrachten. (Quelle: StaBS Bild. Falk. A 499).*

und damit zugleich Verdrängung weg von den ursächlichen sozialen Konflikten zwischen Männern in den Bereich des Geschlechterkampfes. Mit dem Schlagwort von der Weibermacht wurde der Skandal evoziert. Ein Skandal, der sich bis heute als Schild sowohl vor die historische Analyse des Verhältnisses von Frauen und Macht bzw. Politik in dieser Gesellschaft als auch vor die genauere analytische Aufarbeitung der gescheiterten Revolution von 1691, ihrer sozialen Ursachen und Hintergründen und ihrer gesellschaftlichen Bedeutung geschoben hat.

Anmerkungen

1 Der vorliegende Artikel entstand im Rahmen eines vom Schweizerischen Nationalfonds unterstützten Projektes zum «Wandel der Geschlechterverhältnisse in der Frühen Neuzeit».

2 UB, Handschriftenabteilung VB O 95^a (mit dem Titel: «wahrhaft und gründliche Beschreibung der missverständnuss und streitigkeiten so sich in den Jahren 1690 und 1691 zwüschen klein und grossem Rath auch E. E. Burgerschafft der Statt Basel in dem damahl. angefangenen Reformations-werck denckhwürdiges erhebt und zugetragen»), S. 3, im folgenden zit. als «Basler Manuskript».

3 So schon Jacob Henric-Petri in seiner Schmähschrift «Basel/Babel. Das ist: Grundlicher Bericht über Den höchst- verirrt- und verwirrten Zustand der Statt Basel», o. O. 1693, S. 28.

4 Heinrich Escher und J. Jakob Hottinger, Geschichte der Unruhen zu Basel, in: Archiv für Schweizerische Geschichte und Landeskunde, Bd. 2, Zürich 1829, S. 161–262, 329–448, hier S. 184.

5 Ebd., S. 187.

6 Ebd., S. 236; von dieser Schönheit ist zum ersten Mal bei Peter Ochs, Geschichte der Stadt und Landschaft Basel, Bd. 7, Basel 1821, S. 225 die Rede.

7 Karl Buxtorf-Falkeisen, Baslerische Stadt- und Landgeschichten aus dem 17. Jhd., 3. Heft (1662–1700), Basel 1877, S. 54 ff.

8 Ebd., S. 43.

9 Paul Burckhardt, Der Oberstzunftmeister Christof Burckhardt. Ein Basler Staatsmann des XVII. Jahrhunderts, in: Basler Zeitschrift für Geschichte und Altertumskunde 9 (1910), S. 111–167, hier S. 125.

10 René Teuteberg, Basler Geschichte, Basel 1986, S. 242 f. Bemerkenswert ist ferner, dass in sozial- und strukturgeschichtlichen Darstellungen wie etwa derjenigen von Rudolf Braun, Das ausgehende Ancien Régime in der Schweiz, Göttingen/Zürich 1984 (aber auch in Einzelmonographien) Salome Schönauer und die anderen Frauen ebensowenig erwähnt werden wie das Schlagwort vom «Weiberrath».

11 Zur Bedeutung des 19. Jahrhunderts für die Kategorienbildung von Geschichte als Wissenschaft, wie sie sich vor allem in Handbüchern niederschlägt, vgl. Gianna Pomata, Partikulargeschichte und Universalgeschichte – Bemerkungen zu einigen Handbüchern der Frauengeschichte, in: L'Homme 2/1 (1991), S. 5–44.

12 Karin Hausen, Öffentlichkeit und Privatheit. Gesellschaftspolitische Konstruktionen und die Geschichte der Geschlechterbeziehungen, in: Karin Hausen und Heide Wunder (Hg.), Frauengeschichte – Geschlechtergeschichte, Frankfurt a. M. 1992, S. 81–88.

13 Vgl. Peter Stolz, Basler Wirtschaft in vor- und frühindustrieller Zeit. Ökonomische Theorie und Wirtschaftsgeschichte im Dialog, Zürich 1977; Ders., Wirtschaftspolitik und Gruppeninteressen im alten Basel (1670–1798), in: Schweizerische Zeitschrift für Volkswirtschaft und Statistik 110 (1974), S. 551–579.

14 Vgl. Paul Fink, Geschichte der Basler Bandindustrie 1550–1800, Diss. (Basler Beiträge zur Geschichtswissenschaft 147), Basel 1983.

15 Franz Gschwind, Bevölkerungsentwicklung und Wirtschaftsstruktur der Landschaft Basel im 18. Jahrhundert. Ein historisch-demographischer Beitrag zur Sozial- und Wirtschaftsgeschichte mit besonderer Berücksichtigung der langfristigen Bevölkerungsentwicklung von Stadt (seit 1100) und Landschaft (seit 1500) Basel, Diss. (Quellen und Forschungen zur Geschichte und Landeskunde des Kantons Baselland 15), Liestal 1977, S. 191 f.

16 Niklaus Röthlin, Die Basler Handelspolitik und deren Träger in der zweiten Hälfte des 17. und im 18. Jahrhundert, Diss. (Basler Beiträge zur Geschichtswissenschaft 152), Basel 1986, S. 103 ff.

17 Basler Manuskript, S. 89: «Socin und Burckhardt haben einander agiert, dann aber wie Pilatus und Herodes wieder Freunde geworden und die Köpfe nach und nach aus der Halftern gezogen», zit. nach Eduard Schweizer, Eine Revolution im alten Basel (Das Einundneunziger Wesen), in: Neujahrsblatt der Gesellschaft für das Gute und Gemeinnützige, Basel 1931, S. 48.

18 Röthlin (wie Anm. 16), S. 125.

19 Ebd., S. 130 ff.

20 Zur Ballotierordnung vgl. Alfred Müller, Die Ratsverfassung der Stadt Basel von 1521 bis 1798, in: Basler Zeitschrift für Geschichte und Altertumskunde 53 (1954), S. 3–98, bes. S. 26 ff.

21 StaBS, Protokolle Kleiner Rat 59, fol. 95.

22 Vgl. z. B. für Bern: Christoph von Steiger, Innere Probleme des bernischen Patriziates an der Wende zum 18. Jahrhundert, Diss., Bern 1954, S. 71 ff.; für Luzern: Luzerner Patriziat. Sozial- und Wirtschaftsgeschichtliche Studien zur Entstehung und Entwicklung im 16. und 17. Jahrhundert (Luzerner Historische Veröffentlichungen 5), Luzern 1976, S. 236.

23 Basler Manuskript, S. 6 ff.

24 Zum Inhalt der Eide vgl. Müller (wie Anm. 20), S. 24.

25 Zu Ämterkauf und Wahlmissbräuchen vgl. ebd., S. 21–30.

26 Arthur Vettori, Finanzhaushalt und Wirtschaftsverwaltung Basels (1689–1798). Wirtschafts- und Lebensverhältnisse einer Gesellschaft zwischen Tradition und Umbruch, Diss. (Basler Beiträge zur Geschichtswissenschaft 149), Basel 1984, S. 111. Angeblich war bereits beim vorbereitenden Treffen für die Sitzung vom 18. November vom «Weiberrath» die Rede, Ochs (wie Anm. 6), Bd. 7, S. 197. Für das Folgende vgl. vor allem die ausführlichste Gesamtdarstellung der Unruhen von 1690/91: Schweizer (wie Anm. 17).

27 So zumindest das Basler Manuskript, S. 382.

28 Den neuesten Forschungsüberblick zu städtischen Unruhen im deutschen Reich gibt Peter Blickle, Unruhen in der ständischen Gesellschaft 1300–1800 (Enzyklopädie Deutscher Geschichte 1), München 1988, allerdings ohne jede Angabe zur Rolle von Frauen. Für die Schweiz vgl. immer noch: Pierre Felder, Ansätze zu einer Typologie der politischen Unruhen im Schweizerischen Ancien Régime (1712–1789), in: Schweizerische Zeitschrift für Geschichte 26 (1976), S. 324–389. Zu Frauen und Politik vgl. Natalie Zemon Davis, La Femme «Au Politique», in: Georges Duby und Michelle Perrot (Hg.), Histoire des femmes en occident, Bd. 3, Paris 1991, S. 175–190; Heide Wunder, «Er ist die Sonn', sie ist der Mond». Frauen in der Frühen Neuzeit, München 1992.

29 Vgl. die Verhörakten in StaBS, Politisches W 2.2, 2.3.

30 Hinzu kommt, dass sich die Verhörenden vor allem für die Zeit nach dem Erlass der neuen Wahlordnung von 1688 interessierten, dem entsprach der Versuch der Verhörten, vor allem Ereignisse aus der Zeit vor dieser sog. Ballotierordnung mitzuteilen.

31 Burckhardt (wie Anm. 9), S. 124 f.

32 Entsprechend betonte sie im Verhör auch, sie habe die Wahlgelder und -geschenke aus ihrem eigenen Vermögen bezahlt: «[...] jedoch habe mann H. M. Segenmann zu essen und dann der Frawen – 6 Rthlr. geschickht, davon aber der herr [d. h. Christof Burckhardt] gar nicht gewusst. Gott seye Ihr zeug, dann sie es aus dem Ihrigen gegeben, und solches den Ihrigen entzogen.» StaBS, Politisches W 2.2, Nr. 143.

33 Wolfgang Reinhard, Freunde und Kreaturen. «Verflechtung» als Konzept zur Erforschung historischer Führungsgruppen. Römische Oligarchie um 1600 (Schriften der Philosophischen Fachbereiche der Universität Augsburg 14), München 1979, S. 35–41.

34 Grundlegend zur Funktion der nützlichen Freundschaft: Jeremy Boissevain, Friends of Friends, Networks, Manipulators and Coalitions, Oxford 1974.

35 Die folgenden Ausführungen basieren alle auf Angaben aus den Prozessen gegen Salome Schönauer, Esther Träumerin, Barbara Treu und Anna Rosa Kraus, StaBS, Politisches W 2.2, 2.3.

36 Ein Hinweis auf vergleichbare Funktionen bei Davis (wie Anm. 28), S. 185.

37 Zur Bedeutung der Eheschliessung und Verschwägerung für die Verflechtung vgl. z. B. Isak Iselin, der 1756 nach und wegen seiner Wahl zum Ratsschreiber die Tochter des Stadtschreibers von Kleinbasel und Enkelin des Oberstzunftmeisters Johann Rudolf Faesch, Helen Forcart, heiratete; Ulrich Im Hof, Isak Iselin, Basel 1947, S. 150 ff. Vgl. auch Katarina Sieh-Burens, Oligarchie, Konfession und Politik im 16. Jahrhundert. Zur sozialen Verflechtung der Augsburger Bürgermeister und Stadtpfleger 1518–1618 (Schriften der philosophischen Fakul-

täten der Universität Augsburg 29), München 1986, S. 48 ff. Zur Wahl von Verwandten in politische Führungsgremien vgl. z. B. Percy E. Schramm, Neun Generationen. Dreihundert Jahre deutscher «Kulturgeschichte» im Lichte der Schicksale einer Hamburger Bürgerfamilie (1648–1948), Bd. 1, Göttingen 1963, S. 83.

38 Dagegen Schweizer (wie Anm. 17), S. 28: «Dies alles wäre ja die Öffentlichkeit nichts angegangen und würde auch unser Thema nicht berühren, wenn die besorgte Stiefmutter diese zarten Familienangelegenheiten nicht mit der Politik verquickt und auf die Förderung dieser sonst dem Gotte Amor vorbehaltenen Aufgaben ihren ganzen Einfluss mit ihren politischen Künsten und Intriguen verwandt hätte.»

39 StaBS, Politisches W 2.2, Nr. 123.

40 So z. B. ihrem jüngsten Sohn, Johann Rudolf Burckhardt, (1681–1738), der u. a. von 1714 bis 1738 Dreizehner war, Röthlin (wie Anm. 16), S. 339.

41 So rechtfertigte sich Christof Burckhardt in seinem Antwortschreiben, das am 26. 3. 1691 vor dem Grossen Rat verlesen wurde, folgendermassen: «Ich läugne nicht, dass mir die beförderung meiner Kinder wie einem jeden ehrlichen mann und nach der apostolischen vermahnung angelegen gewesen, aber gott ists bekandt, durch keine unerlaubte mittel, sondern uff damahlen gebreuchliche weiss namblich durch lediges recomendirn.» StaBS, Politisches W 2.4, Nr. 78. Ein weiteres Beispiel für die Bedeutung von Verwandtschaft bei der Versorgung mit einem Staatsamt, Luise Vöchting-Oeri, Der Almosenschaffner Hanss Jakob Schorndorff 1646–1713, Basel 1952, S. 25 ff., S. 31.

42 Reinhard (wie Anm. 33) S. 38.

43 StaBS, Politisches W 2.2, Nr. 122.

44 StaBS, Politisches W 2.2, Nr. 123.

45 Vgl. die Bedeutung der «casa» für die Familien- und Patronagepolitik in Florenz, Christiane Klapisch-Zuber, Women, Family, and Ritual in Renaissance Italy, Chicago 1985.

46 StaBS, Politisches W 2.2, Nr. 123.

47 Ihr Vorgehen rechtfertigte sie im Verhör so: «Ja seye durchauss wahr und könne sie es nicht läugnen, dazu aber habe sie H. Bgm. Hirtzel von zürich gebracht, dann als sie zuvor bey deme zu Baden gewesen habe sich der selbe gegen Ihro verlauten lassen, es neme ihne wunder, dass mann ihren H. nicht zum bürgermeister mache, in deme er ein solch qualificirter wackherer herr seye, dergleichen wir zu Basel nicht haben, jedoch werde er es werden, wann H. Bgm. sterbe. Nachdem nun selbiger gestorben, habe Sie solches gethan, weilen sie nicht gedacht, dass H. Obzmr. Bronnschweiler darauff sehen solte. Und habe sie nicht andrest vermeint als dass Ihre schuldigkeit erfordere, Ihren herrn und dessen Ehr zu beförderen ...» StaBS, Politisches W 2.2, Nr. 143.

48 Basler Manuskript, S. 241.

49 Die Bewerbung Petris um die Ratsschreiberstelle führte noch am gleichen Tag zu seinem Sturz; er galt den Ausschüssen nun als ehrgeiziger Überläufer oder – wie es in einem Tagebuch von 1691 hiess – «als ein falscher Judas». UB, Handschriftenabteilung, VB O 95[c], Nr. 2, Eintragung zum 25. Februar 1691.

50 Evtl. enthält die Aussage von Salome Schönauer über Friedrich Ochs einen entsprechenden Hinweise, StaBS, Politisches W 2.2, Nr. 143 (ad 1). Zur Bedeutung von Klientelsystemen in der Schweiz des Ancien régime allgemein vgl. Ulrich Pfister, Politischer Klientelismus in der frühneuzeitlichen Schweiz, in: Schweizerische Zeitschrift für Geschichte 42/1 (1992), S. 28–68.

51 StaBS, Politisches W 2.2, 2.3.

52 Die in der Schmähschrift von Henric-Petri (wie Anm. 3), S. 17 allerdings als «Clienten» bezeichnet werden: «Mit einem wort [gab es] bald nicht mehr genug für ein Dotzet solcher

Schaffnern Receptoren oder Blutsaugern / das ist für ihr der grossen Hansen Söhne / Tochtermänner / oder sonst zugethane Clienten (als welche man allein dahin befürdert / die auch niemand dann eben ihren gleichmässig-interessirten Patronen und Pflegern Rechnung darum zu geben hatten).»

53 StaBS, Politisches W 2.2, Nr. 145.

54 StaBS, Politisches W 2.3, Nr. 47 (Verantwortung der Fr. Obzmster Burcardin).

55 Vgl. auch Valentin Gröbner, Ökonomie ohne Haus. Zum Wirtschaften armer Leute in Nürnberg am Ende des 15. Jahrhunderts, Göttingen 1993 (dort Beispiel des Haushalts- bzw. Schenkbuches der Waltraut Kuntz-Kressin, Nürnberg, 1416–1438).

56 Zur Rolle der Ehefrauen für die Klassenkonstitution und -distinktion im 19. Jahrhundert vgl. Philipp Sarasin, Der Bürger bei Tisch, in: Schweizerisches Archiv für Volkskunde 88/1, 2 (1992), S. 47–72.

57 UB, Handschriftenabteilung VB O 95^{h} (Wahrhaffte Beschreibung ...), S. 4.

58 StaBS, Politisches W 2.2, Nr. 122.

59 Interessant ist auch der Vorwurf gegen die Frau des Ratsherrn Herzog im Memorial der Ausschüsse (nach dem 12. 3. 1691): «Weylen hier aussen auch für gewüss gehört wird, ob solte H. Ratsh. Herzogs ehefr. würckhlichen vorm kleinen und grossen Rhat als eine sonderbahre Läufferin angezogen worden sein, zugleich auch bey einer ganzen Ehren burgerschafft in diesem verdacht ist, anbey vernemblichen verlauten will, dass sie bey jüngster bestellung sich haubtsächlich gebrauchen lassen, zumahlen die beste wüssenschaft habe, welcher herren räthen weyber den berüehmbten so genannten dockheten kasten [d. h. Puppenkasten, Puppenhaus] besichtiget, so mann von withem des designirten dreyerherr Burckhardts vorschüzet.» StaBS, Politisches W 2.2, Nr. 165.

60 UB, Ki Ar. g X 46, Nr. 11, Leichenpredigt Ester Hummel, vom 19. 8. 1711, S. 35.

61 Interessanterweise hiess es in der Leichenpredigt für Oberstzunftmeister Christof Burckhardt vom 27. 7. 1705, S. 29 (recte 31): «Und zwar es hatte Ihn der Allerhöchste zu solchen Verrichtungen mit ungemeinen Gaben / scharffsinnigem Verstand / sattem Urtheil / verwunderlicher Gedächtnuss / Klugheit / Wolredenheit / und Dapfferkeit gesegnet / dass ihm leicht gewesen / auch in den verwirrtesten Geschäfften Mittel und Ausswege zu ersinnen: und wol zu besorgen stehet / wir werden dieses Herren noch übel manglen / und das Gute / so wir gehabt / erst erkennen / nachdem wirs verloren.» UB, Ki. Ar. g X 41, Nr. 11.

62 Vgl. StaBS, Politisches W 2.2–2.4.

63 StaBS, Politisches W 2.2, Nr. 123.

64 UB, Handschriftenabteilung VB O 95^{c}, Nr. 9. Die Zunftausschüsse betonten in einer Eingabe vom 4. Februar an den Grossen Rat: «Dass wir unserseits andres nichts suchen noch zu begeren gesinnt, als dass der Unsern Übergrosse Sünden und sonderlichen des erschröckkenlichen Meyneydts halben endtbrannte Zorn Gottes widerumb gelöschet, dessen obschwebendes gericht und gerechte Straaffe bestmöglich abgewendet, der hochobrigkeitliche Stand fürderhin unbefleckht bestehen und deme seine alte Authoritet und ansechen restituirt [...]» werde, zit. nach Schweizer (wie Anm. 17), S. 17.

65 UB, Handschriftenabteilung VB O 95^{a}, S. 9.

66 UB, Handschriftenabteilung VB O 95^{h}: «Eine prophetische Predigt aus der Weissagung des heiligen Jeremiae, Cap. XXIX, vers 7 ‹Suchet der Statt bestes› Gehalten in dem Münster zu Basel / den 1. Christmonat des Jahrs 1690 Als nach vollendter Predigt / in der Grossen Rahts-Versammlung / hochwichtige Sachen solten Berahtschlaget werden: Und auff begehren in den Truck gegeben von Johann Jacob Freyen / Pfarrern bey St. Leonhardt. Getruckt zu Basel / Anno 1691.»

67 Dass es sich hier um ein gezielt politisch eingesetztes Gerücht handelte, legt der Zusatz im Basler Manuskript nahe: «Es hat aber auf Nachforschung ihres Eheh. Adolff Würzen welcher wissen wolte, ob er eine Ehrl. Eheweib habe oder nit, niemand sich herfür gethan, der etwas unehrl. auf sie erweisen kennen, sondern jederman still geschwiegen.» UB, Handschriftenabteilung VB O 95[a], S. 312.

68 Deutsche Presseforschung an der Universität Bremen, Leipziger Post- und Ordinar-Zeitung. Das II. Stück der XVI. Woche 1691, S. 240. Den Quellenhinweis verdanke ich Andreas Würgler.

69 Vgl. Mary Douglas, Das Prinzip Reinheit und Verschmutzung, in: SoWi 11/2 (1982), S. 67–78.

70 StaBS, Protokolle Grosser Rat 3, fol. 160 f.

71 Verena Fischerin, «hat sich aber hierab sehr verwundert und von nichts wüssen wollen, sondern begehrt, man solle Ihro die jenige Persohn zeigen, so dergleichen Sachen von ihro ausgeben». Ursula Muntzingerin bat weinend um Verzeihung und führte zu ihrer Entschuldigung an, sie «wäre damahlen eben auff der Gass gewesen, weilen Sie den mann abem Platz nach Haus holen wollen». Anna Margreth Stupanin bestritt ebenfalls, die Obrigkeit kritisiert zu haben, und behauptete, «dass sie im gegentheil, wann mann an Ihrem laden etwas von diesen sachen reden wollen, den leuthen gesagt, dass sie schweigen sollen; Sie habe gnug mit Ihrer haushaltung zu thun.» Andere (Ehe-)Frauen, unter ihnen Rosina Fürstenbergerin, waren gar nicht erst erschienen, sondern hatten «sich krankh geschrieben». StaBS, Politisches W 2.5, Nr. 46.

72 StaBS, Protokolle Grosser Rat 3, fol. 165.

73 Zur Teilnahme von Frauen an Aufständen und zum Bild von aufständischen Frauen vgl. Olwen Hufton, Aufrührerische Frauen in traditionalen Gesellschaften: England, Frankreich und Holland im 17. und 18. Jahrhundert, in: Geschichte und Gesellschaft 18 (1992), S. 423–445.

74 Joh. Conrad Harder, Kurtze Erzählung dessen so sich ehemals wegen bestellung der Ämbter und deren Verwaltung in Basel zugetragen; eine Einleitung zur Geschichte der daselbst in den Jahren 1690–1693 obgewalteten bürgerlichen Misshelligkeiten, in: UB, Handschriftenabteilung VB O 95[b].

75 Schweizer (wie Anm. 17), S. 84.

76 Röthlin (wie Anm. 16), S. 132.

77 Zit. in: Huber, Statutarium Basiliense, S. 718, StaBS, Rep H 1.

Peter H. Kamber

Lesende Luzernerinnen

Der Buchdrucker und Leihbibliothekar Joseph Aloys Salzmann und die Entstehung des weiblichen Lesepublikums am Ende des Ancien régime

Auf der Spur der lesenden Luzernerinnen

«Les femmes d'un certain rang ne paroissent pas paîtries ici de la même pâte que les hommes», charakterisierte Leopoldo Conte Curti (* 1746) in seinen *Lettres sur la Suisse*, die er 1797 bei Johann David Adam Eckhardt in Altona erscheinen liess, die Luzernerinnen: «L'éducation des filles, soit nobles, soit de bonne bourgeoisie, est dans son genre beaucoup plus soignée que celle des hommes, et elles parlent pour la plûpart beaucoup mieux qu'eux l'allemand et le français.» Curti lobte ihre Wesensart, und Schlagfertigkeit – und ihre Tanzkünste: «Il n'y a rien de plus interessant que de voir danser une belle Lucernoise.» Den verheirateten Frauen allerdings verböten sich Tanzanlässe und andere Vergnügungen dieser Art. Sie kompensierten die Einschränkung der sozialen Bewegungsfreiheit, die ihnen Etikette, Haushalt und Familie auferlegten, mit Romanlektüre und Korrespondenz: «Mariées, elles perdent beaucoup de leur liberté et de leur enjouement naturel; et elles oublient bientôt les amusemens les plus chéris. On les voit se livrer exclusivement au soin de leurs ménages, dont elles supportent presque seules toutes les charges [...]. Une vie aussi retirée leur donne tout le temps de s'amuser à lire; et peut-être qu'un peu plus de choix dans les livres qu'elles lisent leur en feroit retirer un plus grand avantage. C'est sans doute à leur amour pour la lecture qu'elles sont redevables de la facilités d'expression qui les distingue. Plusieurs d'entr'elles excellent même dans le style épistolaire; et j'ai vu quantité de leurs lettres, tant en allemand qu'en français, ou le choix des termes, joint à un élégant et spirituel laconisme ne laissoit rien à désirer.»[1]

Der Venezianer Curti war nicht einer der vielen Durchreisenden des 18. Jahrhunderts. Er lebte von 1791 bis 1793 in Luzern. Seine intime Kenntnis der Verhältnisse erlaubte ihm ein begründetes Urteil. Dafür gibt es einen vollkommen unverdächtigen Zeugen, den Luzerner Ratsherrn Felix Balthasar (1737–1810): «Die Briefe des Grafen Curti, einem verbannten Staats-Flüchtling aus Venedig, der sich bey drey Jahren in Luzern aufgehalten und das genossene Gastrecht, in einigen Rücksichten unedel verletzt hat, sind sehr weitläufig [...] – Dieselben sind, die verschiedenen Fehler und Irrungen, und einige hämische boshafte Stellen abgerechnet, lesenswürdig und liefern überhaupt Schilderungen, die man nicht läugnen noch widersprechen, wohl aber erläutern und mildern kann.»[2]

Curtis Beschreibung lässt vermuten, dass die Rolle der Frauen in der Lese- und Buchkultur Luzerns am Ende des 18. Jahrhunderts und besonders auch bei der Entstehung und Entwicklung öffentlich zugänglicher Bibliotheken in den herkömmlichen Darstellungen nicht die Würdigung erfahren hat, die sie verdient. Wie die Geschichte der Frauen im Ganzen ist auch jene der Leserinnen, Buchkäuferinnen und -entleiherinnen «die Geschichte eines Verschweigens, einer Aussparung, einer Absenz», wie Silvia Bovenschen schrieb. Für die weibliche Lesekultur trifft Bovenschens Feststellung, wonach «der ihnen [den Frauen] zugestandene Bereich des häuslichen Alltags historisch nicht sehr beredt ist und nur selten seinen Weg in die Dokumente findet»,[3] ganz besonders zu. Weibliche Lektüre «als Handlung einer der Öffentlichkeit entzogenen Intimität»[4] par excellence blieb im allgemeinen ohne schriftlich fixierten Nachhall, ganz im Gegensatz zu den eingehend dokumentierten Aktivitäten der Männer.[5]

Wir müssen also den Umweg über die von Männern hinterlassenen Zeugnisse nehmen, wenn wir den Leserinnen auf die Spur kommen wollen. Als ergiebige Quelle bieten sich da die Unternehmungen des Buchdruckers, Verlegers und Leihbibliothekars Joseph Aloys Salzmann (1751–1811) an. Im Jahre 1780 eröffnete Salzmann gleichzeitig mit seiner Offizin auch eine öffentliche Leihbibliothek. «Ich habe bey den [sic] Fach der schönen Wissenschaften auf das Frauenzimmer und junge edle Seelen mein Augenmerk gerichtet»,[6] umschrieb er sein Zielpublikum. Das Jahresabonnement kostete fünf Gulden. Die Summe war beträchtlich. Sie entsprach dem fünffachen Taglohn eines Meisters im Baugewerbe. Salzmann sah sich gezwungen, sein Angebot nach und nach konsequent auf die Lektürepräferenzen seiner Kundschaft auszurichten, um im Geschäft zu bleiben. Die gedruckten Kataloge der Bibliothek vermitteln uns Einblick in diesen Prozess der Anpassung an den weiblichen Publikumsgeschmack.[7]

Auch als Verleger nahm sich Salzmann seiner Kundinnen an. Er druckte und vertrieb die Werke des Luzerner Pädagogen und Dramatikers Josef Ignaz Zimmermann (1737–1797), der sich um die Reform des Mädchenbildungswesens bemühte. Zimmermann verfasste didaktische Schauspiele für junge Mädchen wie «Die Kosttöchter» (Basel 1783) und «Das Stadtmädchen, wie alle seyn sollten» (Luzern 1784), die unter

der Hand wertvolle Informationen über lesende Frauen vermitteln. Dies gilt ebenso für sein Hauptwerk «Die junge Haushälterinn, ein Buch für Mütter und Töchter». Das Buch erschien 1785 und erlebte bis 1809 sechs Auflagen, darunter zwei in Wien. In Szenenform schildert es die Initiation der Heldin und Identifikationsfigur Karoline Blum, einer Halbwaisen, in die Geheimnisse bürgerlicher Haushaltsführung, vom Preis des Rosshaars in einer guten Matratze (beiläufig 30 Pfund à 8 Batzen, macht 16 Gulden) bis zur Gefahr des sich Gemeinmachens mit den Mägden. Salzmann gab dem dritten Band die Liste der Herren Subskribenten bei, welche auch die Namen von 81 Personen aus der Stadt Luzern enthält. Entgegen der Überschrift sind fast drei Viertel davon Frauen. Die Auswertung der Liste gibt Aufschluss über Geschlechterverhältnis, geographische Herkunft, soziale Stellung und Altersstruktur der KäuferInnenschaft. Sie lässt auch Rückschlüsse auf die Zusammensetzung des weiblichen Lesepublikums insgesamt zu.[8]
Auf der Grundlage des skizzierten Materials sollen im folgenden soziale Herkunft und Lektürepräferenzen der lesenden Luzernerinnen am Ende des 18. Jahrhunderts fassbar gemacht werden. Dazu ist es aber zunächst notwendig, die Frage nach dem Ausmass weiblicher Lesefähigkeit überhaupt zu klären. Längst nicht alle Frauen konnten lesen, und von denen, die es konnten, machte nur ein kleiner Teil auch intensiv Gebrauch davon. Die historische Leseforschung geht davon aus, dass um 1800 ungefähr 10–20% der deutschen Bevölkerung *culturally literate* (E. D. Hirsch), also bildungsmässig und wirtschaftlich in der Lage waren, lesend und schreibend an der Buchkultur ihrer Zeit teilzuhaben. 50–60% besassen mindestens rudimentäre Lese-, weniger häufig (vor allem die Frauen) auch Schreibfertigkeiten. Mindestens ein Drittel waren Analphabeten.[9] Die zahlenmässige Stärke dieser drei Gruppen und ihr Verhältnis zueinander für Luzern zu bestimmen, steht als Aufgabe am Anfang der hier vorgelegten Untersuchung. Sie ist Teil einer Forschungsarbeit, welche sich mit der Entstehung eines öffentlichen Systems der Verbreitung und Vermittlung gedruckter Kommunikationsmedien in einer schweizerischen katholischen Kleinstadt zwischen 1780 und 1815 befasst.[10]

Die Zahl der Schülerinnen

Der Alphabetisierungsgrad der Stadtluzernerinnen am Ende des Ancien régime lässt sich leider nur schätzen. Es fehlen zeitgenössische statistische Angaben wie auch jene Quellenserien, die die historische Leseforschung andernorts zur Beantwortung dieser Frage heranziehen kann: Eheschliessungsregister, kirchliche Examinationsprotokolle,

Testamente, Bittschriften und Verträge.[11] Einen Anhaltspunkt liefert uns hingegen die Zahl der Schülerinnen. Die Mädchenschule der Ursulinen zu Maria Hilf auf Musegg bestand seit 1678. Für das 18. Jahrhundert zählte Hermann Albisser neun bis elf Lehrfrauen und schätzte aufgrund der Verhältnisse im besser dokumentierten Konvent von Freiburg i. Ü. 250–400 Schülerinnen. Der Bericht des Schulrats an den Kleinen Rat über die Mädchenschulen vom 22. Oktober 1803 wurde erstmals konkreter: «mehr als 180 Mädchen». Nach 1804 stieg die Schülerinnenzahl langsam, aber stetig an. 1823 betrug sie 238, 1832 270, 1840 407 und 1860 555.[12] Diese Zahlen, korreliert mit der Zahl alphabetisierungsfähiger Mädchen für den jeweiligen Zeitpunkt, ergibt die weibliche Grundschulbesuchsquote. Sie wurde in der Graphik 1 zum Vergleich der Grundschulbesuchsquote der Knaben gegenübergestellt.[13]

Die errechneten Grössen sind natürlich nicht im modernen statistischen Sinne genau. Fehlerquellen gibt es mehrere. Das lückenhafte, undifferenzierte und oft widersprüchliche Zahlenmaterial musste durch Schätzungen und Interpolation ergänzt werden. Bei der Gleichsetzung von «Kinder im alphabetisierungsfähigen Alter» mit «Altersgruppe der 6–12jährigen» handelt es sich um eine analytische Kategorie, die sich so eng wie möglich an den im Umbruch befindlichen Gegebenheiten des stadtluzernischen Schulwesens um 1800 orientiert. Schulpflicht, Schulalter, obligatorische Schulzeit, Klassen- und Schultypenstruktur standen nach 1798 permanent zur Diskussion und änderten oft von Jahr zu Jahr. Unter Berücksichtigung von bildungspolitischen Zielvorstellungen, realer Unterrichtsorganisation und rekonstruierbaren Schulkarrieren erwies sich die Definition «6–12» als die brauchbarste. Es ging ja darum, denjenigen Lebensabschnitt der LuzernerInnen möglichst genau einzugrenzen, in dem sich normalerweise der Alphabetisierungsprozess abspielte. Die über das Alter von zwölf Jahren hinaus in der Schule Verbliebenen bildeten bereits eine Elite, deren Einbezug das Ergebnis verfälscht hätte. Das Quellenmaterial gestattete in den meisten Fällen die Trennung der 6–12jährigen von den älteren Schülern, liess aber keine Altersdifferenzierung innerhalb der Grundschülerschaft zu. Die tendenzielle Verlängerung der obligatorischen Schulzeit auf sechs bis sieben Jahre nach etwa 1830 zwang deshalb auch zu einer Erweiterung der Definition auf «Altersgruppe der 6–14jährigen».[14] Die Gesamtzahl der 6–12- bzw. 6–14jährigen, zumal getrennt nach Geschlecht, war aus den vorhandenen Bevölkerungszahlen nur rechnerisch zu ermitteln. In den Jahrzehnten um 1800 wurden bei Zählungen selten Daten zur Altersstruktur erhoben. In einigen Fällen, wo dies geschah, ging das Urmaterial später verloren. Als Basis dienten die von Hans-Rudolf Burri, Hans Wicki und Werner Schüpbach aufbereiteten Daten zum Altersaufbau der Luzerner Bevölkerung im 18. und 19. Jahrhundert.[15]

Graphik 1: *Grundschulbesuch in Luzern 1780–1860 nach Geschlecht*

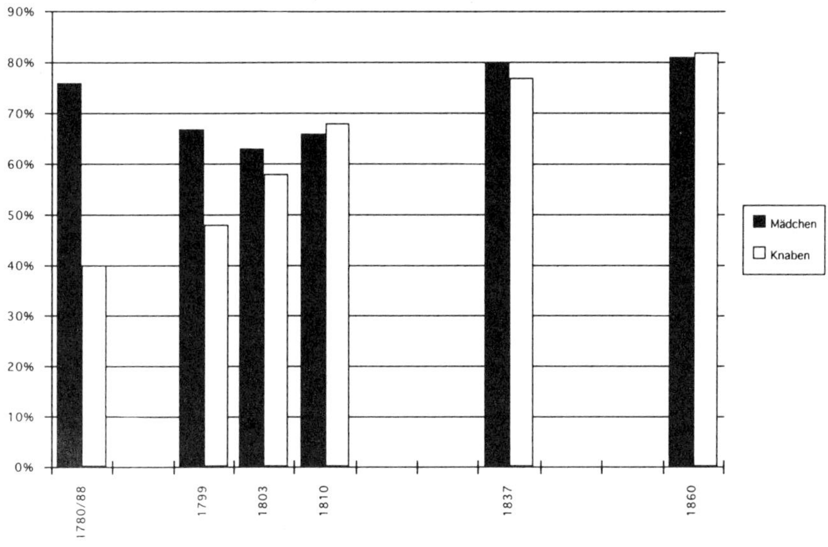

In % der 6-12jährigen (1837, 1860 in % der 6–14jährigen).

Die Genauigkeit der Resultate wird auch zu einem nicht quantifizierbaren Teil von zwei Unsicherheitsfaktoren beeinflusst: der Zahl der privat oder im Internat unterrichteten Patrizierkinder und der Zahl der auswärtigen Schülerinnen. Haus- und Internatsunterricht für die Söhne der regimentsfähigen Familien war üblich, sei es unter Ausschluss der öffentlichen Elementarschule, sei es als Vorstufe zu dieser. Der spätere Schultheiss Franz Xaver Keller (1772–1816) etwa erhielt den Theologiestudenten Thaddäus Müller (1763–1826), den nachmaligen Stadtpfarrer, zum Hauslehrer, bevor er mit zwölf Jahren ins Gymnasium eintrat. Die helvetischen Politiker Franz Bernhard Meyer von Schauensee (1763–1848) und Josef Anton Balthasar (1761–1837) andererseits traten mit neun respektive elf Jahren in die Grundschule ein wechselten mit zwölf ins Gymnasium.[16] Aber auch die jungen Patrizierinnen scheinen häufig Privatunterricht genossen zu haben, wie eine Stelle in Josef Ignaz Zimmermanns Theaterstück «Das Stadtmädchen, wie Alle seyn sollten» belegt: «Unser Adel ist Jungfer Franziska sehr viel schuldig. Es werden wenig Damen seyn, die nicht von ihr im Lesen, Schreiben, Nähen, Stricken und dem Christenthume unterwiesen worden». Gemeint war die Lehrerin Franziska Schwander, die von 1734 bis 1786 in Luzern Privatunterricht erteilte, was die Ursulinen zu einer vergeblichen Beschwerde beim Rat veranlasste. Zudem spielte, wenn man Curti glauben darf, die Erziehung in französischen Stiften und Pensionaten eine gewisse Rolle. Die Zahl der Schülerinnen, die sich nicht aus dem Stadtkirchgang rekrutierten, lässt sich ebenfalls kaum fassen, war aber wohl nicht sehr bedeutend. Es gab jedenfalls nach Albisser nie mehr als 30 Pensionärinnen.[17]

Dreierlei fällt auf am Entwicklungsverlauf des Grundschulbesuchs zwischen 1780 und 1810: das durchgehend hohe Niveau des weiblichen Schulbesuchs (zwischen 60% und 80%), der grosse Vorsprung der Mädchen gegenüber den Knaben bis zum Ende des 18. Jahrhunderts, und der Einfluss der helvetischen Schulpolitik, die den Knabenunterricht eifrig förderte, die Mädchenschule der Ursulinen aber in eine existenzbedrohende Krise schlittern liess.

Der ausgeprägte Rückstand der Knaben zwischen 1780 und 1800 reflektiert vor allem den Qualitätsunterschied des Unterrichts. Die für alle Mädchen offene und kostenlose Schule profitierte von der institutionellen und programmatischen Verankerung im Orden der Ursulinen. Die Luzerner Gemeinschaft wurde 1659 von Freiburg i. Ü. aus begründet und stand unter dem Einfluss der Kongregation in Dole, welche die Bildung der weiblichen Jugend und vor allem die Erziehung der Mädchen aus den niederen Ständen zu ihrem Programm machte. Unterricht und Lehrinhalte waren stark am jesuitischen Vorbild orientiert und blieben bis zum Ende des 18. Jahrhunderts weitgehend konstant. Der vierstufige Lehrplan sah neben der religiösen und moralischen Unterweisung und den Handarbeiten Lesen in der Muttersprache (Klasse 1 und 2) und in Latein (3) anhand der Psalmen und des Katechismus, von Handgeschriebenem und Gedrucktem (3 und 4), Schreiben (3 und 4) und Rechnen (4) vor. Trotz zeitweiliger materieller Schwierigkeiten war die Existenz der Schule bis zur Helvetik nie gefährdet. Die Elementarschule für die Knaben, die Prinzip, hingegen verstand sich als Vorbereitung auf das Gymnasium. Die lateinische Grammatik stand im Zentrum des Lehrstoffs, während Deutsch und Rechnen der höheren Schule vorbehalten waren. Die beiden Lehrer genossen ein Minimum an Unterstützung aus der Staatskasse. Das Schulgeld betrug 1726 2 1/2 Gulden im Jahr.[18]

Luzern war kein Einzelfall. Die Bedeutung der weiblichen Schulorden für die Entwicklung der öffentlichen Mädchenbildung in den Städten des 17. und 18. Jahrhunderts wurde vor allem von der französischen Schul- und Bildungsgeschichtsforschung untersucht und bestätigt. Die Errichtung eines dichten Netzes von Mädchenschulen durch Ursulinen, Visitandinnen, Congrégation de Notre Dame, Filles de Notre Dame, Katharinerinnen und Englische Fräuleins sorgte dafür, dass in vielen Regionen Frankreichs im 18. Jahrhundert die Schulsituation für die Mädchen vorteilhafter war als für die Knaben. Von den 334 Pariser Elementarschulen unter der Kontrolle des Kapitels von Notre-Dame waren 1789 167 für Mädchen bestimmt. Schon 1697 besass Lyon 33 Mädchen-, 26 Knaben- und 17 von beiden Geschlechtern besuchte Schulen. Um die Mitte des 18. Jahrhunderts standen den jungen Frauen ausser den 50 Quartierschulen mit je einer Lehrerin zehn von 19 der von Charles Démia gegründeten Armenschulen, eine Schule der *sœurs grises*, zwei der Ursulinen, drei der Visitandinnen und zwei der Franziskanerinnen zur Verfügung, gegenüber zwei Kollegien für die Knaben. In Nancy besuchten 400 Schülerinnen die Einrichtung der Congrégation de Notre-Dame, was, gemessen an der Gesamtbevölkerung, etwa gleich viele waren wie bei den Ursulinen in Luzern. In den von Jean Perrel im Detail untersuchten Städten der Auvergne, des Bourbonnais und des Velay wie Clermont, Aurillac oder Le Puy überstieg die Zahl der Mädchenschulen jene der Einrichtungen für die Knaben.[19]

Die Periode der Helvetik und der Mediationsverfassung markiert einen Tiefpunkt in der Geschichte der Mädchenschule. Anfang September 1798 wurde der Ursulinenkonvent aufgehoben und der Unterricht eingestellt. Die Nonnen mussten der helvetischen Zentralregierung, die sich in der grosszügigen Klosteranlage breit machte, weichen. Vom Frühjahr 1799 an hielten einige Lehrschwestern die Schule in verschiedenen Provisorien unter widrigen Umständen über Wasser, bis sie 1804 in den Konvent zurückkehren durfte. Sie war mittlerweile verstaatlicht worden und für die Schülerinnen nicht mehr kostenlos.[20]

Die Zahl der alphabetisierten Frauen

Selbstverständlich lässt sich die weibliche Schulbesuchsquote von zwei Dritteln bis drei Vierteln nicht linear auf den Alphabetisierungsstand der gesamten weiblichen Stadtbevölkerung am Ende des 18. Jahrhunderts übertragen. Drei Gründe sprechen für eine tiefere Rate. Erstens vollzog sich die Alphabetisierung altersmässig von unten nach oben. Unter den älteren Frauen waren Lese- und Schreibkompetenz weniger verbreitet als bei den jungen. Darauf verweist auch Josef Ignaz Zimmermanns Nachruf von 1786 auf die Lehrerin Franziska Schwander: «Wenige Damen sind in unsrer Stadt (die ältern ausgenommen), die nicht Deine Schülerinnen waren.»[21] Zweitens gehörte ein Viertel aller Stadtbewohnerinnen zur Gruppe der Dienstmädchen und Mägde, von denen ein bedeutender Teil vom Lande zugewandert und mit Sicherheit in geringerem Masse lese- und schreibkundig war. Drittens gab es so etwas wie sekundären Analphabetismus. Trotz Schulbesuch lernten viele Mädchen nie richtig lesen und vergassen das Gelernte später mangels Übung und Gebrauch wieder. Dazu trug die auf dem Memorieren bekannter Texte beruhende Lernmethode bei, besonders aber der unregelmässige, durch Krankheit und familiäre Arbeitseinsätze immer wieder unterbrochene Schulbesuch und die oft vorzeitig beendeten Schulkarrieren.[22] Diese Faktoren fielen für die Männer weniger ins Gewicht und vermochten daher wohl den weiblichen Vorsprung beim Grundschulbesuch zu verringern, vielleicht sogar auszugleichen.

Auch die Vergleichszahlen aus anderen schweizerischen und europäischen Städten sprechen für eine weniger durchgreifende Alphabetisierung. Carl Bossard ermittelte für die Stadt Zug und das Jahr 1799 eine Schulbesuchsrate von 47% für die Knaben und 30% für die Mädchen. Er rechnet im ganzen Kanton Zug mit 30% Analphabeten, wobei der Alphabetisierungsgrad der Frauen um 35% unter dem der Männer lag. Die Stadt Zug besass ein dem luzernischen vergleichbares Schulsystem und eine traditionsreiche, von Ordensfrauen geführte Mädchenschule. Leider erlauben Bossards schmale Datenbasis und die unterschiedlichen Berechnungsmethoden keinen eingehenden Vergleich.[23] In der Stadt Genf kam Laurent Haeberli bei der Untersuchung von Gerichtsakten für den Zeitraum 1750–1780 zu folgenden Ergebnissen: zwischen 77% und 85% der Zeugen unterschrieben mit ihrem Namen, aber nur zwischen 48% und 63% der Zeuginnen. Roger Girods Analyse der Heiratsregister ergab, dass von den Eheschliessenden, die vor 1788 die Schule besucht hatten, 95% der Männer und 90% der Frauen unterschreiben konnten.[24] Auch für Amsterdam wertete man die Unterschriften in den Heiratsregistern aus und fand 1780 noch 15% der Männer, aber 36% der Frauen schreibunfähig, während in Lyon 64% der Männer, aber nur 39% der Frauen unterschrieben. Dieser Trend setzt sich bei grossräumiger Betrachtung fort. Um die Mitte des 18. Jahrhunderts waren in Schottland 65% der Männer und 15% der Frauen alphabetisiert, in England 60% und 35%, in Neuengland 84% und 46%. In Frankreich konnten um 1786/90 48% der Männer lesen und schreiben, aber nur 27% der Frauen.[25]

Einschränkend ist jedoch zu betonen, dass diese Verhältniszahlen sich auf die Schreib- und nicht auf die Lesefähigkeit beziehen. Seit den grundlegenden Arbeiten von Lawrence Stone und Carlo Cipolla gilt nämlich allen historisch-quantitativen Untersuchungen des Alphabetisierungsprozesses im vorstatistischen Zeitalter die Schreibkompetenz als Indikator für Literalität überhaupt: «The word ‹literacy› should be understood to mean capacity to sign one's name», schrieb Stone, fügte aber sogleich hinzu: «It is admitted, therefore, that the relationship of the capacity to sign one's name to the capacity to read is not the same as to the capacity to write, and that these two relationships in absolute terms are unknown.»[26] Die Auswertung von Heiratsregistern und anderen Quellen, die eine Unterschriftsleistung beinhalteten, erfasste die Kategorie der nur Lesefähigen notwendigerweise nicht: ein gerade in bezug auf die weibliche Alphabetisierung problematisches Defizit. Im 18. Jahrhundert lernten die Kinder zuerst lesen und später schreiben, was dem herrschenden Bildungsideal für Frauen entgegenkam. Dieses verlangte für eine gute Gattin, Hausfrau und Mutter wohl Lesefähigkeit, hielt Schreibkenntnisse aber nicht für zwingend notwendig oder sogar für ausgesprochen schädlich: «Bei den virginibus ist das Schreiben nur ein vehiculum zur Lüderlichkeit», zitiert Engelsing einen Lehrer aus dem Jahre 1772. Auch in den Schulen der Ursulinen erhielt der Hand- und Hausarbeits- gegenüber dem Schreibunterricht Vorrang.[27] Frauen, die nur lesen, aber nicht schreiben konnten, bildeten eine zahlenmässig bedeutende Gruppe. Stellen wir dieses Faktum in Rechnung, so dürfte der Alphabetisierungsgrad der Luzernerinnen sich im Rahmen der oben zitierten Schätzungen bewegen. Am Ende des Ancien régime verfügten wohl zwischen 50% und 60% der Frauen über Lesekenntnisse, ungefähr gleich viele wie Männer.

Die Leserinnen

Der Kreis jener gebildeten Frauen, die prinzipiell in der Lage waren, Bücher zu lesen, zu kaufen oder zu entleihen, tritt uns plastischer aus der Salzmannschen Subskription für die «Junge Haushälterinn» entgegen. Im Mai 1784 annoncierte der Verleger das Vorhaben in seinem «Luzernerischen Wochenblatt»: «Die Absicht des Verfassers ist, christlichen Töchtern den Werth, die Nothwendigkeit und die Vortheile einer guten Hauswirthschaft recht anschaulich und praktisch zu zeigen, und ihnen die Berufsbeschäfftigungen, von welchen einst das Wohl ihrer Häuser und ihre eigene Glückseligkeit unzertrennlich abhängt, recht liebenswürdig zu machen. Kein Artikel der Hauswirthschaft, wovon eine bürgerliche Tochter – und warum nicht auch ein Fräulein? – Kenntnis haben soll, wird wegbleiben.» Salzmann kannte sein Zielpublikum sehr genau und wusste es auch zu ködern: «Wir hoffen, es werde edeldenkende Mütter nicht reuen, ihren lieben Kindern dieses gemeinnützige Werkchen anzuschaffen: ja wir zweifeln nicht, selbst die frommen Kinder werden gern sich ein kostspieliges Vergnügen oder etwas von überflüssigem Modeputze abbrechen, um diese drei Bändchen zu erhalten, und ihren Namen unter der Anzahl der Subskribenten auch lesen zu können. Diese Namen sollen mit Beysetzung der Vaterstätte dem dritten Bändchen einverleibt werden.»[28] Der Subskriptionspreis betrug drei Viertel des ordentlichen Preises von drei Gulden (= vier Franken). Das Unternehmen war ganz offensichtlich von Erfolg gekrönt. Bei Erscheinen des ersten Bandes im Januar 1785 war die Auflage praktisch vergriffen. Im April folgten Band 2 und die zweite Auflage von Band 1, im Mai die zweite Auflage des zweiten Bandes, Anfang November schliesslich der abschliessende dritte Band, der ebenfalls noch im gleichen Jahr in die nächste Auflage ging.[29]

Die Liste der «Herren Subskribenten» enthält, alphabetisch geordnet, die Namen, Titel und Herkunftsorte von 423 Personen und Institutionen. Die Angaben, merkte Salzmann an, «wurden gedruckt, wie sie eingeschickt worden», sind also Selbstdeklarationen. 52% der Subskribenten sind Frauen, 39% Männer und 9% Institutionen wie Klöster, Buchhandlungen und Schulen. Die Verteilung der Herkunftsorte zeigt Tab. 1. Erwartungsgemäss führen Stadt und Kanton Luzern mit zusammen 27% der SubskribentInnen die Liste an. Die Innerschweizer Kantone beteiligten sich sehr unterschiedlich. Schwyz und Uri mit 5% bzw. 4% liegen im Mittelfeld, Nid- und Obwalden mit 1% und weniger am Schluss. Die Subskriptionen aus dem süddeutschen Raum konzentrieren sich auf die Stadt München (8,7%) und die Region zwischen München und dem Bodensee: Biberach, Schussenried, Augsburg. Zimmermanns Bekanntenkreis, den er sich während seiner Studienzeit in Altötting und Eichstätt und bei seinem späteren Aufenthalt in München 1769–1770 geschaffen hatte, dürfte für diesen Absatzschwerpunkt verantwortlich sein.[30]

In der Stadt Luzern, auf die wir uns nun konzentrieren, subskribierten die Frauen zu 72%, die Männer zu 28%. Damit ist, um es gleich vorweg zu nehmen, weder über das Geschlechterverhältnis im gesamten Luzerner Lesepublikum noch über den Erfolg des Werks bei den Leserinnen und Lesern etwas gesagt. Zimmermanns Buch wie auch Salzmanns Verkaufsstrategie zielten ja auf die Mütter und Töchter. Deshalb erfahren wir aus der Liste Zuverlässiges nur über die Käuferinnen. Mehr als vier Fünftel von ihnen (82%) waren ledig, nur 18% verheiratet. Drei Viertel der Unverheirateten nannten sich «Fräulein», gehörten also dem Patriziat an. Für sie konnten die Geburtsdaten eruiert werden. 23 der 33 «Fräulein» waren zum Zeitpunkt der Subskription 15jährig oder jünger. Die Patrizierinnen dominieren auch die Verteilung nach Standeszugehörigkeit (vgl. Tab. 2).

Tab. 1: *Herkunftsorte der SubskribentInnen der «Jungen Haushälterinn»*

Stadt Luzern	19%
Süddeutschland	16%
Kanton Aargau	14%
Kanton Zürich	9%
Kanton Luzern (ohne Stadt)	8%
Kanton Sankt Gallen	6%
Andere Kantone	24%
Keine Angabe	4%

Tab. 2: *Standeszugehörigkeit der Luzerner SubskribentInnen der «Jungen Haushälterinn»*

Stand	Frauen	Alle SubskribentInnen
Kleinratsfamilien	62%	58%
Grossratsfamilien	5%	4%
Stadtbürgerfamilien	19%	19%
Klerus	3%	11%
Nicht einzuordnen	11%	8%

Fast zwei Drittel der Frauen gehörten einer der 20 Kleinratsfamilien an. Innerhalb dieser Gruppe war die Verteilung allerdings sehr unausgeglichen. Sieben Familien, die Hartmann, Meyer, Pfyffer, Balthasar, Keller, Rüttimann und Amrhyn, stellten 29 der 36 Subskribentinnen, weitere sieben Geschlechter die restlichen. Nimmt man die Männer dazu, dann kamen 40 von 47 Käufern aus zehn Familien. Immer noch drei Familien, die Göldlin, Fleckenstein und Krus, subskribierten gar nicht. Erstaunlich ist die schwache Beteiligung der insgesamt zehn Grossratsfamilien. Bei den Stadtbürgern ohne Zugang zum Rat fällt auf, dass sich Frauen und Männer fast zu gleichen Teilen in die Liste eintrugen. In beiden Fällen sind jedoch die Zahlen zu gering, um Gültiges sagen zu können.

Das Interesse der Kleriker an Zimmermanns Werk schlug sich mit 11% der Bestellungen (= 30% der Männer) nieder. Die Geistlichen subskribierten wohl aus pädagogisch-didaktischen und pastoralen Motiven, und, im Unterschied zu allen anderen Männern, für den Eigengebrauch. Wir begegnen da u. a. dem Professor der Theologie an der höheren Lehranstalt Joachim Braunstein (1745–1789), dessen «Drey Sittenreden für junges Frauenzimmer» Zimmermann 1786 zum Druck brachte. Der spätere Stadtpfarrer und helvetische Schulreformer Thaddäus Müller figurierte als Cand. theol. auf der Liste. Auf der Luzerner Landschaft gehörten die Pfarrherren zu den Stützen der Salzmannschen Subskription: Kämmerer Bernhard Ludwig Göldlin (1723–1785) in Inwil, Oberpfarrer Jost Bernhard Häfliger (1759–1837) in Münster, Pfarrer Franz Josef Stalder (1757–1833) in Romoos und Pfarrer Franz Josef Zimmermann (1728–1798) in Merenschwand.
Die bevorrechteten Stände stellten 90% der KäuferInnen der «Jungen Haushälterinn», während sich nur ein ganz geringer Teil aus der übrigen Stadtbewohnerschaft rekrutierte. Patriziat, Bürgerschaft und Klerus sind damit gegenüber ihrem Anteil an der gesamten Stadtbevölkerung weit überproportional vertreten. Hans-Rudolf Burri konstruierte auf der Basis der Vermögenslisten von 1805 ein einfaches Schichtungsmodell. Danach umfasste die Oberschicht ungefähr 20–25% der Bevölkerung. Die Hälfte der Einwohner, überwiegend Hintersässen, besass weniger als 100 Franken Vermögen und muss als arm gelten. Die schmale Mittelschicht bestand aus wohlhabenderen Hintersässen und gewerbetreibenden Bürgern.[31] Bei der grossen Mehrheit der LuzernerInnen fand Salzmann allein schon des Preises wegen kaum Kaufwillige: für die drei Franken, die das Buch kostete, musste ein Knecht vier Tage arbeiten. Leider lassen sich die Motive der Subskribentinnen aus der unteren Hälfte des sozialen Spektrums nicht aufklären, mit einer Ausnahme. Für die schon erwähnte Franziska Schwander, «Töchterlehrerinn im 50sten Jahre in Luzern», handelte es sich um Berufsliteratur.[32]
Machen wir den Versuch, mit Hilfe der Erkenntnisse aus Salzmanns Subskriptionsliste das weibliche Lesepublikum zu rekonstruieren. Es umfasste einen Grossteil der Patrizierinnen, einen Teil der Stadtbürgerinnen sowie einzelne Leserinnen aus den unteren Schichten. Seine zahlenmässige Stärke betrug zwischen 2% und 20% der Einwohnerinnen, also zwischen 50 und 500 Personen. Während die höhere Zahl eher den Kreis jener Frauen umschreibt, die fähig waren, Bücher zu lesen, lag die Zahl der tatsächlich aktiven Leserinnen wohl näher am Minimalwert.[33] Der beträchtliche Anteil sehr junger Subskribentinnen zeugt einerseits vom Erfolg der Salzmannschen Werbemethoden, lässt andererseits jedoch auf die durchgreifende Alphabetisierung mindestens der Mädchen aus regimentsfähigen Familien schliessen.

Das Gravitationszentrum weiblicher (wie übrigens auch männlicher) Lese- und Buchkultur bildeten jene Kleinratsfamilien, deren Exponenten in den kirchen- und kulturpolitischen Querelen des 18. Jahrhunderts die «aufklärerische» Position vertraten und in der folgenden Generation nach dem Vorbild der revolutionären Entwicklungen in Frankreich die Umgestaltung des luzernischen Staates betrieben. Sie stellten nach dem Sturz der alten Ordnung 1798 auch das neue Führungspersonal.[34] Ihre weiblichen Angehörigen dominieren das Subskriptionsverzeichnis: Cecilia Balthasar, die Tochter, und Margaretha Pfyffer von Heidegg, die Schwester von Felix Balthasar und Mutter des helvetischen Senators Alphons Pfyffer von Heidegg (1751–1822); Sekunda Meyer von Oberstad, die Tochter Josef Rudolf Valentin Meyers (1725 bis 1808); Maria Barbara, Benigna und Salesia Keller, die Schwestern des Schultheissen Franz Xaver Keller (1772–1816); Josepha, Lisette und Nannette Rüttimann, jene des eidgenössischen Landammanns Vinzenz Rüttimann (1769–1844); Elisabeth Balthasar geb. Meyer von Schauensee, die Schwester, und Carolina Meyer von Baldegg, die spätere Gattin des Buchdruckers, Buchhändlers und Leihbibliothekars Xaver Meyer von Schauensee (1769–1829).
Nicht das unwesentlichste Motiv zur Teilnahme an einer Subskription, so hat Reinhard Wittmann deutlich gemacht, war im 18. Jahrhundert das der gesellschaftlichen Selbstdarstellung.[35] Die «aufgeklärten» Patrizier nahmen die Gelegenheit gerne wahr, öffentlich zum Ausdruck zu bringen, dass sie in die literarische Bildung ihrer Töchter zu investieren gewillt waren. Der Grossrat Martin Bernhard Hartmann z. B. liess für jede seiner fünf Töchter ein Exemplar der «Jungen Haushälterinn» zeichnen. Karl Martin Dürler, des Innern Rats und Pfundzoller, subskribierte für sich selbst und für seine einjährige Tochter. Schliesslich dürfen wir in der publikumswirksamen Unterstützung für ein «fortschrittliches» pädagogisches Werk wohl auch den Versuch einer kleinstädtischen kulturellen Elite sehen, ihre Gruppenidentität zu festigen und ihre Zugehörigkeit zur *république des lettres* zu postulieren.[36]

Die Lektüre: Joseph Aloys Salzmanns Lesebibliothek

An der Frühgeschichte von Salzmanns Leihbibliothek lässt sich die zunehmende Ausrichtung auf die Lektürepräferenzen eines vorwiegend jungen und weiblichen Publikums gut verfolgen. Zunächst als Lesebibliothek mit enzyklopädischem Anspruch konzipiert, konzentrierte das Institut später jedoch sein Angebot unter dem Druck des schlechten Geschäftsgangs auf Belletristik, Romane und Erbauungs- und

Erziehungsliteratur für Frauen. Auch zahlenmässig schrumpfte der Bestand. Der Vergleich zwischen den beiden erhalten gebliebenen Katalogen von 1780 und 1783 verdeutlicht diese Entwicklung.[37]

Im November 1780 machte Salzmann «dem verehrten Publikum hiermit bekannt, dass nunmehr der so lang gethane Wunsch, eine Lesebibliothek in Luzern zu besitzen, erfüllet ist». «Ich habe», fuhr er fort, «eine Anzahl der bessten deutschen, lateinischen, französischen und italienischen Werke bey zweytausend Stücke nunmehr gebunden fürhanden, und sie stehen von heute an den Freunden der schönen Wissenschaften zu Befehl.» Sein Vorgehen rechtfertigte er so: «Ich habe geglaubt, dass dieselbe [d. h. die Bibliothek] in allen Fächern der Wissenschaften besetzet seyn müsste, um allgemein nützlich und unterhaltend zu werden: und nach diesem Plan habe ich sie angelegt. Ob ich nun gleich auf die neuern Schriften in den sogenannten schönen Wissenschaften mehr gewandt habe, als auf irgend ein Fach: so leiste ich doch das Versprechen, dass ich nach und nach diese wie jene ebenfalls ganz vervollkommnen werde.»[38]

Was hier mit beträchtlichem rhetorischem Aufwand als wohlüberlegtes Konzept daherkommt, war mindestens teilweise das Resultat von Zufälligkeiten. Salzmann besass offensichtlich die Mittel nicht, den Grundstock der Bibliothek zu kaufen. Er schloss deshalb mit Pfarrer Bernhard Ludwig Göldlin in Inwil ein Abkommen. Göldlin, der seit langem einen Weg gesucht hatte, seine umfangreiche Privatbibliothek der Öffentlichkeit zugänglich zu machen, überliess Salzmann mehr als 1000 Bücher. Der Buchdrucker verpflichtete sich im Gegenzug, Göldlins Neffen in sein Geschäft aufzunehmen, auszubilden und schliesslich zum Teilhaber zu machen.[39]

Zur Eröffnung der Bibliothek lag der Katalog der deutschen Bestände vor. Er umfasste 745 Nummern, was ungefähr 1000 Bänden entsprach. Das Verzeichnis der lateinischen, französischen und italienischen Titel stellte Salzmann für die Zukunft in Aussicht, es erschien aber nie. Die Fächereinteilung des deutschen Katalogs gibt Tab. 3 wieder.

Wir kennen die Titel der Werke aus Göldlins Bibliothek, die in den Katalog einflossen, leider nicht. Es besteht aber Grund zu der Annahme, dass neben Theologie, Philosophie und Pädagogik vor allem auch die Abteilung «Schöne Wissenschaft» bedacht wurde. Göldlin war mit der deutschen Literatur der Aufklärung eingehend vertraut. Er stand mit Bodmer im Briefverkehr und kannte Wieland und Klopstock. Im Jahre 1758 belehrte er den jungen Felix Balthasar in einem Aufsatz über «die deutsche moralische und poetische Werke, die unserer Nation vorzüglich Ehre machen». Die Liste der Dichter deckt sich ziemlich genau mit Salzmanns Katalog im Jahre 1780: Bodmer,

Tab. 3: *Einteilung des deutschen Katalogs der Salzmannschen Leihbibliothek nach Fächern*

Fach	Anzahl Nummern	in %
Philosophie und schöne Wissenschaft	244	32,7
davon schöne Wissenschaft	128	17,2
Romane	143	19,2
Moral, Satire, Erziehung, Politik	134	18,0
Theologie, Aszetik	107	14,4
Geschichte	84	11,3
Miszellaneen	33	4,4
Total	745	100,0

Gellert, Gleim, Hagedorn, Haller, Ewald Kleist, Lessing, Klopstock und Wieland. Den eher konservativen Grundzug verstärken noch die Barockdichter Opitz, Logau und Lohenstein. Die Autoren und Werke des Sturm und Drang fehlen völlig.[40]

Das Fach der Romane, andererseits, war auf der Höhe der Zeit. Der Katalog verzeichnet Wieland (Der goldene Spiegel, 1772; Agathon, 1766/67; Don Sylvio von Rosalva, 1764), Sophie von La Roche (Geschichte des Fräuleins von Sternheim, 1771/72), Musäus (Grandison der Zweite, 1760/62), Nicolai (Sebaldus Nothanker, 1773/76), Johann Martin Miller (Siegwart, 1776), Johann Gottwert Müller (Siegfried von Lindenberg, 1779), Jung-Stilling (Stillings Jünglingsjahre, 1778), Hermes (Sophiens Reisen von Memel nach Sachsen, 1769/73) und Goethes Werther (1774), dazu die Engländer Sterne, Fielding, Smollett, Defoe, Goldsmith und Richardson, schliesslich auch Schemaliteratur wie «Henriette, oder der Husarenraub» und «Emma, oder das Kind des Kummers».

Wieviel von diesem Katalog allerdings nur Vorhaben und wieviel Wirklichkeit war, ist unklar. Im Januar 1782 beklagte sich Göldlin bei Felix Balthasar: «Dass die Lesebibliothek dieses erste Jahr nicht gar erträglich gewesen, war lediglich die Schuld Hüttenrauchs (Salzmanns Partner) und der Handlung: Der Catalogus war ungeschickt verfasst, viele Titel eingesetzt, die von der Handlung nicht angeschafft waren, und hingegen das Verzeichnis der vielen französischen, lateinischen und italienischen Bücher niemals in Druck gegeben worden.»[41] Salzmann gab selbst zu, «dass viele

Artikel dem gedruckten Verzeichnis einverleibt worden, ohne dass die Bücher selbst in den Schrank zu stehen kamen».[42] Er schloss die Bibliothek deshalb Ende 1781, um sie zu reorganisieren. Anfang 1783 kündigte er die Wiedereröffnung im Wochenblatt an. Die Änderung im Ton gegenüber 1781 ist bemerkenswert. Der Katalog wurde unentgeltlich abgegeben. An die Stelle des universalen Anspruchs trat die Hoffnung, die Leserinnen und Leser würden «Stoffe genug darinnen finden, ihr unschuldiges Vergnügen mit Nutzen zu befriedigen». Die Erweiterung des Angebots wurde von der ausreichenden Zahl der Abonnenten abhängig gemacht.[43] Das neue Bücherverzeichnis umfasste noch 403 Nummern und trug einen völlig veränderten Charakter. Die Einteilung in Fächer war verschwunden. Nahezu die Hälfte des alphabetisch geordneten Bestandes (46%) stellten die Romane, weitere 20% betrug der Anteil der schönen Literatur. Unter diesen Vorzeichen konnte sich Salzmanns Lesebibliothek dann bis in die 90er Jahre hinein halten. Dass sie auch benützt wurde, zeigt eine Vermisstmeldung im «Luzernerischen Wochenblatt» von 1785: «Der Verleger dieses Wochenblatts vermisst in seiner Lesebibliothek die Num. 149, nämlich den siebenten Band von der Geschichte des Karl Grandisons. Der- oder diejenige, welchen solchen besitzen, werden freundlichst ersucht, selben je eher je lieber wieder einzuschicken, weil ihm sonst dadurch ein Schaden von 8 Fl. zufällt.»[44]
Der Wille des Leihbibliothekars, sein Unternehmen doch noch zu einem kommerziellen Erfolg zu machen, schlug sich auch in der thematischen Auswahl überdeutlich nieder. Philosophie, Theologie und Politik mussten weichen. Dafür erhielten «frauenspezifische» Literaturgattungen einen prominenten Platz. Weibliche Erziehungs-, Erbauungs- und Lebenshilfebücher, Briefromane und -memoiren, schliesslich die im Gefolge und nach dem Vorbild von Richardsons Werken (Pamela, 1740 und Clarissa, 1747–1748) in Mode gekommenen Unterhaltungsromane fanden ihren Weg in den Bestand. Die starke Präsenz der Autorinnen und die Dominanz der englischen Romanproduktion in deutscher Übersetzung bestimmen das Erscheinungsbild des Katalogs, welcher nun auch in bezug auf Aktualität wenig Wünsche mehr offen liess.
Eine Zusammenstellung aller Autorinnen und Autoren von Belletristik, die im Katalog mit zwei und mehr Werken verzeichnet sind, verdeutlicht den Trend (vgl. Tab. 4). Drei englische Romanautorinnen stehen weit vorne. Sarah Fielding rangiert sogar vor allen männlichen Kollegen. Von ihr sind «David Simple» (115), die «Gräfin von Dellwyn» (213), «Ophelia» (279), die «Hofmeisterin» [The Governess] (229)[45] und «Charlotte Summers» (344) vertreten.[46] Frances Brooke erscheint mit «Lady Julia Mandeville» (162), «Emilie Montague» (174) und «Milady Juliane Catesby» (70). Die zwei angezeigten Romane von Elizabeth Griffith sind «Lady Barton» (177) und

Tab. 4: *AutorInnen von Belletristik, die im Katalog der Salzmannschen Leihbibliothek mit zwei und mehr Werken verzeichnet sind*

AutorIn	Anzahl Werke
Christian Fürchtegott Gellert	6
Sarah Fielding	5
Samuel Richardson	4
Pierre de Marivaux	4
Christoph Martin Wieland	4
Gotthold Ephraim Lessing	4
Friedrich Gottlieb Klopstock	4
Frances Brooke	3
Henry Fielding	3
Jonathan Swift	3
Johann Wolfgang Goethe	3
Christian Felix Weisse	3
Laurence Sterne	2
Daniel Defoe	2
Elizabeth Griffith	2
Jean François Marmontel	2
Johann Jakob Bodmer	2
Gotthold Wilhelm Rabener	2
Gottlob Wilhelm Burmann	2
Friedrich Wilhelm Zachariä	2

«Lady Juliana Harley» (164). Es folgen mit je einem Werk Eliza Haywood mit «Fräulein Elisabeth Thoughtless» (205), Susanna Gunning mit «Lady Francisca S. und Lady Karolina S.» (165), Charlotte Lennox mit «Henriette» (223). Jenseits der Grenzen der Gattung «Roman» begegnen uns Mary Wortley Montagues «Briefe während ihrer Reisen in Europa, Asia und Afrika» (55) und Elizabeth Rowes «Freundschaft im Leben» [Miscellaneous works in prose and verse] (127). Zwei deutsche Autorinnen fanden ebenfalls Eingang ins Verzeichnis: Philippine Engelhard geb. Gatterer mit ihren Oden (145) und die Altphilologin Ernestine Christine Reiske mit der Anthologie «Hellas» (252). Merkwürdig ist dagegen die Absenz Sophie von La Roches.

Die genannten Romane sind, mit Ausnahme desjenigen von Charlotte Lennox, nicht unter den Namen ihrer Autorinnen aufgeführt. Lediglich die «Gräfin von Dellwyn» wird als «von Fieldings Schwester» ausgewiesen. Haywoods Buch ist «dem Verfasser der Begebenheiten des Thomas Jones» zugeschrieben. Ohne Verfasserangabe bleiben auch die Unterhaltungsromane, die mit dem Gütesiegel «a. d. E.», d. h. aus dem Englischen, daherkommen und sich durch Titel wie «Emilia, oder die belohnte Tugend» (102) und «Geschichte der Miss Sommerville» (154) als epigonale Produkte zu erkennen geben. Obwohl bei den mehrfach verzeichneten Autoren die Vertreter der Empfindsamkeit, der Aufklärung und der grossen englischen Prosa den Ton angeben, so drückt doch durch ihre schiere Menge die Unterhaltungsliteratur dem Salzmannschen Bibliothekskatalog den Stempel auf. Das Bücherverzeichnis spiegelt die Romanproduktion der Zeit um 1780 ziemlich genau. Lawrence Marsden Price hat gezeigt, wie die Massenübersetzungen aus dem Englischen im Jahrzehnt zwischen 1770 und 1780 ihren Höhepunkt erreichten. Von den 283 in den Jahren 1774–1778 veröffentlichten Romanen trugen über 50 Titel, die mit «Geschichte des/der ...» begannen (bei Salzmann sind es 62 von 403!). Der Anteil der Frauen an der Zahl bekannter Verfasser, deren Romane im 18. Jahrhundert übersetzt wurden, betrug 40%. Bei den anonymen, so schätzt Price, dürften es aus gesellschaftlichen Gründen noch wesentlich mehr gewesen sein.[47]

Auch die Erziehungs-, Erbauungs- und Lebenshilfe- wie auch die Briefliteratur, soweit sie sich überhaupt von den Romanen trennen lässt, gibt sich überwiegend als von oder für Frauen geschrieben zu erkennen:

- «Auszüge aus guten Büchern für die Töchter, franz. u. deutsch» (12),
- «Briefe der Emerentia an Lucien, von der Frau von Beaumont» (49),
- «Briefe der Frau von Maintenon» (51),
- «Briefe eines Arztes an verheurathete Frauenzimmer. Aus dem Franz.» (55),
- «Charakter, Der, eines vollkommenen Frauenzimmers in klugen Regeln» (80),
- «Clarisse, die neue, eine wahrhaft- und anmuthige Geschichte, woraus ein Frauenzimmer erkennen kann, glücklich und vergnügt zu leben. Aus dem Franz.» (84),
- «Eleonore, kein Roman, eine wahre Geschichte in Briefen» (100),
- «von Genlis, der Frau Gräfin, Erziehungstheater für junge Frauenzimmer, aus dem Franz.» (147),
- «Geschichte des Fräuleins von Terville, aus dem Franz. der Frau von Puisieux» (190),

- «Geschichte berühmter Frauenzimmer, nach alphabetischer Ordnung aus alten und neuen in- und ausländischen Geschichtssammlungen und Wörterbüchern zusammengetragen» (204),
- «Sittenlehre der Liebe und Ehe für meine Freundinn» (312),
- «Töchter, die verwechselten, eine wahrhafte Geschichte in Briefen, entworfen von einem Frauenzimmer. Item, die glücklich gefundene Tochter, in zween Theilen, aus dem Franz der Frau Riccoboni» (327),
- «Vorschläge an Mütter, welche ihre Kinder selbst zu stillen gedenken, von Madame le Rebours» (341),
- «Abhandlungen von der Nothwendigkeit des Studierens, insonderheit des Frauenzimmers, worinnen die vornehmsten Fehler des weiblichen Geschlechts freymüthig entdecket, und die dienlichsten Mittel zu deren Verbesserung vorgeschlagen werden» (367),
- «Anweisung, kurze, für Frauenzimmer, regelmässig zu schreiben; nebst beygefügten Beyspielen, von Ch. G. Steinberg» (390).

Wie vergleicht sich nun der Inhalt des Salzmannschen Bücherverzeichnisses mit anderen Leihbibliothekskatalogen aus dieser Zeit? Die J. Hofmeisterische Lesebibliothek in Zürich, gegründet 1777, enthielt bei 4617 Bänden Bestand rund 50% Romane, Lebensbeschreibungen, Geschichten, Begebenheiten und Theaterstücke. Es existierte eine eigene Abteilung «Auserlesene Abhandlungen zum Vergnügen für das Frauenzimmer» in deutsch und französisch mit einem Anteil von 11% am Gesamtbestand. Das kleine Institut von Caspar Wilhelm Heiz, ebenfalls in Zürich, besass 1780 195 Titel, davon 35 «Erdichtete Schriften», 19 «Poetische Schriften», 8 «Theatralische Schriften» und 30 «Satyrische Schriften». In der Göttingischen Leihbibliothek von Johann Heinrich Schulz (442 Bände) kamen im Jahre 1769 die Werke von Richardson, Smollett, Gellert, Klopstock, Lessing, Molière und Edward Young am häufigsten vor. Seilers Sammlung in Leipzig (1780, 3009 Bände) umfasste 38% Werke der Dichtkunst, 2% Lebensbeschreibungen und 7% «Theoretisch historisch-kritische Schriften, über die schönen Künste und Wissenschaften».[48] Die Luzerner Bibliothek stand also nicht einzig da, weder was ihre Grösse noch was die Ausrichtung auf von Frauen bevorzugte Literaturgattungen anbelangt. Immerhin war die Hofmeisterische «Frauenzimmer»-Abteilung, in absoluten Zahlen betrachtet, umfangreicher als Salzmanns Gesamtbestand. Aussergewöhnlich ist aber die Ausschliesslichkeit im Angebot. Ob auch die starke Position der englischen Romanautorinnen eine Salzmannsche Eigentümlichkeit darstellt, ist selbst mit Hilfe der monumentalen Sammlung von Vergleichsmaterial in der Arbeit von Martino und Jäger nicht fest-

zustellen, denn die Auswertung beschränkt sich auf die verzeichneten Autoren. Es ist aber anzunehmen, dass die Luzerner Sammlung sich auch in dieser Hinsicht in guter Gesellschaft befand.
Während Zürich um 1780 bereits über zwei Leihbibliotheken verfügte, blieb Salzmann noch lange konkurrenzlos. Die 1787 von einer Gruppe junger aufklärerisch-revolutionär gesinnter Patrizier und Kleriker um Joseph Anton Balthasar gegründete Lesegesellschaft verstand sich eher als historisch-philosophisch-ökonomisches Gegengewicht: «Möchte nun der Nutzen unsers Vaterlands von unserm Leseinstitute so allseitig und gross werden, als allseitig und gross der Schaden war, den es litt durch vieljährige, allgemeine, weichliche Leserey, oder durch jene minder-öffentliche Schriften nacktester Unverschämtheit! – Eines ganzen Geschlechts Denkensart haben sie herabstimmen geholfen, und umschaffen: möchte nun der Ernst unsrer Werke, die Kopf, Nachdenken, Zeit und Fleiss fordern, sie zu erheben und wieder zum Bessern umzustalten etwas beytragen!!!» Die Abteilungen «Romane» und «Theater» machten dann doch mit 16,6% Anteil am gesamten Bestand eine kleine Konzession an den Zeitgeist. Frauen finden sich in den Abonnentenverzeichnissen der Lesegesellschaft keine. Die Bibliothek scheint jedoch auch den Familien der Mitglieder offengestanden zu haben.[49]
Auch die «Lesebibliothek zum Nutzen und Vergnügen aller Klassen Leser», errichtet von Ratsschreiber Balthasar von 1796 bis 1799, setzte sich, darf man vermuten, bewusst in Gegensatz zu Salzmanns Angebot. Joseph Anton Balthasar, der damit seine immense private Büchersammlung dem Publikum zugänglich machte, wandte sich vehement gegen hemmungslose weibliche Romanlektüre: «Umsonst, das wir über die weibliche Lesesucht schreien», leitete er die Abteilung «Versuch einer kleinen Bibliothek für Frauenzimmer» mit einem Zitat von Leonhard Meister ein, «lieber denken wir auf bessere Richtung derselben! Gleich wenig unterhaltend ist die Tischgenossin oder Lebensgeferthinn, wenn sie gar nichts liest, und wenn sie nichts liest, als eitle Romanen. In dem einen Falle quälen Leerheit und Überdruss, im andern Falle quält ein Romanheld.»[50] Die Frauenzimmerschriften, rund 7% des Bestandes, entsprechen den bereits bei Salzmann angetroffenen Erziehungs- und Erbauungsbüchern. Diesen fügte Balthasar «Fernere Anweisung zur Lektur für Frauenzimmer» aus den übrigen Fächern des Katalogs hinzu. Die Fächer der poetischen und prosaischen Schriften (8%), des Theaters (0,8%) und der Romanen (5,7%) empfahl er uneingeschränkt. Das Schwergewicht dieser Sammlung lag aber bei Philosophie (29%) und Politik (20%).
Im Oktober 1801 eröffnete Xaver Meyer von Schauensee (1769–1829) neben seiner Druckerei und der Buchhandlung eine Lesebibliothek mit ausgesprochen belletristischem Schwerpunkt, die Salzmanns Linie in grösserem Stil fortsetzte (vgl. Tab. 5).

Tab. 5: *Bestand der Lesebibliothek Xaver Meyers von Schauensee*

Fach	Anteil in %	
	1802	1808
Romane, romantische Erzählungen, Geschichten, «angenehme Frauenzimmer-Schriften»	46,4	45,4
Philosophie, Moral, Poetik, Ökonomie, Erziehung	27,0	22,4
Geschichte, Lebensbeschreibungen, Memoiren	10,0	15,1
Reisebeschreibungen	9,4	14,3
Theater	7,2	1,7
Periodische Schriften, Journale	0	1,1

Meyers Unternehmen war augenscheinlich ein Erfolg. Der Bestand wuchs innerhalb von zehn Jahren auf das Dreifache an und zählte 1812 3166 Titel, wovon 922 französische. Die Bibliothek existierte bis 1852.[51]

Lesepublikum, Öffentlichkeit und Konfession

Die auf den vorangegangenen Seiten konstruierten Indizienketten – denn um solche handelt es sich, mangels Zeugnissen der direkt Betroffenen – geben uns doch eine recht klare Vorstellung von der Zahl, dem sozialen Hintergrund und den Lektürepräferenzen der lesenden Luzernerinnen. Zwischen der privaten Sphäre weiblicher Lektüre und dem öffentlichen Raum des sich etablierenden Buchmarktes bildeten sich um 1780 kommunikative Schnittstellen, an welchen sich das weibliche Lesepublikum konstituieren konnte. Bibliothekskataloge wie SubskribentInnenverzeichnisse geben ja nicht nur vielfältige Auskünfte über Titel und Personen. Sie übermitteln an die von ihnen anvisierten Zielgruppen auch die Einladung zur Identifikation mit der Konzeption der Bibliothek oder der Idee des Buches, und gleichzeitig die Aussicht auf Bestätigung durch Gleichgesinnte. Leserinnen gab es schon länger, als Publikum kristallisierten sie sich erst an diesen Kernen. Wie weit sich die Leserinnen auch tatsächlich Öffentlichkeit verschafften, z. B. im Theater oder in Lesezirkeln, bleibt zu klären.

Ein Merkmal des Luzerner Lesepublikums ist seine Zweiteilung in Männer einerseits und Frauen, Kinder und Jugendliche andererseits. Joseph Anton Balthasar insistiert im Vorwort zum Katalog der Lesegesellschaftsbibliothek: «Unsre Sammlung soll einst vollständig werden ... Der Forscher, der Lehrer, der Gelehrte, jeder wissensbedürftige und wissensbegierige Mann – nicht Knabe [sic] – wird darinn suchen und forschen wollen.»[52] Salzmann dachte bei seinem Unternehmen an «Frauenzimmer und junge edle Seelen», und Kasimir Pfyffers jugendliche Leseerlebnisse lassen deutlich den Übergang von der gefühlsbetonten Welt kindlich-weiblichen Lesens in die Sphäre männlicher Rationalität und Wissenschaft erkennen: «Schon im zehnten Jahre widmete ich mich eifrig der Lektüre und warf mich vorzüglich auf Theaterstücke ... Nebenbei las ich – Räubergeschichten, Robinsonaden u. s. w., alles ohne Auswahl und Leitung, was nicht gut war. Doch mitunter benützte ich auch nützlichere Bücher. Ich besuchte fleissig die Bibliothek der Lesegesellschaft, deren Mitglied mein Bruder war, verweilte stundenlang dort und wählte mir die Bücher selbst aus. Auch aus der Meyer'schen Leihbibliothek nahm ich stets Bücher ... In der Rhetorik (1809 und 1810) hörte ich auf, meistens Schauspiele und Romane zu lesen und wendete mich zu Besserm. Ich las Johannes Müllers Werke und Plutarchs Biographien sämmtlich; dann die meisten deutschen Dichter: Göthe, Schiller, Bürger, Mathisson, Salis u. s. w.».[53] Ob Balthasars «Versuch einer kleinen Bibliothek für Frauenzimmer» dieser Tendenz zur Segregation entgegenwirken konnte, ist wegen der fehlenden Quellen nicht zu sagen.

Die Konfession scheint beim Aufbau der öffentlichen Bibliotheken Luzerns keine retardierende Rolle gespielt zu haben. Zwar beeilten sich Salzmann wie auch die Gründer der Lesegesellschaft zu betonen, sie würden unverzüglich handeln, «wenn man etwas der wahren Religion oder den guten Sitten Nachtheiliges in dieser Sammlung sieht».[54] Die Buchbestände zeigen aber deutliche Anzeichen fortschreitender Säkularisierung. Für eine vorwiegend religiös geprägte Lesekultur, wie sie Hans Medick für das reformierte Laichingen beschrieb, gibt es in den an Büchern interessierten Kreisen Luzerns keine Hinweise mehr.[55] Es war ja gerade ein Teil der Geistlichkeit, der zuvorderst die Einführung öffentlicher Bibliotheken wünschte und die Förderung der allgemeinen Lesefähigkeit betrieb.

Anmerkungen

1 Léopold de Curti, Lettres sur la Suisse, 2 Bde., Altona 1797, Bd. 1.2, S. 250–252.

2 Felix Balthasar, Allerlei von und über Luzern [nach 1800], Luzern Bürgerbibliothek, Ms. 84.2°, fol. 239.

3 Silvia Bovenschen, Die imaginierte Weiblichkeit. Exemplarische Untersuchungen zu kulturgeschichtlichen und literarischen Präsentationsformen des Weiblichen, Frankfurt a. M. 1979, S. 10 f. Die Erforschung des weiblichen Lesepublikums ist ganz allgemein ein Desiderat der LeserInnenforschung: Helga Meise, Frauen in der Literatur des 18. Jahrhunderts. Sammelbesprechung einiger Neuerscheinungen nebst Auswahlbibliographie 1982–1988, in: Das 18. Jahrhundert 13 (1989), S. 19–39.

4 Roger Chartier, Lesewelten. Buch und Lektüre in der frühen Neuzeit, Frankfurt a. M./New York 1990, S. 127. Weibliche Lektüre, mit Romanlektüre gleichgesetzt, galt im 18. Jahrhundert als Sinnbild für Privatsphäre schlechthin, wie Roger Chartier am Beispiel eines Gemäldes von Jean-Baptiste Chardin, Les Amusements de la vie privée (im Nationalmuseum, Stockholm) zu zeigen vermag: Les pratiques de l'écrit, in: Philippe Ariès und Georges Duby (Hg.), Histoire de la vie privée, Bd. 3: Roger Chartier (Hg.), De la Renaissance aux Lumières, Paris 1986, S. 144–147. Rolf Engelsing, Der Bürger als Leser. Die Bildung der protestantischen Bevölkerung Deutschlands im 17. und 18. Jh. am Beispiel Bremens, in: Archiv für Geschichte des Buchwesens 3 (1961), Sp. 337–364, «Die Bildung der Frau», kommt zum Schluss: «Die Gesellschaft, die der Frau die literarische Emanzipation gestattet und auch abgefordert hatte, gestand ihr noch nicht die Freiheit zu, den familiären Kreis zu verlassen, um sich auf eigene Füsse zu stellen» (Sp. 362).

5 Z. B. in: Protocoll und Manuscripte der Lese-Gesellschaft in Luzern [1786–1843], Luzern Bürgerbibliothek, Ms. 380.4°, Verhandlungen der Freitags-Gesellschaft, Luzern Bürgerbibliothek, Ms. 580.4°, sowie in recht zahlreich vorhandenen autobiographischen Zeugnissen. Auf das Nord-Süd-Gefälle bei der Aufarbeitung autobiographischer Quellen zur weiblichen Lektüre hat Ursula A. J. Becher, Lektürepräferenzen und Lesepraktiken von Frauen im 18. Jh., in: Hans Erich Bödeker (Hg.), Lesekulturen im 18. Jh., Hamburg 1992, S. 27–42 hingewiesen. Die Erschliessung süddeutscher und schweizerischer Quellen ist ein Desiderat.

6 Nachricht von der neuerrichteten Lesebibliothek zu Luzern, Luzern 1780, S. 3; Elsa Grossmann, Joseph Aloys Salzmann. Ein Luzerner Buchdrucker, Verleger und Buchhändler im Spiegel seiner Zeit (1751–1811), Luzern 1943, S. 29–37.

7 Hans Wicki, Bevölkerung und Wirtschaft des Kantons Luzern im 18. Jh., Luzern 1979, S. 72; Verzeichnis derjenigen theologischen, ascetischen, moralischen, politischen, philosophischen, philologischen und historischen Bücher, welche in der Lesebibliothek zu Luzern sich befinden ..., [Luzern 1780]. Verzeichnis derjenigen Bücher, welche in der Lesebibliothek bey Joseph Aloys Salzmann, Buchdrucker und Buchhändler zu Luzern, sich befinden, [Luzern] 1783.

8 Josef Ignaz Zimmermann, Die Junge Haushälterinn, ein Buch für Mütter und Töchter, 3 Bde., Luzern 1785, hier Bd. 1, S. 183; Bd. 2, S. 288; Bd. 3, S. V–XIX. Über Zimmermann vgl. Eduard Hoffmann-Krayer, in: Allgemeine Deutsche Biographie, Bd. 45, Leipzig 1900, S. 661–665.

9 E. D. Hirsch, Jr., Cultural Literacy. What every American Needs to Know, New York 1988, S. XIII; Erich Schön, Der Verlust der Sinnlichkeit, oder Die Verwandlungen des Lesers. Mentalitätswandel um 1800, Stuttgart 1987, S. 46, 54; Balz Spörri, Studien zur Sozialgeschichte von Literatur und Leser im Zürcher Oberland des 19. Jh., Bern 1987, S. 36.

10 Peter H. Kamber, Enlightenment, Revolution, and the Libraries in Lucerne, 1787–1812, in:

Libraries & Culture: a Journal of Library History 26 (1991), S. 199–218. Jetzt auch in: Donald G. Davies, Jr. (Hg.), Reading and Libraries. Proceedings of Library History Seminar VIII, 9–11 May 1990, Bloomington (Ind)., Austin (Tex.) 1991.

11 Einen Überblick über die einschlägigen Quellen und ihre Problematik gibt Rab A. Houston, Literacy in Early Modern Europe. Culture and Education, 1500–1800, London 1988, S. 116–129.

12 Hermann Albisser, Die Ursulinen zu Luzern, Stans 1938, S. 107, 155, 343 f.; Alois Häfliger, Die Volksschulen der Stadt Luzern von 1798 bis 1848, in: Luzern 1178–1978: Beiträge zur Geschichte der Stadt, Luzern 1978, S. 308–316; Bericht des Schulraths an den Kleinen Rath über die Mädchenschulen, den 22ten 8ber 1803, Luzern Bürgerbibliothek, Ms. 144.4°.

13 Die Graphik beruht auf den folgenden Zahlen:

	1780/88	1799	1803	1810	1837	1860
Gesamtbevölkerung	4235	4337	4695	5169	8337	11'522
Mädchen 6–12 Jahre	263	269	288	305	493	684
Schülerinnen	200	180	180	200	394	555
Schulbesuch in %	76,0	66,9	62,5	65,6	79,9	81,1
Knaben 6–12 Jahre	224	242	266	306	510	696
Schüler	90	115	155	207	391	570
Schulbesuch in %	40,2	47,5	58,3	67,6	76,6	81,9

14 Peter Beck, Die Volksschulen der Stadt Luzern bis zum Ende der Alten Eidgenossenschaft, in: Luzern 1178–1978: Beiträge zur Geschichte der Stadt, S. 269–294; Häfliger (wie Anm. 12); Ders., Schultheiss Eduard Pfyffer (1782–1834), Förderer des Luzerner Schulwesens. Ein Beitrag zur politischen und kulturellen Geschichte des Kantons Luzern 1800–1834, Willisau 1975.

15 Hans-Rudolf Burri, Die Bevölkerung Luzerns im 18. und frühen 19. Jh. Demographie und Schichtung einer Schweizer Stadt im Ancien Régime, Luzern 1975, S. 41–47; Wicki (wie Anm. 7), S. 13–21, 579; Werner Schüpbach, Die Bevölkerung der Stadt Luzern 1850–1914. Demographie, Wohnverhältnisse, Hygiene und medizinische Versorgung, Luzern 1983, S. 296 bis 298. Ich habe folgende Anteile der Altersgruppen an der Gesamtbevölkerung zugrunde gelegt: Frauen 1780/88 6,2% (Männer: 5,3%), 1799 6,2% (5,6%), 1803 6,1% (5,6%), 1810 5,9% (5,9%), 1837 5,9% (6,1%), 1860 5,9% (6,0%). Die Angleichung der Prozentanteile entspricht der zunehmenden Nivellierung der Geschlechtsgliederung.

16 Eduard Herzog, Thaddäus Müller. Vortrag gehalten den 11. April 1886 ..., Bern 1886, S. 5. Die Schulkarrieren wurden aus den Schülerverzeichnissen des Gymnasiums rekonstruiert: Nomina Literatorum, qui in Gymnasio S. J. Lucernae in Publice Theatro vel Proemiis donati sunt, vel proxime accesserunt ..., Lucernae: Typis Jodoci Francisci Jacobi Wyssing, 1750–1780 (Typis Georg. Ignat. Thüring, 1781–1798, 1800–1840).

17 Josef Ignaz Zimmermann, Das Stadtmädchen, wie Alle seyn sollten. Ein Schauspiel in zween Aufzügen für Junges Frauenzimmer von P. Zimmermann, Luzern 1784, S. 8. Das Stück wurde am 9. Mai 1784 von den Schülerinnen der Ursulinen aufgeführt. Besprechung in: Luzernerisches Wochenblatt, 20. Stück, vom 18. Mai 1784, Luzern o. J., S. 88 f. Der Hinweis auf Franziska Schwander ist nur einer der vielen Lokalbezüge, die in späteren Auflagen getilgt wurden. Curti (wie Anm. 1), S. 251; Albisser (wie Anm. 12), S. 350 f.

18 Albisser (wie Anm. 12), S. 44–49, 322–332; Beck (wie Anm. 14), S. 283–288, 291–293.

19 Jean Perrel, Les écoles de filles dans la France d'Ancien Régime, in: Donald N. Baker und Patrick J. Harrigan (Hg.), The Making of Frenchmen: Current Directions in the History of Education in France, 1679–1979, Waterloo (Ontario) 1980, S. 75–83; Roger Chartier, Marie-Madeleine Compère und Dominique Julia, L'Education en France du XVIe au XVIIIe siècle, Paris 1976, S. 231–247; Martine Sonnet, L'Education des filles au temps des Lumières, Paris 1987, S. 26–31.

20 Häfliger (wie Anm. 12), S. 309–312.

21 Der Nachruf findet sich in: Luzernerisches Wochenblatt, 14. Stück, vom 4. April 1786, S. 59 f.; Beck (wie Anm. 14), S. 291.

22 Burri (wie Anm. 15), S. 89, 209; Carlo M. Cipolla, Literacy and Development in the West, Harmondsworth 1969, S. 11; Spörri (wie Anm. 9), S. 22–32 gibt eine ausführliche Beschreibung des Leseunterrichts im Zürcher Oberland anfangs des 19. Jahrhunderts; Daniel P. und Lauren B. Resnick, The Nature of Literacy: An Historical Exploration, in: Harvard Educational Review 47 (1977), S. 377.

23 Carl Bossard, Bildungs- und Schulgeschichte von Stadt und Land Zug, Zug 1984, S. 124–134. Rechnet man die Luzerner Zahlen auf die von Bossard verwendete Basis um, so ergibt sich folgender Vergleich: Schulbesuchsrate für alle 6–10jährigen Kinder 78,2%, für die Mädchen 92,3%, für die Knaben 65,3%.

24 Laurent Haeberli, Le taux d'alphabétisation à Genève au XVIIIe siècle, in: Revue du vieux Genève 12 (1982), S. 59–64; Roger Girod, Le recul de l'analphabétisme dans la région de Genève, de la fin du XVIIIe au milieu du XIXe siècle, in: Mélanges d'histoire économique et sociale en hommage au professeur Antony Babel, t. 2, Genève 1963, S. 179–189.

25 Houston (wie Anm. 11), S. 134 f.; Chartier, Les pratiques (wie Anm. 4), S. 114 f.; Harvey J. Graff, The Legacies of Literacy: Continuities and Contradictions in Western Culture and Society, Bloomington (Ind.) 1987, S. 201.

26 Lawrence Stone, Literacy and Education in England, 1640–1900, in: Past and Present 42 (1969), S. 69–139, Zitate S. 98. Für einen Abriss und eine Bewertung der historischen Literalitätsforschung vgl. Harvey J. Graff, The History of Literacy: Toward the Third Generation, in: Ders., The Labyrinths of Literacy. Reflections on Literacy Past and Present, London/New York/Philadelphia 1987, S. 241–255.

27 Rolf Engelsing, Analphabetentum und Lektüre. Zur Sozialgeschichte des Lesens in Deutschland zwischen feudaler und industrieller Gesellschaft, Stuttgart 1973, S. 69; Cipolla (wie Anm. 22), S. 11, 15; Chartier/Compère/Julia (wie Anm. 19), S. 231–247; Anne Conrad, «Katechismusjungfrauen» und «Scholastikerinnen». Katholische Mädchenbildung in der Frühen Neuzeit, in: Heide Wunder und Christina Vanja (Hg.), Wandel der Geschlechterbeziehungen zu Beginn der Neuzeit, Frankfurt a. M. 1991, S. 154–179, bes. S. 172–174 zum Konflikt zwischen der weiblichen Bildungskonzeption der Schulorden und den Vorstellungen von Frauenbildung Fénélonscher Prägung; Perrel (wie Anm. 19), S. 82; Chartier, Les pratiques (wie Anm. 4), S. 114.

28 Luzernerisches Wochenblatt, 21. Stück vom 25. Mai 1784, S. 90a–90b.

29 Luzernerisches Wochenblatt, 1. Stück vom 4. Januar 1785, S. 6 f., 14. Stück vom 5. April 1785, S. 59 f., 21. Stück vom 24. Mai 1785, S. 88, 44. Stück vom 1. November 1785, S. 179 f.

30 Die Liste wurde mit Hilfe des Datenbankprogramms SuperDB2 von Computer Associates erfasst und ausgewertet. Das Erfassungsschema bestand aus den Datenfeldern (1) Name, (2) Vorname, (3) Anrede, (4) Titel, (5) Beruf, (6) Herkunftsort, (7) Lebensdaten, (8) Familienverhältnisse, (9) Geschlecht, (10) Sozialstatus und (11) Lokalität. (7) und (8) wurden aus anderen Quellen, soweit möglich, ergänzt. (9)–(11) sind analytische Kategorien mit Sortierfunktion.

31 Burri (wie Anm. 15), S. 174.

32 Wicki (wie Anm. 7), S. 72. Zimmermann (wie Anm. 8), Bd. 3, S. XVII.

33 Zu vergleichbaren Ergebnissen kommt Spörri (wie Anm. 9), S. 36.

34 Hans Dommann, Die politischen Auswirkungen der Aufklärung in Luzern, in: Innerschweizer Jahrbuch für Heimatkunde 2 (1937), S. 32–46; Ders., Einflüsse der Aufklärung auf die kulturpolitische Haltung Luzerns im 18. Jh., in: Ebd. 3 (1938), S. 7–23; Ders., Die nationalpolitische Haltung der Luzerner Aufklärung im 18. Jh., in: Ebd. 6 (1941), S. 20–40.

35 Reinhard Wittmann, Subskribenten- und Pränumerantenverzeichnisse als Quellen zur Lesergeschichte, in: Ders., Buchmarkt und Lektüre im 18. und 19. Jh. Beiträge zum literarischen Leben 1750–1880, Tübingen 1982, S. 64 f.

36 Wittmann, (wie Anm. 35), S. 65; Ders., Geschichte des deutschen Buchhandels. Ein Überblick, München 1991, S. 181 f.

37 Vgl. die bibliographischen Angaben in Anm. 7. Alberto Martino und Georg Jäger, Die deutsche Leihbibliothek. Geschichte einer literarischen Institution (1756–1914), Wiesbaden 1990, S. 102 zitiert zwar die Nachricht (wie Anm. 6), kennt aber die Kataloge nicht. Wittmann (wie Anm. 36), S. 193–197.

38 Nachricht (wie Anm. 6), S. 1, 3.

39 Grossmann (wie Anm. 6), S. 31 f. Dommann, Einflüsse (wie Anm. 34), S. 14. Über Göldlin vgl. Hans Wicki, Bernhard Ludwig Göldlin 1723–1785. Aus dem Leben und Denken eines bedeutenden Luzerner Pfarrers der Aufklärungszeit, in: Festschrift Oskar Vasella, Freiburg i. Ü., 1964, S. 456–500.

40 Bruno Laube, Joseph Anton Felix Balthasar 1737–1810. Ein Beitrag zur Geschichte der Aufklärung in Luzern, Basel 1956, S. 50. Der Versteigerungskatalog der Göldlinschen Bibliothek von 1789 enthält praktisch keine Werke der deutschen Literatur: Catalogus guter und wohlkondizionierter, in alle Fache einschlagender Bücher, die ansehnliche Bücher-Sammlung des Hern. Kammerer Göldlins sel., welche in Luzern ... offentlich sollen verauktioniert ... werden, Luzern 1789.

41 Zit. bei Grossmann (wie Anm. 6), S. 34. Der Katalog strotzte von Fehlern. Die erste Abteilung war mit «Theologie und Ästhetik» statt «Aszetik» überschrieben, einige Titel waren doppelt verzeichnet, Thomas Abbt wurde zu «Abt Thomas». Die bibliographische Information war selbst für damalige Verhältnisse dürftig und erschwert die Identifizierung der Ausgaben ungemein.

42 Verzeichnis derjenigen Bücher (wie Anm. 7), S. 3.

43 Luzernerisches Wochenblatt, 53. Stück vom 31. Dezember 1782, S. 234.

44 Luzernerisches Wochenblatt, 39. Stück vom 27. September 1785, S. 160, eine weitere Vermisstmeldung erschien Ende 1790; Grossmann (wie Anm. 6), S. 35 f.

45 Sarah Fieldings «The Governess or little female academy» erschien 1749. Die deutsche Übersetzung veröffentlichte 1761 Weidmann in Leipzig unter dem Titel «Die Hofmeisterin, oder die kleine Akademie für das Frauenzimmer». Die Anlage des Romans – die Witwe Mrs. Teachum erzieht mit Hilfe der 14jährigen Jenny Peace neun Kosttöchter – findet sich in sehr ähnlicher Form in Zimmermanns «Junger Haushälterinn» wieder. Da das Büchlein Zimmermann zweifellos zugänglich war, vielleicht sogar auf sein Anraten in Salzmanns Bibliothek zu stehen kam, lohnte sich ein eingehender Vergleich der beiden Werke.

46 Die meist sehr ausführlichen Titel sind hier gekürzt. Wo sich der deutsche Titel vom englischen grundlegend unterscheidet, steht der Originaltitel in []. In () die Laufnummer des Eintrags im Katalog.

47 Mary Bell Price und Lawrence Marsden Price, The Publication of English Literature in

Germany in the 18th Century, Berkeley (Cal.) 1934, S. 12–18; Lawrence Marsden Price, Die Aufnahme englischer Literatur in Deutschland, 1500–1960, Bern 1961, S. 184–186. Bei der Identifikation der Übersetzungen leisteten wertvolle Dienste: Price/ Price (diese Anm.) und Dale Spender, Mothers of the Novel: 100 good women writers before Jane Austen, London/ New York 1986. Spender (diese Anm.), S. 4 schätzt, dass über die Hälfte aller englischen Romane des 18. Jahrhunderts von Frauen geschrieben wurden. Sie beschreibt auch das «Verschwinden» dieser Autorinnen und ihrer Werke aus dem literaturgeschichtlichen Kanon.

48 Martino/Jäger (wie Anm. 37), S. 110–114.

49 Verzeichnis der Büchersammlung der Lesegesellschaft in Luzern, aufgestellt von einer Gesellschaft guter Freunde und Liebhaber 1787, Luzern 1788, S. V. Mitgliederlisten in: Luzern Bürgerbibliothek, Ms. 380.4°. Kasimir Pfyffer, Sammlung einiger kleinern Schriften nebst Erinnerungen aus seinem Leben, Zürich 1866, S. 188.

50 Lesebibliothek zum Nutzen und Vergnügen aller Klassen Leser. Errichtet von Rathsschreiber Balthasar, [Luzern 1796] (+ Erste bis Dritte Fortsetzung, 1798–1799), S. 99. Das Zitat stammt aus Meisters Monatschrift für Helveziens Töchter, Zürich 1793, S. 3. Zu den «Frauenzimmerbibliotheken», in deren Nachfolge Balthasar zweifellos steht, vgl. Wolfgang Martens, Leserezepte fürs Frauenzimmer. die Frauenzimmerbibliotheken der deutschen Moralischen Wochenschriften, in: Archiv für Geschichte des Buchwesens 15 (1975), Sp. 1143–1200.

51 Fritz Blaser, Die Luzerner Buchdrucker des 19. Jahrhunderts, Luzern 1974, S. 11, 17. Bücher-Verzeichnis der Lesebibliothek von Xaver Meyer, Luzern 1802. Vollständiges Bücher-Verzeichnis der deutschen und französischen Lese-Bibliothek von Xaver Meyer, Luzern 1808.

52 Verzeichnis (wie Anm. 49), S. IV.

53 Pfyffer (wie Anm. 49), S. 187–189.

54 Verzeichnis (wie Anm. 49), S. V.

55 Hans Medick, Ein Volk «mit» Büchern. Buchbesitz und Buchkultur auf dem Lande am Ende der Frühen Neuzeit: Laichingen 1748–1820, in: Bödeker (wie Anm. 5), S. 59–94.

Brigitte Schnegg

Soireen, Salons, Sozietäten

Geschlechtsspezifische Aspekte des Wandels städtischer Öffentlichkeit im Ancien régime am Beispiel Berns

Karl Kasthofer, der berühmte Forstfachmann und altliberale bernische Regierungsrat, meldete sich in der ordentlichen Wintersession des bernischen Grossen Rates vom 14. Februar 1837, an der über die Frage der Öffentlichkeit der Sitzungen des Regierungsrates diskutiert wurde, mit der folgenden Anekdote zu Wort: «Vor ungefähr 20 Jahren hat in der Republik Bern eine geistreiche Frau Rathsherrin gelebt, diese hat, wie man sagte, den Herrn Rathsherrn geleitet; dieser war Mitglied des geheimen Rathes, der geheime Rath beherrschte den Kleinen Rath, und der Kleine Rath beherrschte den Grossen Rath, und der Grosse Rath leitete und beherrschte die Ganze Eidgenossenschaft; also hat in aufsteigender Linie die Frau Rathsherrin die ganze Eidgenossenschaft geleitet und beherrscht.»[1]

Was Kasthofer 1837 dem bernischen Grossrat als kleines politisches Lehrstück vorführte, wollte er zweifellos – auch wenn es sich auf die Restaurationsjahre bezieht – stellvertretend für das soziopolitische System des Ancien régime verstanden wissen. Der Fall der angeblich so einflussreichen «Frau Rathsherrin» diente ihm als Beleg für die Schwächen der alten, vorrevolutionären Staatsverfassung. Kasthofers Kritik zielte in erster Linie auf die mangelnde Transparenz und Legitimation der Machtausübung. In seiner Darstellung allerdings liegt das eigentliche Skandalon in der Tatsache, dass dieses System es einer Frau ermöglichte, hinter den Kulissen, von ihrer Stube, oder gar von ihrem Boudoir aus – gewissermassen als bernische Madame Pompadour – die ganze bernische und darüber hinaus die eidgenössische Politik zu lenken.

Die erzählerische Gestalt von Kasthofers Argumentation zeigt, in welcher Weise den politischen Begrifflichkeiten und Konzepten des 18. und frühen 19. Jahrhunderts geschlechtsspezifische Konnotationen eingelagert sind. Es werden zwei offensichtlich negativ konnotierte Begriffsfelder miteinander verbunden, die sich durch diese Verbindung je gegenseitig zusätzlich diskreditieren: das aristokratische Regime mit seiner Arkanpolitik einerseits und die Weiberherrschaft andererseits, die sich im undurchsichtigen Milieu aristokratischer Klüngelei entfaltet und die ihrerseits durch Intrigen und Kabalen diese Undurchsichtigkeit verstärkt. Weiberherrschaft steht hier für die verkehrte Ordnung schlechthin.[2]

Im zweiten Teil seiner Rede stellte Kasthofer dieser Weiberherrschaft das Gegenmodell einer demokratischen Ordnung gegenüber. Auf die rhetorische Frage: «Was folgt daraus?» antwortet er: «dass wir alles Geheimthun im Regierungsrathe vermeiden müssen, und zwar dadurch, dass der Grosse Rath strenge Kontrolle führe über den Regierungsrath und dass wir die Pressfreiheit heilig halten und gewissenhaft benutzen. Stärken wir darum hier die Opposition, und halten wir den Regierungsrath in Ordnung, so werden wir keine neue Aristokratie bekommen und haben die Öffentlichkeit des Regierungsrathes nicht nötig.»[3] Das Vermeiden von Geheimtun, eine strenge Kontrolle der Exekutive, Pressefreiheit und eine starke Opposition, dies alles wird nach Kasthofers Überzeugung die Gefahr eines Rückfalls in die weiblich-weibische Intrigenherrschaft des Ancien régime bannen. Die liberale Männerdemokratie als Bollwerk gegen die Weiberherrschaft also.

Was uns in Kasthofers Votum entgegentritt, wird in der angelsächsischen *Women's History* als *gendered discourse* bezeichnet:[4] ein Reden über Politik, bei dem Aussagen über das Geschlechterverhältnis mitschwingen, ohne dass diese explizit gemacht werden müssen. Nun war der bernische Liberale gewiss nicht originell, wenn er sich einer in dieser Weise geschlechtsspezifisch konnotierten politischen Sprache bediente. Er griff vielmehr auf eine Metaphorik zurück, die in seiner Zeit durchaus gängig war und die im wesentlichen das Resultat von Auseinandersetzungen des 18. Jahrhunderts über die Ausgestaltung des gesellschaftlichen Lebens und über das Verhältnis der Geschlechter war.

Diese Auseinandersetzungen sollen im Folgenden beleuchtet werden. Zum einen soll nach der gesellschaftlichen Rolle der Frauen und nach ihrer Bedeutung in der patrizischen Gesellschaft der schweizerischen Stadtrepubliken des 18. Jahrhunderts gefragt werden. Ich werde dabei in erster Linie das Beispiel Berns im Auge haben, weil sich hier die Tendenz zur Ausbildung einer aristokratischen Herrschaftsform am deutlichsten manifestierte.[5] Zum andern soll auf der diskursiven Ebene der Überlagerung der staats- und gesellschaftspolitischen Konzepte mit geschlechtsspezifischen Konnotationen nachgespürt werden. Dabei werde ich einen Blick auf den Diskurs über das gesellschaftliche Leben und die Rolle der Frauen werfen.

Seit dem späten 17. und vor allem im 18. Jahrhundert hat sich in den Städten Europas jene vielfältige Geselligkeits- und Kommunikationskultur entwickelt, deren historische Dynamik Jürgen Habermas in seiner grundlegenden Arbeit über den Strukturwandel der Öffentlichkeit[6] auf den Begriff gebracht hat und die in der Zwischenzeit auch in einer Vielzahl von Einzelstudien[7] untersucht worden ist. Wenig Interesse fanden indessen in der bisherigen Sozietätenforschung Fragen nach der Rolle der Frauen und nach dem Verhältnis der Geschlechter im Entstehungsprozess der bürgerlichen Öffentlichkeit.[8] Das ist zunächst sicher eine Folge der bekannten Tatsache, dass sich die Historiographie nach wie vor schwer tut, die Kategorie «Geschlecht» in ihre Fragestellungen zu integrieren. Im vorliegenden Fall wird der Blick auf die Zusammenhänge zwischen dem Strukturwandel der Öffentlichkeit und dem Wandel der Geschlechterverhältnisse allerdings zusätzlich dadurch versperrt, – und vermutlich hat auch das etwas mit der fehlenden Reflexion der Bedeutung der Kategorie «Geschlecht» zu tun[9] – dass die Soziabilitätsforschung ihren Blick auf die Sozietäten- und Vereinsbewegung im engeren Sinne begrenzt.[10] Gerade fürs 18. Jahrhundert lassen sich indessen Gesellschaften und Sozietäten nicht isoliert von jenen Sozialformen verstehen, welche etwa als «Geselligkeit» oder «geselliges Leben» umschrieben werden und die dem privaten Bereich zugerechnet und implizit oder explizit aus dem Blickfeld der Historiographie verbannt werden.[11] Wie problematisch eine strikte Trennung zwischen «öffentlicher», formalisierter Soziabilität und «privater» informeller Geselligkeit namentlich für das 18. Jahrhundert ist, zeigt sich etwa daran, dass die zeitgenössische Sprache zwischen Sozietäten im Sinne der Vereins- und Sozietätenforschung und «privaten» Sozietäten nicht unterscheidet. «Sozietät» wird, ebenso wie das französische «société», in den Texten des 18. Jahrhunderts gleichermassen für die patriotischen, ökonomischen, vaterländischen oder helvetischen Gesellschaften wie für die weitgehend informellen privaten Zusammenkünfte verwendet, zu denen sich bestimmte Personen- und Freundeskreise zur Pflege der Geselligkeit, zu Spiel, Musik und Tanz, zu Konversation und Räsonnement zusammenfanden.[12] Es ist also davon auszugehen, dass zumindest im 18. Jahrhundert die Übergänge zwischen «formeller» und «informeller» Geselligkeit fliessend waren. Ich meine daher, dass eine Untersuchung des «Strukturwandels der Öffentlichkeit» im 18. Jahrhundert beide Formen ins Auge fassen muss und nach den gegenseitigen Beziehungen zu fragen hat.

Der Formen- und Strukturwandel der Öffentlichkeit im 18. Jahrhundert war von Veränderungen im Geschlechterverhältnis begleitet, welche diesen in einem nicht unwesentlichen Mass mitprägten. Umgekehrt wurde das Geschlechterverhältnis durch die neuen Grenzziehungen zwischen Öffentlichkeit und Privatheit und durch die dadurch neu definierten soziokulturellen Muster ebenfalls in folgenschwerer Weise beeinflusst.[13] Der Strukturwandel der Öffentlichkeit und die Veränderungen des

Geschlechterverhältnisses waren in dieser Sattelzeit zwischen feudal-ständischer und bürgerlich-industrieller Gesellschaft in dialektischer Weise miteinander verschränkt. Dies soll im folgenden am Beispiel Berns aufgezeigt werden.

Strukturwandel der Geselligkeit

Nur zwei Jahre bevor Karl Kasthofer im bernischen Grossen Rat das Gespenst der aristokratischen Weiberherrschaft beschwor, verfasste sein Landsmann, der greise Franz Sigmund von Wagner (1759–1835), Bernburger wie Kasthofer, im Unterschied zu diesem aber ein Verehrer der vorrevolutionären Verhältnisse, am Ende seines Lebens einen wehmütigen Rückblick auf die vergangene Zeit des Ancien régime, auf das «Goldene Zeitalters Berns». Darin schildert er ausführlich und detailreich das gesellige Leben der *beau-monde*, der Schicht der gesellschaftlich und politisch führenden Familien des Patriziats. Wagners Text ist in mehrfacher Hinsicht aufschlussreich. Zum einen äussert sich der Autor ausführlich zur Rolle der Frauen und zum Verhältnis zwischen den Geschlechtern, zum andern scheint er ein besonderes Interesse für Umbrüche und Veränderungen in diesem Bereich des sozialen Lebens zu haben.
Einen ersten solchen Umbruch sieht er im ausgehenden 17. Jahrhundert. Bis zur dieser Zeit spielte sich das gesellige Leben in Bern weitgehend nach Geschlechtern getrennt ab. «Die Männer besuchten im Sommer am Abend meistentheils die Schüzenmatt, [...] [es] ward in den Säälen oder aussenher dem Schüzenhaus im Schatten der Bäume gegessen und getrunken und dabei über innere oder äussere Kriegs- und Staatsangelegenheiten gekannengiessert [...]. Im Winter versammelten sich die meisten Männer auf den vielen Zunfthäusern, in den geräumigen sogenannten Gesellschaftssäälen, wo oft hundert oder mehr Personen um die langen eichenen Tische herum sassen und bei grossen Humpen voll Methwein oder auch bei Malvasier freundschaftlich sich unterhielten oder aber mit allerhand kleinen Karten-, Brett- und anderen Spielen sich belustigten.» Von dieser Welt der Schützenhäuser und Zunftstuben klar abgegrenzt war die auf den häuslichen Kreis bezogene Geselligkeit der Frauen und Kinder: «Während die Männer ihre Abende auf solche Weise zubrachten, giengen die Frauen und Mädchen im Sommer bei schöner Witterung vor das Thor in ihre zahlreichen kleinen Gärten, Baumgärten, Beunden, deren beinahe jede Familie einen mit einem kleinen Gartenhäuschen besass. Hier pflegten sie ihre Blumen und die Lieblingsbäumchen [...]. Bei Regentagen und im Winter blieb in der Regel die ganze weibliche

Welt bei Hause [...]. Da war denn alles im gleichen geräumigen und mit einem grossen, guten meist grüngefärbten Kachelofen [...] versehenen warmen Wohnzimmer beisammen. Die Grossmutter und Mutter spannen, die Töchter nähten oder strikten, die kleinen Mädchen und Knaben besahen Helgenbögen oder machten sonst auch kleine Spiele, die Hausmagd besorgte oder schaukelte in der Wiege die Kleinsten, oder sang ihnen Kinderlieder vor, worin denn oft die ganze Gesellschaft anfangs nur leise, bald aber lauter einstimmte.»[14] Was jenseits der biedermeierlichen Verklärung[15] in diesen weitschweifigen Schilderungen Wagners sichtbar wird, ist eine geschlechtsspezifische Segmentierung der Geselligkeit. In der Stadtrepublik Bern des 17. Jahrhunderts scheint sich das gesellschaftliche Leben der Männer aus der Stadtbürgerschaft weitgehend im Umkreis der städtisch-zünftischen und städtisch-republikanischen Institutionen abgespielt zu haben, während dasjenige der Frauen eng in den familiären Kontext von Kindern und Alten eingebunden und an den hausmütterlichen Wirkungskreis (Garten im Sommer, Handarbeiten im Winter) geknüpft war.
Diese Beschreibung Wagners wird durch die Zeugnisse ausländischer Beobachter bestätigt. So wunderte sich der Engländer Gilbert Burnet 1685 bei seinem Besuch der Schweiz über die häusliche Eingezogenheit der Bernerinnen: «Männer und Frauen pflegen unter sich nicht Geselligkeit. Die Frauen finden so viel Befriedigung im Haushalt und lassen sich so wenig auf Liebeshändel ein, dass unter ihnen, wie mir ein bedeutender Arzt versicherte, die anderswo üblichen Vapeurs, die er dem Müssiggang und den Liebeleien zuschrieb, unbekannt sind.» Das gleiche Muster beobachtete er übrigens auch in Zürich; dort «verkehren die Frauen nicht mit den Männern, ausgenommen mit solchen aus ihrer nahen Verwandtschaft.»[16] Die gesellschaftliche Kommunikation innerhalb der führenden Schichten fand demnach in zwei nach Geschlechtern weitgehend getrennten Sphären statt, zwischen denen die gleiche Grenzlinie verlief wie zwischen den Zuständigkeitsbereichen der Männer (Politik und Militär) und denjenigen der Frauen (Hausökonomie und Kinder).[17]
Diese klare Ordnung begann sich nun gegen Ende des 17. Jahrhunderts aufzulösen. In Wagners Darstellung ist dieser Wandel an ein konkretes Ereignis geknüpft: «Im Jahre 1693», so berichtet er, «hatte ein Berner Vinzenz Stürler, Brigadier in holländischen Diensten eine vornehme Holländerin Namens Marguerite de Tallon von Hellenegg, deren Mutter eine Französin Namens de la Nore war, geheirathet und bald darauf nach Bern gebracht. Da derselben die damalige bernische Lebensart bald zu altväterisch und langweilig vorkam, so suchte sie unter ihren neuen Verwandten und Bekannten Personen beiderlei Geschlechts [...] zusammen, welche nach dem bei ihr und in Frankreich gewohnten gesellschaftlichen Ton, eine reguläre Abendgesellschaft zu

bilden geneigt wären. Leicht fand sie bald eine genügsame Anzahl um 4 bis 6 Parthien, vorerst nur an Sonntag Abenden in Aktivität setzen zu können.»[18]

Frau Stürler, die Holländerin mit der französischen Kultur, war es also, die, wollen wir Wagner Glauben schenken, in der Stadtrepublik Bern die traditionelle Trennung der Geschlechter durchbrach und eine eigentliche Revolution der gesellschaftlichen Sitten in Gang setzte, eine Revolution, welche die «oberen Klassen der Gesellschaft» veranlasste, sich von ihrem alten, frugalen Leben abzuwenden und statt dessen eine verfeinerte Lebensart nach französischem Vorbild zu pflegen. «Nach holländischer Art ward daselbst nur Thee, Butter und feines Backwerk serviert und nachher auch Tarok gespielt [...]. Als diese neu eingeführte Art die Abende zuzubringen in kurzem zuerst in der Nachbarschaft, dann nach und nach von Haus zu Haus in der Stadt bekannt wurde, so erschrak manche fromme Seele über diese Neuerung und prophezeite allerhand Böses. Warum den Apothekertrank statt gesunden Weins, fragte man sich, warum das luftige, geschmaklose Backwerk gegen unsere bisherigen soliden und schmakhaften Kuchen und Turten? Was kann man zu Dutzzenden [sic] den ganzen Abend über mit bunten Tarokkarten einander erzählen und zusammen verhandeln, heisst das nicht die Zeit tödten, den Magen verderben und die Gesundheit ruinieren. Aber die Neuerung blieb nicht nur bei Essen und Trinken. Bald langten von Paris grosse Kisten vor dem Hause an, und gepolsterte Sofas und Kanapees, Fauteuils und Sessel alles mit Seide überzogen, wurden ausgepakt und ins Haus hinaufgetragen. Die eichenen schweren Stühle, die Fenster- und Wandbänke wurden unter grossem Klopfen und Lärm weggesetzt, neue Fenster mit hellen gevierten Glastafeln, statt der bisherigen kleinen, runden und trüben Scheibchen eingesetzt».

Was Wagner hier schildert, sind Veränderungen des soziokulturellen Habitus der bernischen Gesellschaft. Das Patriziat, das sich spätestens seit der zweiten Hälfte des 17. Jahrhunderts als quasigeburtsständische Herrschaftsschicht etabliert hatte, entwickelte nun immer aufwendigere Formen der Selbstdarstellung. Dazu gehörten die Übernahme von Elementen eines barock-höfischen beziehungsweise urban-aristokratischen Lebensstils nach französischem Vorbild und die Inszenierung eines entsprechenden geselligen Lebens.[19] Der neue Lebensstil und die neuen Verkehrsformen dienten dem sich abschliessenden Herrschaftsstand zur Distinktion und zur Repräsentation seiner ständischen Position, und sie trugen zu einer sozialen Ausdifferenzierung bei. Wer die alten eichenen Stühle und Bänke durch gepolsterte Sofas und Kanapees, Fauteuils und Sessel ersetzte, bewies nicht nur feinen, französischen Geschmack, sondern pflegte einen aristokratischen Lebensstil und hob sich damit demonstrativ von den andern Stadtbürgern ab. Die Soireen und Sozietäten in den patrizischen

Häusern, wo sich Männer und Frauen zu Musik und Tanz, zu Gesprächen, Kartenspiel und allerlei Lustbarkeiten einfanden, waren sozial weit exklusiver als die alten Zusammenkünfte der Männer in den Zunftstuben und Schützenhäusern.[20]

Die sozialgeschichtliche Bedeutung dieser neuen Formen der Geselligkeit ist indessen widersprüchlich: Obwohl sie auf der einen Seite zur Verfestigung eines patrizischen Herrschaftsstandes beitrugen, so entfalteten sich doch andererseits in ihrem Rahmen jene gesellschaftlichen Strukturen, die schliesslich für die bürgerliche Gesellschaft konstitutiv werden sollten. Die Salons der patrizischen Häuser gehörten zu den sozialen Räumen, in denen sich zunächst das kulturelle Leben des Ancien régime und dann der intellektuelle Diskurs der Aufklärung entfalteten. Während einerseits eine immer deutlichere Abgrenzung gegenüber dem traditionellen zünftisch-handwerklichen Stadtbürgertum stattfand, erfolgte andererseits eine mehr oder weniger zaghafte Öffnung gegenüber einer neuen, durch Bildung qualifizierten Schicht aus Pfarrherren, Ärzten und Professoren. So begann sich im Kern der aristokratischen Geselligkeit jene neue Öffentlichkeit zu konstituieren, welche schliesslich die ständische Ordnung sprengen sollte.

Dieser Wandel der Sozialformen nun war geprägt von einer markanten Verschiebung im Geschlechterverhältnis. Hatte sich im 17. Jahrhundert das gesellschaftliche Leben – eng verknüpft mit der traditionellen republikanischen Herrschaftsausübung – noch als rein männliche Geselligkeit abgespielt,[21] so war die räumliche Verlagerung in die repräsentativen Salons der herrschaftlichen Häuser zu Beginn des 18. Jahrhunderts mit einer Aufwertung der Rolle der Frauen verbunden: Sie waren nun im wörtlichen Sinne mit von der Partie, als Dame des Hauses in der zentralen Position der Gastgeberin, als Besucherinnen eingebunden in das kommunikative Gefüge der Gesellschaft. Darüber hinaus dominierte in den Salons eine weiblich konnotierte Kultur: Tee und Kaffee statt Wein, feine Patisserien statt der derben Kuchen, weiche Sofas statt Eichenbänke, Galanterie statt Kannegiessereien.

Zitieren wir dazu abschliessend Alfred Zesiger, der in seiner Berner Zunftgeschichte von 1911 diesen Wandel sowohl als einen Prozess der sozialen Differenzierung als auch als eine Verweiblichung schildert, und zwar in Worten, die nicht nur über die Sache selbst Auskunft geben, sondern zugleich den *gendered discourse* einer bestimmten Historiographie vor Augen führen: «Das XVIII. Jahrhundert sah die währschaften Zecher des XVII. am Aussterben, an ihre Stelle traten feine Herrchen mit Haarbeutel und Jabot. Diese konnten unmöglich Freude an Riesenbechern voll Rebensaft haben; naserümpfend rückten sie auf der Stube von den biedern Handwerksmeistern weg, deren schwielige Tatzen gar unfein neben ihren gepflegten Händchen aussahen. Abends traf man sich jetzt im Café oder in der Sozietät, oder hatte Hausball oder Spielabend. Die alten Stuben verödeten, höchstens die Meister und Gesellen trafen sich noch dort; die Herren hielten sich abseits und vergnügten sich im Äussern Stand oder mit galanter Weiblichkeit.»[22]

Zusammenfassend lässt sich dieser Strukturwandel der Geselligkeit im ausgehenden 17. Jahrhundert auf drei Punkte fokussieren: Zum einen emanzipierte sich die neue Soziabilität aus der unmittelbaren Nähe zum staatlich-politischen und militärischen Bereich der Männer und aus dem Umkreis der hausmütterlichen Geschäfte der Frauen und verlagerte sich in die sich formierende gesellschaftliche Sphäre, in die *société civile*. Zum zweiten löste sich der enge Zusammenhang zu den alten republikanischen Institutionen auf und wurde durch aristokratisch-höfische Sozialformen ersetzt. Gleichzeitig manifestierte sich im gesellschaftlichen Leben eine Ausdifferenzierung der sozialen Hierarchie. Zum dritten schliesslich hatten sich die gesellschaftlich einflussreichen Sphären des sozialen Lebens im Vergleich zu früher sowohl in bezug auf ihre Zusammensetzung wie auch in ihrem Habitus grundlegend verweiblicht.

Der Prozess der Verfeinerung und der Ausdifferenzierung des gesellschaftlichen Lebens nahm in den folgenden Jahrzehnten seinen Fortgang und erreichte in der Rokokokultur der ausgehenden 50er und beginnenden 60er Jahre einen Höhepunkt. Es war die Zeit, in der die gebildete Berner *femme de lettre* Julie Bondeli in ihrem Salon nicht nur die reformfreudigen Patrizier Berns, sondern auch aufgeklärte Intellektuelle aus der übrigen Schweiz und aus Europa empfing.[23] Julie Bondelis Salon – das Vorbild der Pariser Salonkultur aufnehmend – bildete das eigentliche Zentrum des aufgeklärten Geistes Berns. Hier fanden sich die Exponenten der bernischen Aufklärung ein, Tscharner, Tschiffeli, Fellenberg, Kirchberger, Stapfer und andere, aber auch Julies geistreichen Freundinnen, allen voran Marianne Fels, und diskutierten unter der Leitung der Gastgeberin über Religion und Moral, über Literatur und Kunst. Einen Eindruck von der Atmosphäre dieser Zusammenkünften vermitteln die Tagebucheinträge des jungen Zürcher Theologen und nachmaligen Mitherausgebers der «Correspondance littéraire» Henri Meister, der 1764 Bern besuchte. Er notierte am 6. Juni: «Allé à Kœnitz [Julie Bondelis Sommersitz] où je passai toute l'après-dînée. Conversation variée sur nos auteurs modernes, sur l'influence de la musique dans la morale. [...] Conversation raisonnée sur l'amour de l'ordre, comme le principe de toutes nos actions morales. Cette femme a un goût fort fin pour tous les beaux arts [...]. Elle goûte aussi les ouvrages de Gessner. Elle en fut un soir si enthusiasmée [sic] en présence de Wieland, que Wieland lui dit: Ah, vous voulez me rendre malheureux! Vous voulez que j'aille tuer Gessner comme Caïn tua Abel!»[24] Die räsonnierende

Konversation über eine Vielzahl unterschiedlicher Themen, Ernsthaftigkeit und Enthusiasmus gemischt mit spielerischer Heiterkeit und freundschaftlicher Galanterie machten offensichtlich den Charme von Julie Bondelis Salon – und dieser Form der Geselligkeit überhaupt – aus. Aber er spielte nicht nur als Ort der charmanten Begegnungen und des geistvollen Räsonnements eine wichtige Rolle. Hier entstand auch das kommunikative Netz, das die aufklärerisch gesinnten Persönlichkeiten unterschiedlichen Standes durch die gemeinsame Teilhabe an Werten wie Geist, Vernunft und Moral zur aufklärerischen Elite, zur Öffentlichkeit im Habermasschen Sinne verband. Der gleiche Personenkreis nämlich, der sich bei Julie Bondeli im informellen Rahmen traf, schloss sich in genau dieser Zeit ebenfalls in einer ganzen Anzahl von Gesellschaften und Sozietäten mit unterschiedlicher Zielsetzung zusammen: 1759 wurde die ökonomische Gesellschaft gegründet, 1760 das Café littéraire, 1762 die Société des Citoyens und 1764 die Société morale, und in all diesen Gesellschaften finden wir jedesmal in etwa die gleichen Namen als Mitglieder: Tscharner und Tschiffeli, Kirchberger und Fellenberg, Stapfer und Wilhelmi.[25]

Diese neue Sozietäten- und Vereinskultur, obwohl von ihrem sozialen Ursprung und ihrer Entstehung her eng mit der Salonkultur verknüpft, unterschied sich in signifikanter Weise von dieser. War die Geselligkeit in den patrizischen oder aufgeklärten Salons – trotz einer gewissen Regelmässigkeit – im wesentlichen informell gewesen, so gaben sich die neuen Sozietäten immer ausgeprägtere Formen und Regeln. Zudem waren sie – anders als die patrizischen Salons, wo nicht zuletzt ständische Positionen repräsentiert wurden – in ihrem Selbstverständnis überständisch beziehungsweise ständeübergreifend. Ihre interne Organisation folgte republikanischen Prinzipien.[26] Im Gegensatz zum elitären aristokratischen Lebensstil des Salons zeichneten sie sich durch einen bürgerlichen, teilweise auch antiaristokratischen Habitus aus. Hatten Salon und private Gesellschaften gegenüber der Politik eine gewisse Distanz bewahrt, so rückten die Sozietäten mit ihrem Diskurs über öffentliches Wohl, vaterländische Geschichte und patriotische Tugenden und mit ihren auf praktische Verbesserungen gerichteten Zielsetzungen wiederum nahe an die politische Sphäre heran. Und schliesslich die augenfälligste Differenz: Frauen, die im Rahmen der «privaten» Geselligkeit eine bedeutende Funktion gehabt hatten, die den Ton angaben und die sozialen Beziehungen knüpften, sie hatten zur neuen Welt der Reformsozietäten und Gesellschaften in aller Regel keinen Zugang.[27]

Kurz nach der Jahrhundertmitte gab es in Bern somit eine ausgedehnte informelle Geselligkeit, die von den Soireen, Bällen und Abendgesellschaften in den Häusern an der Junkerngasse bis zu den geistvollen Konversationen in Julie Bondelis Salon reichte, die nun aber zunehmend von einer neuen Struktur formalisierter Organisationen – den Gesellschaften und Sozietäten – überlagert wurde. Diese begann die informelle Geselligkeit in ihrer Bedeutung für die Konstituierung der neuen Öffentlichkeit rasch zu überflügeln. Die Sozietäten, Vereine und Clubs, die Logen und Geheimgesellschaften, die im letzten Drittel des 18. Jahrhunderts in ganz Europa in grosser Zahl entstanden, entwickelten sich zu den entscheidenden Kristallisationspunkten des gesellschaftlichen Wandels und spielten eine zentrale Rolle für die Emanzipation des Bürgertums. Männlichkeit, republikanisch-bürgerliches Selbstverständnis und ausdrückliche Hinwendung zu den öffentlichen Angelegenheiten sind Charakteristiken, die nicht nur die bernischen Aufklärungsgesellschaften, sondern die Sozietätenbewegung in ganz Europa und über das 18. Jahrhundert hinaus auszeichnen. Ihr Vordringen und der damit einhergehende Bedeutungsverlust des Salons als Ort aufklärerischer Geselligkeit markieren aus geschlechtergeschichtlicher Perspektive die zweite entscheidende Bruchstelle im Strukturwandel der Öffentlichkeit: Die Verbürgerlichung der Öffentlichkeit – so kann der beschriebene Wandel zusammenfassend bezeichnet werden – führte zur Ausgrenzung der Frauen aus der gesellschaftlichen Sphäre, zu ihrem Ausschluss aus dem Zwischenbereich zwischen häuslicher Privatheit und staatlich-politischer Öffentlichkeit und zu einer zunehmenden sozialen Segregation der Geschlechter. Lassen wir dazu noch einmal Sigmund von Wagner zu Wort kommen. Nachdem er die bernischen Sozietäten geschildert hat, schliesst er mit der rhetorischen Frage: «Ob die Gesellschaftlichkeit durch diese vielen Gesellschaften gewonnen? – ob besonders der Umgang der beiden Geschlechter, die durch die nach und nach eingerissene, beinahe gänzliche Trennung im gesellschaftlichen Leben derselben, an Liebenswürdigkeit und geistreicher Unterhaltung gewonnen habe!»[28]

Kritik an der weiblichen Präsenz in der Gesellschaft

Parallel zum Prozess der Geschlechtersegregation und des Ausschlusses der Frauen aus dem Gesellschaftsleben in der sozialen Realität lässt sich eine entsprechende Ausgrenzung der Frauen auf der Ebene des Diskurses aufzeigen.

Die Kritik an der weiblichen Präsenz im gesellschaftlichen Leben setzte praktisch gleichzeitig mit der Entfaltung der geschlechtergemischten Geselligkeit in den aristokratisch-patrizischen Schichten ein. Das gilt für die preziöse Salonkultur im Paris des 17. Jahrhunderts[29] genau so wie für das sich am französischen Vorbild orientierende Berner Patriziat. Dabei manifestierte sich diese Kritik an der geselligen Durchmischung der Geschlechter mit Vorliebe als Zivilisationskritik, galten doch der Zugang der Frauen zum gesellschaftlichen Leben und die angeblich damit verbundene Eleganz und Raffinesse des Lebensstils als eigentliche Kennmarken einer hochentwickelten und verfeinerten Zivilisation.[30] Diesen Typus einer hochzivilisierten Lebensform sahen die Zeitgenossen des 18. Jahrhunderts in erster Linie in Frankreich realisiert, in der vornehmen Gesellschaft von Versailles und mehr noch in den eleganten Kreisen der Pariser Salons, die man in Bern und anderswo in Europa zu imitieren suchte.

Einer der ersten, der den französischen Lebensstil und dessen Imitation durch das bernische Patriziat kritisierte, war der Berner Beat Ludwig von Muralt.[31] Er stellte in seinen 1725 veröffentlichten, aber bereits vor 1700 verfassten «Lettres sur les Anglois et les François» einen Vergleich zwischen der französischen und der englischen Zivilisation an, den er klar zugunsten der letzteren ausgehen liess. Dieses Urteil und seine Begründung erregten nicht nur unter den Zeitgenossen grosses Aufsehen, sondern wirkten noch während des ganzen Jahrhunderts stark nach. Betrachten wir seine Schilderungen des gesellschaftlichen Lebens in der französischen Metropole, so sehen wir, dass das Verhältnis zwischen den Geschlechtern in seiner Wahrnehmung einen ganz zentralen Platz einnimmt.

«Le Beau-monde» so schreibt er im zweiten Brief über die Franzosen «se fait valoir et s'éloigne de la foule, non-seulement par le Rang que les personnes qui le composent peuvent avoir naturellement, mais aussi par celui que ce train de vie distingué lui donne; par la Dépense qu'on y fait, et qui ne doit pas être trop calculée; par le Plaisir qu'on se procure de jour à l'autre, et dont on jouït plus délicatement que la foule. Mais, surtout, le train de vie du Beau-monde se soutient par le Mélange d'Hommes et de Femmes, qui en est comme le fondement et le lien. C'est ce qui donne lieu au Savoir-vivre, et à la Galanterie Françoise de s'étaler.»[32]

Von Muralt beschreibt hier die Durchmischung der Geschlechter nicht nur als Begleiterscheinung einer luxuriösen Lebensführung, sondern als eigentliches Kennzeichen der Kultur der gehobenen Gesellschaft, als zentrales Distinktionsmerkmal, mit dem sich diese nach unten abgrenzt. Gleichzeitig liegt in dieser «extrême Liberté que les Femmes ont en France» und dem «commerce fréquent et libre entre les deux Sexes»[33] einer der hauptsächlichen Gründe für sein Unbehagen gegenüber der französischen Kultur, leisteten doch die Freiheit der Frauen und der freie Umgang der Geschlechter in seinen Augen dem Laster Vorschub: «Disons, qu'il y a peut-être cent fois plus de corruption, plus de P***nisme [sic], en France, parmi le Beau-monde, qu'il ne s'en trouve dans d'autres Païs, où les Femmes n'ont pas la liberté de voir les Hommes.»[34]

Die Kritik an den galanten Umgangsformen zwischen den Geschlechtern und insbesondere an der starken weiblichen Präsenz in der Öffentlichkeit entwickelte sich in der Folge zu einem zentralen Argument in den gesellschaftspolitischen Auseinandersetzungen des 18. Jahrhunderts. Dabei überlagerten sich zwei Stossrichtungen: die ständische Konfrontation mit einer höfischen beziehungsweise urbanen aristokratischen Lebensweise auf der einen Seite und die *querelle des femmes*, der Streit um Rolle und Status der Frauen in der Gesellschaft auf der anderen Seite. Aus dieser Perspektive, die antiaristokratische mit antifeministischer Kritik verband, wurden die Verweiblichung der Gesellschaft als Verweichlichung, der verfeinerte Lebensstil als Hang zu Luxus und zu Verschwendung und weiblicher Einfluss als Intrige disqualifiziert. Prominentester und einflussreichster Vertreter dieser Position war zweifellos Jean Jacques Rousseau, übrigens ein grosser Verehrer von Muralts und ein eifriger Leser seiner «Lettres». Die Ablehnung einer freien Durchmischung der Geschlechter in der Öffentlichkeit, wie sie die urbane und höfische Kultur Frankreichs verkörperte, ist fundamentaler Punkt in Rousseaus Zivilisationskritik. Er sieht darin eine wesentliche Ursache für die Dekadenz der französischen Gesellschaft des Ancien régime. Der Salon als Prototyp einer in der aristokratischen Kultur verwurzelten und um Frauen zentrierten Geselligkeit war von dieser Kritik zentral betroffen. Er wurde zunehmend verdächtig: als Ort weiblicher Kabale, als Milieu aristokratischer Libertinage, als effeminierte und effeminierende Form der Geselligkeit. Der Verlust von Moral und Männlichkeit sei die Folge der Durchmischung der Geschlechter im öffentlichen Raum, so Rousseau in seiner Auseinandersetzung mit d'Alembert über das kulturelle und gesellschaftliche Leben in der Republik Genf: «Elles [d. h. die Frauen] n'y perdent que leurs mœurs, et nous y perdons à la fois nos Mœurs et notre constitution», so seine Befürchtung, und weiter über den unheilvollen Einfluss der Frauen, «ne voulant plus souffrir de séparation, faute de pouvoir se rendre hommes, les femmes nous rendent femmes.»[35]

Der amoralischen und effeminierten Gesellschaft stellt Rousseau das Gegenmodell einer geschlechtersegregierten Soziabilität gegenüber, das er in den Genfer *cercles* realisiert sieht: «Nos cercles conservent encore parmi nous quelque image des mœurs antiques. Les hommes entre eux, dispensés de rabaisser leurs idées à la portée des femmes et d'habiller galamment la raison, peuvent se livrer à des discours graves et sérieux sans crainte du ridicule. On ose parler de patrie et de vertue sans passer pour rabâcheur, on ose être soi-même sans s'asservir aux maximes d'une caillette. [...] Enfin ces honnêtes et innocentes institutions rassemblent tout ce qui peut contribuer à former dans les mêmes hommes des amis, des citoyens, des soldats, et par conséquent tout ce qui convient le mieux à un peuple libre.»[36]

Geschlechtersegregation also, damit in den Zirkeln der Männer nicht nur ernsthafte Kommunikation, Tugendhaftigkeit und Vaterlandsliebe entstehen können, sondern auch damit das männliche Individuum endlich ohne Zwang zur Verstellung zu sich selbst finden und, die Rollen des Freundes, des Staatsbürgers und des Soldaten in sich vereinigend, zum bürgerlichen Subjekt werden kann.

Es ist kein Zufall, dass Rousseau dieses Ideal einer virilen Geselligkeit in der Republik Genf verortet. Die republikanische Gesellschaft erscheint im Diskurs der Aufklärer nicht nur in ihrer politischen, sondern insbesondere auch in ihrer sozialen Verfassung vorbildlich, geprägt durch die Strenge und Einfalt ihrer Sitten, durch eine relative Gleichheit der Bürger und schliesslich durch die Keuschheit, Tugendhaftigkeit und häusliche Zurückgezogenheit der Frauen. Montesquieu formuliert dies folgendermassen: «Dans les Républiques, les femmes sont libres par les lois, et captivées par les mœurs; le luxe en est banni, et avec lui la corruption et les vices».[37]

Als idealtypische Verkörperungen republikanischer Sittlichkeit und Tugend galten neben den antiken Republiken Griechenland und Rom auch die schweizerischen Alpenrepubliken – allen voran Genf, wo sich republikanische mit kalvinistischer Sittenstrenge verband,[38] dann aber auch mehr oder weniger imaginäre bäuerlich-ländliche Gemeinschaften, etwa nach dem Bild, das Albrecht von Haller von den alpinen Hirtenvölkern gemalt hatte.

Der Rückbezug auf die alten republikanischen Tugenden spielte für das keimende helvetische Nationalbewusstsein eine sehr wichtige Rolle. In vielen der neuen Sozietäten, von Bodmers «Gesellschaft auf der Gerwe» bis zur Helvetischen Gesellschaft, befasste man sich mit vaterländischer Geschichte, mit den ursprünglichen, unverderbten Sitten der Alten. Das idealisierte Bild der Schweizer Republiken, das so entstand, umfasste neben den männlich konnotierten Konzepten der Freiheit, der Wehrhaftigkeit und des Heldentums auch Vorstellungen einer häuslich-eingekehrten, ländlich-genügsamen Lebensform, die sich hauptsächlich auf die Frauen bezogen. Diese Bestandteile einer nationalen Identität, welche überdies eine ausgeprägte antiaristokratische Komponente hatte, führten dazu, dass das Ideal einer geschlechtersegregierten Gesellschaft in den aufklärerischen Eliten der Schweiz besonders populär war. Die Tscharner, Tschiffeli und Kirchberger, die Zimmermann, Lavater und Usteri, die bei Julie Bondeli verkehrten oder mit ihr korrespondierten, waren alle mehr oder weniger glühende Verehrer Rousseaus, applaudierten in den Salongesprächen seiner Zivilisationskritik und lobten in ihren Sozietäten die frugalen Sitten und die republikanische Strenge der Vorväter. In moralischen Wochenschriften und pädagogischen Traktaten wurden die leichtsinnigen, eitlen und putzsüchtigen Frauen getadelt, die, den französischen

Moden nacheifernd, ihr Hauswesen ökonomisch und moralisch ruinierten, statt sich nach dem Vorbild der traditionellen Weiblichkeit ihrer Mütter zu richten, nach den «Frauenzimmern von dem Schrot und Korn früherer Jahrhunderte», bei welchen «Eingezogenheit und haushälterisches Wesen [...] manche andre glänzende Eigenschaft aufwäge».[39] Dem virilen Heldenideal republikanischer Männlichkeit wurde so ein Ideal republikanischer Weiblichkeit zur Seite gestellt, das Einfalt, Arbeitsamkeit und Bescheidenheit hochhielt.

Fast schon idealtypisch auf den Begriff gebracht wird diese Verschränkung von helvetischem Bewusstsein und antiaristokratisch gewendetem Geschlechterideal durch Johann Caspar Lavater in seinen «Schweizer Liedern», jener im Auftrag der Helvetischen Gesellschaft verfassten Liedersammlung, welche die patriotischen Ideale der helvetischen Elite unter das Volk bringen sollte. Inmitten der Hymnen auf die alten Helden der Nation und ihre Schlachten und der Loblieder auf den Heldenmut, die Freiheitsliebe und die Tugenden der Vorväter findet sich das «Lied für Schweizer Mädchen». Darin wird eine ländlich-bäuerliche Form weiblicher Lebensart als wahre Schweizer Weiblichkeit idealisiert und systematisch und polemisch gegen ein urban-patrizisches Modell abgesetzt. In einem «Vorbericht», den er dem eigentlichen Lied als eine Art Rahmenerzählung voranstellt, exponiert Lavater diese Gegenüberstellung zweier weiblicher Lebensformen. Das Lied für Schweizer Mädchen sei ihm, so berichtet er, von einer «Gesellschaft junger Schweizerinnen» übergeben worden, «die des Stadtlebens und der so beliebten Üppigkeit überdrüssig, sich in diejenigen Gegenden der Schweiz geflüchtet haben, wo Einfalt, Arbeitsamkeit und Ruhe wohnen». Dieses Lied sei «ein Glaubensbekenntnis, welches wir als das Muster unsrer Denkens- und Lebensart ansehen», beteuern die angeblichen Verfasserinnen, und sie unterstreichen die fast schon sakrale Bedeutung der nachstehenden Zeilen, indem sie geloben: «Und wir wollen diesen Gesinnungen mit GOttes Hülfe treu bleiben, so lange wir leben, was auch etwa der verderbte Geschmack verzärtelter Leute dazu sagen mag.» Die Absetzung von den «verzärtelten» Repräsentantinnen städtischer Lebensweise wird in der Folge noch verstärkt: «Wir können auch nur für ächte Schwestern halten, die diesen Gesinnungen von Herzen hold sind, [...] wenn sie nur Pracht, Üpigkeit, Weichlichkeit und überhaubt alles kindische Wesen hassen. Oder sollten das auch Schweizerinnen seyn, die ihre ganze Lebenszeit mit Ankleiden, Spielen, Klatschen, Verleumden, Müssiggehen, Buhlen und Bethliegen zubringen?» Das Negativstereotyp unschweizerischer Weiblichkeit, das hier gezeichnet wird, zielt genau auf den Typus der patrizisch-aristokratischen Frau, der sich in einem urbanen Milieu der Pflege von Geselligkeit und ständischer Repräsentation widmet, was in der Perspektive dieser – am Konzept einer ländlichen Urspünglichkeit orientierten – Zivilisationskritik nur noch als Eitelkeit, Müssiggang, Intriganz und buhlerische Frivolität erscheint.

Der Gegensatz zwischen den beiden Lebensformen durchzieht ebenfalls den ganzen Liedtext:

«Schweizermädchen, singt in Chören,
Dass es alle Schweizer hören,
Eurem Vaterland zu Ehren!
Singet von den Lustbarkeiten
Aller Mädchen aller Zeiten,
Die Vernunft und Freyheit leiten!
Singt und lacht der tausend neuen
Frauenzimmerkindereyen!»

So beginnt die erste Liedstrophe und knüpft gleich zu Beginn die «Lustbarkeiten aller Mädchen aller Zeiten» – abgegrenzt gegen die «Frauenzimmerkindereyen» – an die aufklärerischen Kardinalbegriffe der Vernunft und Freiheit einerseits und an die Ehre des Vaterlandes als zweiter, nationaler Orientierungsachse andererseits. Und dann folgt die polemische Abgrenzung vom Gegenmodell:

«Reiche Müssiggängerinnen,
weichliche Pariserinnen
Mögen nur auf Moden sinnen,
Mögen unsrer Einfalt lachen,
Hunderttausend närr'sche Sachen
Täglich sich zur Freude machen:
Arbeit ist für uns gesünder:
Auch wir Mädchen sind nicht minder
Als die Knaben Heldenkinder!
Fliesst nur unter Wamms und Hut –
Nein! in uns auch – Schweizerblut?»

Nach der Distanzierung von einem Weiblichkeitsstereotyp, das in der Figur der «Pariserin» die Elemente Reichtum, Müssiggang, Weichlichkeit und Eitelkeit als negative Charakteristiken bündelt, kann von den Frauen nun auch der Anspruch formuliert werden, als Heldentöchter in den Kreis der Patrioten aufgenommen zu werden. Der Liedtext fährt fort, in diesem dichotomischen Muster die ursprüngliche, ländliche Lebensweise der echten Schweizer Mädchen mit der verderbten Welt der städtischen Salons zu kontrastieren.

«Lasst doch hinter Chalousieen
Augen die von Wollust glühen,
Herrchenaugen auf sich ziehen;
Eure Liqueurs mögt ihr trinken,
Euch zur Rechten und zur Linken
Mag Lavändelwasser stinken;
Spiegel, Uhren, goldne Ketten,
Puder, Schminke, Toiletten
Das ist Waare für Coquetten;
Blumen nur sind unsre Zier;
Milch und Wasser trinken wir.

Wenn sie sich mit weicher Seiden
Halbe Tageslängen kleiden,
Und den Strahl der Sonne meiden,
Wenn Sie bey den wärmsten Tagen
In dem Zimmer Handschuh tragen,
Und doch über Hize klagen,
Wollen wir auf unsre Höhen
Gern im rauhen Zwillich gehen,
Herzhaft an der Sonne stehen
Schwestern! bis vom Feldebaun
Unsre Wangen werden braun.

Wenn sie an den Lekkertischen
uns verleumden, uns auszischen,
Künstlich Kartenblätter mischen,
Baasen ihren Baasen krazzen,
Und von Hündchen und von Kazzen
Manchen langen Abend schwazzen,
Sizzen wir, wir Schweizerinnen,
Schaarenweis mit muntern Sinnen,
Bey der Kunkel, – singen, spinnen
Dapfer bey der Lampe Schein
Tief bis in die Nacht hinein.

Hier finden sich all die Elemente der Kritik wieder, die schon bei von Muralt und vor allem bei Rousseau vorgebracht worden waren: Unsittlichkeit und Libertinage, Luxus und Verschwendung, Künstlichkeit und Verstellung, Intrige und Verleumdung, Verweichlichung und Effeminierung. Und auf der anderen Seite wird der bekannte Tugendkanon gezeichnet: Natürlichkeit, Einfachheit, Genügsamkeit, Fleiss und Arbeitsfreude. Dass damit indessen nicht klösterliche Tugendhaftigkeit gemeint ist, wird am Schluss des Liedes klar. Die blumengeschmückten und sonnengebräunten Schönheiten mit den starken Armen wünschen sich Lebensgefährten; keine reichen Herrensöhnchen mit goldenen Tabatieren und Jungfernangesicht allerdings sollen es sein, sondern echte Schweizer Helden:

«Nur zu arbeitrohen Händen,
Breiten Schultern, starken Lenden
Soll sich unser Auge wenden;
Nur zu unschuldsvollen Herzen,
Die mit Tapferkeit und Schmerzen
Ruhig, als mit Freunden scherzen.
Nicht zu Reichen, nur zu Treuen;
Nicht zu Edeln, nur zu Freyen;
Die dem Vaterland sich weihen;
Redlich, klug, bescheiden, still
Sey, wer uns gefallen will.

Pracht und Stolz sey, Heldentöchter!
(Hört's ihr künftigen Geschlechter!)
Ewig unser Hohngelächter
Spinnt und näht und weidet Heerden
Und lasst auf der ganzen Erden
Uns die besten Frauen werden,
Töchtern die die Wollust fliehn,
Söhne, die von Freyheit glühn;
Die Helvetien erziehn,
Schwestern, die ihr mit uns singt,
Das ists, was uns Ehre bringt!»[40]

Als Schäferinnen und Spinnerinnen, als Hausfrauen und als Mütter von Helvetiens Söhnen und Töchtern, aller Pracht und allem Stolz abhold, sollten die Schweizerinnen sich selbst und ihrem Vaterland Ehre machen.

Dieses von Lavater und seinen Freunden in der Helvetischen Gesellschaft gefeierte Weiblichkeitsideal, das Rollenelemente der traditionellen Hausmutter (im Sinne der alten Hausökonomie) mit einer Hypostasierung ländlicher Ursprünglichkeit verband, erwies sich als ebenso erfolgreich wie zukunftsträchtig. Der Rückzug der Frauen in die Häuslichkeit und ins Private wurde zum Kernstück vaterländischer weiblicher Tugend, idealtypisch verkörpert etwa durch Pestalozzis Gertrud, deren häusliches Wirken als Gattin, als Mutter und als Hausfrau sich schliesslich nicht nur für die Ihren, sondern auch gerade für die Gemeinschaft als segensreich erweist. Dieses Weiblichkeitskonzept indessen war nicht nur weit entfernt vom Ideal der gebildeten, Kultur und Geselligkeit pflegenden *salonnière*, sondern es trug mit seiner antiurbanen und antiaristokratischen Einfärbung erheblich zur Ausgrenzung und Diffamierung des Typus einer an der aufgeklärten Öffentlichkeit partizipierenden *femme de lettres* bei. Republikanismus und echter Schweizer Geist vertrugen sich fortan nicht mehr mit der Anwesenheit von Frauen, die in der gesellschaftlichen Öffentlichkeit ihren Einfluss ausübten. Und diesen Republikanismus beschwor Kasthofer, als er 1837 gegenüber seinen Ratskollegen die demokratischen Verfassungsprinzipien als Garantien gegen die heimlich-unheimliche Weibermacht pries.

Anmerkungen

1 Verhandlungen des Grossen Rathes der Republik Bern, Jg. 1837, Ordentliche Wintersitzung 1837, 2. Sitzung, S. 10. Ich danke Regula Ludi für den Hinweis auf diese Textstelle.

2 Zur Metapher der Weiberherrschaft als verkehrte Ordnung vgl. auch Susanna Burghartz in diesem Band.

3 Verhandlungen des Grossen Rathes (wie Anm. 1).

4 Vgl. Joan W. Scott, Gender: A Useful Category of Historical Analysis, in: American Historical Review 91 (1986), S. 1053–1075.

5 Die Verhältnisse in den anderen Schweizer Städten, etwa in Zürich und Basel, unterscheiden sich von Bern insofern, als dass sie – als Handelsstädte mit einer kaufmännischen Herrschaftsschicht – gegenüber der Übernahme aristokratischer Formen zurückhaltender waren. Dennoch gelten die nachfolgenden Überlegungen, entsprechend modifiziert, zumindest in Teilen auch für andere Schweizer Orte.

6 Jürgen Habermas, Strukturwandel der Öffentlichkeit. Untersuchungen zu einer Kategorie der bürgerlichen Öffentlichkeit, 1. Aufl., Neuwied/Berlin 1962, letzte Aufl., Frankfurt a. M. 1990.

7 Es würde zu weit führen, die fast unübersehbare Literatur zu Sozietäten, Gesellschaften, Freimaurerei und anderen Formen von Öffentlichkeit im 18. Jahrhunderts hier anzuführen. Hingewiesen sei lediglich auf einige die Schweiz betreffende Arbeiten: Ulrich Im Hof, Das gesellige Jahrhundert, Gesellschaft und Gesellschaften im Zeitalter der Aufklärung, München 1982; Ulrich Im Hof und François de Capitani, Die Helvetische Gesellschaft. Spätaufklärung

und Vorrevolution in der Schweiz, 2 Bde., Frauenfeld/Stuttgart 1983; Emil Erne, Die schweizerischen Sozietäten. Lexikalische Darstellung der Reformgesellschaften des 18. Jahrhunderts in der Schweiz, Zürich 1988.

8 Habermas selbst meint im Vorwort zur 1990 erschienenen Neuauflage seines Werks, er habe die Geschlechterfrage in ihrer Bedeutung falsch eingeschätzt, vgl. Habermas (wie Anm. 6), S. 18 ff.

9 Vgl. dazu Gianna Pomata, Die Geschichte der Frauen zwischen Anthropologie und Biologie, in: Feministische Studien 2 (1983), S. 113–127.

10 Für eine Begrenzung auf vereinsartige Soziabilität plädiert namentlich Hans Ulrich Jost, Sociabilité, faits associatifs et vie politique en Suisse au 19ème siècle, in: Ders. und A. Tanner (Hg.), Geselligkeit, Sozietäten und Vereine. Sociabilité et faits associatifs (Schweizerische Gesellschaft für Wirtschafts- und Sozialgeschichte, Heft 9, 9. Jg.), S. 7 und passim.

11 So wiederum Jost, der den Begriff der Soziabilität von den «interactivités communicationnelles propres aux structures anthropologiques» abgrenzt und damit nahelegt, dass es sich hierbei nicht um einen historischen, sondern um einen anthropologischen Gegenstand handelt, Jost/Tanner (wie Anm. 10), S. 8; zur Kritik an dieser Trennung zwischen Geschichte und Anthropologie vgl. Pomata (wie Anm. 9).

12 Vgl. etwa die Begrifflichkeit im untenstehenden Zitat Wagners, wo von einer «regulären Abendgesellschaft» die Rede ist; die prinzipielle Breite des Terminus Sozietät bzw. Gesellschaft wird auch deutlich, wenn sich Aufklärungsgesellschaften selbst als «eine Gesellschaft von Freunden» bezeichnen, vgl. Ulrich Im Hof, Zur Rolle der Sozietäten im 18. Jahrhundert zwischen Utopie, Aufklärung und Reform, in: Erne (wie Anm. 7), S. 11.

13 Vgl. Karin Hausen, Die Polarisierung der «Geschlechtscharaktere». Eine Spiegelung der Dissoziation von Erwerbs- und Familienleben, in: W. Conze (Hg.): Sozialgeschichte der Familie Europas, Stuttgart 1976, S. 363–393.

14 Sigmund von Wagner, Novae Deliciae Urbis Bernae oder das goldene Zeitalter Berns, Ms. 1835, abgedr. in: Neues Berner Taschenbuch 1916, 226–285; 1918, 189–246; 1919, 126–177; die folgenden Zitate: ebd., 1916, S. 228, 230, 231.

15 Auch wenn Wagners Text mit einiger quellenkritischer Vorsicht zu geniessen ist, scheint er doch dieses Muster von Soziabilität einigermassen zuverlässig zu beschreiben.

16 Gilbert Burnet, Some letters containing an Account ... of Switzerland, Italy and some parts of Germany, London 1924, S. 21, 51, zit. nach Ulrich Im Hof, Das Europa der Aufklärung, München 1993, S. 214.

17 Wagner erwähnt auch Abweichungen von diesem Muster, z. B. die Sonntage, die gegenseitigen Verwandtenbesuchen vorbehalten waren und an denen auch die Männer teilnahmen. Doch sind dies eben Ausnahmen, welche die Regel bestätigen.

18 Dieses und die nachfolgenden Zitate vgl. Wagner (wie Anm. 14), 1916, S. 241 ff.

19 Die Orientierung an französischer Lebensart und Kultur war im bernischen Patriziat ausgeprägter und früher als in den Herrschaftsständen anderer Schweizer Orte. Doch können ähnliche Tendenzen auch andernorts ausgemacht werden, vgl. z. B. Paul Burckhardt, Geschichte der Stadt Basel, Basel 1942; C. Ulrich, Geselligkeit und Gesellschaften, in: Hans Wysling (Hg.), Zürich im 18. Jahrhundert, Zürich 1983, S. 51. Wohl noch ausgeprägter als in Bern war die Orientierung an Frankreich im bernischen Lausanne, wo sich durch die Anwesenheit zahlreicher Vertreter des europäischen Adels die höfischen Verkehrsformen besonders gut entwikkeln konnten, vgl. dazu W. de Sévery, La Vie de Société dans le Pays de Vaud à la fin du dixhuitième siècle. Salomon et Catherine de Charrière de Sévery et leurs amis, 2 vol. Lausanne, Paris 1911.

20 Auf die schichtübergreifende Breite der Verkehrsformen im Rahmen der traditionellen Geselligkeit der Zunftstuben weisen zahlreiche Darstellungen hin, so etwa Rudolf Wyss, Die alten Stuben- und Spiessgesellschaften der Stadt Bern, in: Berner Taschenbuch 1854, S. 146, der über das gesellschaftliche Leben des alten Bern schreibt: «Dieses bestund seit dem Mittelalter und bis ins vorige Jahrhundert darin, dass die Stubengesellen aus allen Klassen der Bürgerschaft sich des Abends auf ihren Trinkstuben zusammenfanden, um den Schluss des Tages miteinander in heiterem Gespräche bei einem Glase Wein zuzubringen. [...] Diese abendlichen Vereinigungen auf den Stuben trugen nicht wenig dazu bei, unter allen Klassen der Bürgerschaft ein gutes, freundliches Vernehmen zu erhalten, auf dass man, wie es in Republiken sein sollte»; ähnlich auch Hans Blösch, Die Blütezeit der bernischen Aristokratie, BZGH, 1953, S. 111: «Mit dem Einzug der neuen Sitten vollzog sich aber auch die Trennung der sozialen Schichten. Während sich ehemals der Ratsherr unbedenklich neben den ehrsamen Handwerker an den Tisch gesetzt hatte, fanden sich nun nur noch die unteren Schichten in den Kellern zusammen, [...]. Die vornehme Klasse schloss sich in Leisten und Sozietäten von den anderen ab und vergnügte sich in häufigen Gesellschaften in den Salons, die zu einem wesentlichen Teil der neuen Wohnung wurden. Man vereinigte sich zu Spiel und Tanz, zu geistreichem Geplauder und zu gemeinsamen Landpartien, wobei auch die Weiblichkeit eine dominierende Rolle spielte.»

21 Richard Feller bringt diese Situation auf die kurze Formel: «Die Geselligkeit war am Ende des 17. Jahrhunderts durchaus männlich.» Geschichte Berns, Bd. III, Bern 1955, S. 710.

22 A. Zesiger, Das bernische Zunftwesen, Bern 1911, S. 151.

23 Zu Julie Bondeli vgl. J. J. Schädelin, Julie Bondeli, die Freundin Rousseaus und Wielands, Bern 1838; Eduard Bodemann, Julie von Bondeli und ihr Freundeskreis, Hannover 1874; Lilli Haller (Hg.), Die Briefe von Julie Bondeli an Johann Georg Zimmermann und Leonhard Usteri, Frauenfeld 1930; Angelica Baum und Brigitte Schnegg, Julie Bondeli. Ein Porträt, in: Passagen 10 (1991).

24 Paul Usteri, Heinrich Meisters Mitteilungen über Bern aus dem Jahre 1764, in: Neues Berner Taschenbuch auf das Jahr 1904, S. 74 f.

25 Erne (wie Anm. 7), S. 164–214.

26 Vgl. dazu Im Hof (wie Anm. 7), S. 216 ff.

27 Vgl. Richard van Dülmen, Die Gesellschaft der Aufklärer. Zur bürgerlichen Emanzipation und aufklärerischen Kultur in Deutschland, Frankfurt a. M. 1986, S. 121; Im Hof (wie Anm. 7), S. 224 f.

28 Wagner (wie Anm. 14), 1918, S. 233.

29 Vgl. dazu Carolyn C. Lougee, Le Paradis des Femmes: Women, Salons, and the Social Stratification in Seventeenth-Century France, Princeton (N. J.) 1976.

30 Sylvana Tomaselli, The Enlightenment Debate on Women, in: History Workshop 20 (1985), S. 101–124.

31 Zu Beat Ludwig von Muralt und seiner Wirkung vgl. Janos Riesz, Muralts «Lettres sur les Anglais et les Français et sur les Voyages» und ihre Rezeption. Eine literarische «Querelle» der französischen Frühaufklärung, München 1979.

32 Beat Ludwig von Muralt, Lettres sur les Anglois et les François et sur les voiages, o. O. 1725, S. 228 f.

33 Ebd., S. 233.

34 Ebd., S. 237 f.

35 Jean-Jacques Rousseau, Lettre à d'Alembert, éd. établie et présentée par Jean Varloot, Paris 1987, S. 266.

36 Ebd., S. 271 f.

37 Montesquieu, De l'esprit des lois, Livre VII, Chap. IX; als Kontrast dazu das Bild der Monarchie: «Les femmes ont peu de retenue dans les monarchies, parce que la distinction des rangs les appelant à la cour, elles y vont prendre cet esprit de liberté qui est à peu près le seul qu'on y tolère. Chacun se sert de leurs agréments et de leurs passions pour avancer sa fortune; et comme leur faiblesse ne leur permet pas l'orgueil, mais la vanité, le luxe y règne toujours avec elles.»

38 E. William Monter, Women in Calvinist Geneva (1550–1800), in: SIGNS, 6. 2. 1980, hat für Genf den Einfluss des Republikanismus auf das Geschlechterverhältnis untersucht und ist zum Schluss gekommen, dass er die Position der Frauen geschwächt habe, im Unterschied zum Kalvinismus, der eher im Sinne einer Geschlechteregalität gewirkt habe.

39 Moralische Schilderung des ehemals altfränkischen, itzt artigen Frauenzimmers. Von einem altväterischen aber redlich denkenden Patrioten entworfen, An. 1740, in: Schweizerisches Museum, achtes Stück 1784, S. 740–752, hier S. 741

40 Johann Caspar Lavater, Schweizer Lieder. Von einem Mitgliede der helvetischen Gesellschaft zu Schinznach, Bern 1767.

Regula Ludi

Die Moral der Politik – die Gegenmoral der Strasse

Die Ambivalenz von Öffentlichkeit am Beispiel eines Sexskandals in der bernischen Regenerationszeit

Im Februar 1836 verurteilte das bernische Amtsgericht die 23jährige Susanna Büchler wegen Beamtenverleumdung, unzüchtigem Lebenswandel und Vagantenleben zu einer zwölfmonatigen Zuchthausstrafe. Die Strafuntersuchung hatte Polizei und Justiz während gut drei Monaten in Atem gehalten. Die Ermittlungen waren für damalige Verhältnisse extrem ausführlich und langwierig – so mussten mehr als ein Dutzend Zeugen und Zeuginnen vor dem Untersuchungsrichter Aussagen hinterlegen und mindestens zehn Polizeibeamte Bericht über ihre Ermittlungstätigkeit erstatten.[1]

Die Vergehen, die man Susanna Büchler zur Last legte, erscheinen auf den ersten Blick reichlich banal. Worum sich die ganze Untersuchung drehte, war für einmal nicht primär Büchlers Anstoss erregender Lebenswandel. Dass sie ihren Unterhalt mit Prostitution bestritt, war der Polizei seit geraumer Zeit bekannt. Dass sie zudem ein ausschweifendes und sittenloses Leben führte, sich häufig in den Wirtshäusern herumtrieb, viel trank und im Rausch oft Streit anzettelte, hatte auch schon zuvor die Aufmerksamkeit der Ordnungshüter in Anspruch genommen. Bereits als 16jährige war Susanna Büchler nämlich erstmals wegen Bagatelldelikten in Schwierigkeiten mit der Polizei geraten. Zum Zeitpunkt des hier erwähnten Urteils blickte sie auf ein beachtliches Strafregister zurück. Es waren freilich keine schweren Verbrechen, sondern geringe Normverletzungen, Streitereien und Sittendelikte, die sie unablässig in Kontakt mit der Justiz gebracht hatten. Susanna Büchler gehörte also ins Umfeld jener Kleinkriminellen, welche wegen unbotmässigem Betragen, wegen exzessiver und nonkonformer Lebensweise und wegen normwidrigen Erwerbsformen mit beinahe vorhersehbarer Regelmässigkeit in den Polizeiakten des frühen 19. Jahrhunderts auftauchen, und welche von der neuen bürgerlichen Elite zunehmend als eine Bedrohung der gesellschaftlichen Stabilität und der öffentlichen Ordnung wahrgenommen worden sind.[2]

Was die Behörden aber tatsächlich dazu veranlasste, im Herbst 1835 eine besonders ausführliche Strafuntersuchung gegen Susanna Büchler einzuleiten, waren nicht die üblichen trivialen Gesetzeswidrigkeiten der Angeklagten, sondern das Gerede in Berns Gassen und Wirtshäusern. Der bekannten Prostituierten wurde diesmal zum Verhängnis, dass sie offenbar Tabus verletzt und einen neuralgischen Punkt der bürgerlichen Öffentlichkeit getroffen hatte. Denn seit geraumer Zeit kursierten in der Stadt hartnäckige Gerüchte über einen Sexskandal, in welchen mehrere hohe Beamte der bernischen Regenerationsregierung verstrickt waren. Alle Spuren führten zu Susanna Büchler, die gemäss Zeugenaussagen mehrmals Enthüllungen über ihre sexuellen Kontakte gemacht und dabei auch die Identität ihrer Kunden preisgegeben hatte. Verschiedene Personen bekundeten, dass Büchler in der Öffentlichkeit mit ihren Beziehungen zu Staatsbeamten prahle und dass sie überdies behaupte, sie geniesse deswegen den besonderen Schutz der Behörden. So hinterlegte ein Bezirkslandjäger die folgende Anzeige gegen Susanna Büchler: «Diese erlaubt sich sogar, Eusserungen zu machen vor dem Publikum, sie seye von höhern Regierungsbeamten unterstüzt, so dass sie ihres ausgelassenen Lebens ungehindert forttreiben dürfe.»[3] Ein verhörter Zeuge gab ferner zu Protokoll, dass Susanna Büchler sich nicht nur unverhohlen ihres «Hurenlebens rühmte», sondern zudem angebe, «beynahe mit allen Beamten zu thun zu haben und diesen wegen von ihnen protegiert zu seyn».[4]

Zur Illustration seien hier nur einige der Episoden erwähnt, die Gegenstand von Wirtshausgesprächen waren. Beispielsweise soll Büchler gesagt haben, dass sie jederzeit eine Aufenthaltsbewilligung erlangen könne. Wenn der zuständige Beamte, der Polizeidirektor Matt, sich weigere, ihr die Papiere auszustellen, dann gehe sie jeweils zu Regierungsstatthalter Roschi, setze sich auf dessen Schoss und erhalte so schon, was sie brauche. Ein andermal soll sie erzählt haben, dass sie mehrmals zusammen mit Regierungsrat Kohler in einer anrüchigen Gaststätte gegessen, getrunken und anschliessend Unzucht getrieben habe. Einmal sei der betreffende Magistrat so stark betrunken gewesen, dass sie ihn von einem dubiosen Lokal in die Stadt zurückschleppen musste, weil er den Weg selbst nicht mehr gefunden hätte. Zu ihren Kunden zählte Susanna Büchler schliesslich auch den Stadtpolizeidirektor. Über ihn wusste sie zu erzählen, «sie sei einmal zu ihm gegangen, um eine Aufenthaltsbewilligung zu erheben. Nun habe er sie ins Nebenzimmer genommen, habe ihr dort, um ihren eigenen Ausdruck zu gebrauchen, das Füdle gegriffen und dann hätten sie es einander gemacht u. er ihr nebst einer Bewilligung einen 35ger [35 Batzen] gegeben».[5] Gewöhnlich verlange sie vom Stadtpolizeidirektor jedoch keine Bezahlung, sondern den Schutz vor polizeilichen Nachstellungen. So brauche sie auch die Landjäger nicht zu fürchten, denn «sie kenne grössere Herren als diese seyen, sie gehe nur zum H. Polizeidirektor, den sie sehr gut kenne und dann müssten die Landjäger mit langen Nasen abzotteln».[6]

Wenn die polizeilichen Ermittlungen auch verschiedene Versionen der hier erwähnten Geschichten zutage förderten, so wiesen die Zeugenaussagen doch eine Gemeinsamkeit auf: Alle Verhörten bezeichneten Susanna Büchler als die Urheberin der Gerüchte. Die Angeklagte selbst legte in der Untersuchung jedoch kein Geständnis über den Umgang mit hohen Staatsbeamten und Regierungsmitgliedern ab, ebensowenig bekannte sie sich dazu, die erwähnten Geschichten erzählt zu haben. Ihre Zurückhaltung war angebracht. Denn die Gerichtsbehörden liessen keine Zweifel offen, dass sie die Gerüchte als eine boshafte Erfindung von Susanna Büchler betrachteten. Sie unternahmen während der ganzen Untersuchung keine Anstrengungen, um den Wahrheitsgehalt der Geschichten zu überprüfen. Keiner der belasteten Beamten wurde zur Rechenschaft gezogen, obwohl genügend Hinweise auf illegale Kontakte zu Prostituierten und sogar auf Korruption vorlagen. Die Justiz war vielmehr eifrig darum bemüht, die Vorfälle möglichst zu bagatellisieren und Susanna Büchler als eine übelbeleumdete Lügnerin hinzustellen.

Die Ausführlichkeit der Ermittlungen, der Umfang der Akten und die Härte der Strafe erwecken trotzdem den Eindruck, dass die Büchler-Geschichte sowohl die Justiz als auch die Regierung in ziemliche Aufregung versetzt hat. Offenbar traf der Skandal das politische Establishment an einer empfindlichen Stelle. Allein dass Büchler sich gegenüber Nachbarn und Tischgenossen im Wirtshaus offen zu ihrer gesetzeswidrigen Lebensweise bekannte, war für Justiz und Polizei eine Anmassung ohnegleichen.[7] Dass sie aber darüber hinaus schamlos und ungehindert Geschichten über Unsittlichkeiten von staatlichen Autoritätspersonen zum Besten gab, war ein Schlag ins Gesicht der neuen politischen Elite. Immerhin waren noch kaum vier Jahre verflossen, seit in Bern die Liberalen an die Macht gelangt waren und das Patriziat endgültig die Regierungssessel hatte räumen müssen. Zwar war die Regierung der neuen Männer mit der Verfassung von 1831 rechtlich abgesichert und durch Volkswahlen demokratisch legitimiert. Der Machtanspruch der liberalen Elite und ihre gesellschaftspolitischen Idealvorstellungen genossen allerdings nicht die allgemeine Zustimmung. Die gesamte bernische Regenerationszeit war von dauernden Parteiquerelen, von Machtkämpfen unter den Liberalen selbst, von diversen politischen Krisen und einer relativ starken Opposition der ehemals mächtigen Patrizier gekennzeichnet. Zaghaft formierte sich um die Mitte der 30er Jahre auch erstmals eine oppositionelle Bewegung der ländlichen Unterschichten.[8] Noch fehlte den Unzufriedenen die nötige Durchschlags-

kraft, um die Regierung zu Konzessionen zu zwingen, und unter dem Druck der politischen Repression zerfiel die Bewegung innerhalb kürzester Zeit. Dennoch war die gesellschaftliche Stabilität keineswegs garantiert. Die Bereitschaft von Unterschichtangehörigen, ihrem Unmut in individuellen und spontanen Aktionen des sozialen Protests, in Unbotmässigkeiten und Widersetzlichkeiten gegen die Staatsgewalt Luft zu machen, verursachte den Sicherheitskräften regelmässig Umtriebe. In der Regenerationszeit traten zudem auch die ersten Anzeichen der grossen Pauperismuskrise in Erscheinung. Massenarbeitslosigkeit, der Verlust der traditionellen Versorgungsgrundlagen und der zunehmende Zwang zur Mobilität charakterisierte die soziale Lage der ländlich-agrarischen Unterschicht des Kantons. Mit einer rigorosen Kriminalisierungspolitik, die sich unverblümt gegen die Besitzlosen richtete, versuchte die liberale Regierung den sozialen Unsicherheiten Herr zu werden. Innerhalb eines guten Jahrzehnts stiegen die Raten der verfolgten Delikte sprunghaft an, wobei die Zunahme bei den typischen Unterschichtsdelikten wie Eigentumskriminalität, Vergehen gegen die öffentliche Sicherheit oder Sittendelikten besonders markant war.[9]
Der Prozess gegen Susanna Büchler fiel also in eine Zeit, in der die Gesellschaft von den grossen politischen und sozialen Umwälzungen erschüttert war. Noch ruhte der bürgerliche Staat auf brüchigen Fundamenten, und die Politik der Liberalen musste sich erst bewähren und die Zustimmung der Öffentlichkeit finden. Vor diesem Hintergrund war der Fall in hohem Grade politisch, weil das Gerede staatliche Autoritätspersonen in eine unbequeme Lage versetzte. Die politische Brisanz der Affäre ging aber tiefer, über die individuelle Betroffenheit einzelner Beamter hinaus, da der Skandal verschiedene verletzliche Stellen der liberalen Politik aufdeckte.
Was hat nun aber ein Sexskandal mit dem Thema Öffentlichkeit und Frauen zu tun? Einmal hat Sexualität im 19. Jahrhundert in bezug auf Öffentlichkeit eine ambivalente Bedeutung, weil sie einerseits aus der Öffentlichkeit ausgegrenzt wird, und andererseits dennoch präsent ist. Präsent ist sie insbesondere für Frauen, weil weibliche Ehre primär über Sexualität definiert wird und weil die Respektabilität von Frauen, die in der Öffentlichkeit auftreten, stets in Zweifel gezogen wird. Zudem zeigt die Affäre um Susanna Büchler, dass sich der Moral der bürgerlichen Regierung eine Moral der Strasse entgegenstellt. Neben der republikanischen Männeröffentlichkeit existiert eine informelle Gegenöffentlichkeit. Ihr Raum ist die Strasse, die Nachbarschaft und das Wirtshaus, und an ihr partizipieren auch die Frauen. Diese plebejische Gegenöffentlichkeit bildet im frühen 19. Jahrhundert eine moralische Instanz, die zwar ihre Wurzeln in einer traditionellen Unterschichtsmentalität findet, aber dennoch die Normvorstellungen der Elite instrumentalisiert, indem sie die politischen Exponenten

des Bürgertums an deren eigenen Massstäben misst. Gerade im Kontext der bürgerlichen Sexualpolitik wird die Sexualmoral zu einer Waffe, die sich gegen die liberalen Politiker selbst richten kann. Die Vertreter der politischen Elite können die Stimme dieser Gegenöffentlichkeit nicht ohne weiteres ignorieren, denn der Klatsch und die Gerüchte können eine politisch durchaus gefährliche Dimension erlangen.

Sexualität im Spannungsfeld zwischen Intimsphäre und Öffentlichkeit

Das 19. Jahrhundert gilt als eine Epoche, die von einer besonders rigiden Sexualmoral, von Prüderie und zahlreichen Tabus beherrscht war. Tatsächlich war die Ehe der einzig legitime Ort, wo Sexualität ausgelebt werden durfte. Jede andere Form sexueller Aktivität verstiess sowohl gegen die Sitten als auch gegen das Gesetz.[10] Der strenge, spezifisch bürgerliche Moralkodex beruhte auf einer neuen Einstellung zu Körper und Intimität und propagierte die sexuelle Mässigung. Mit dem Keuschheitsgebot engte er nicht nur den Handlungsspielraum der Frauen ein, sondern er war als ein Aspekt der Tugend auch Bestandteil republikanischer Männlichkeit. Sexuelle Konformität wurde somit zu einem Definitionskriterium der normalen geschlechtlichen Identität, zum Kennzeichen echter Weiblichkeit und zum Merkmal normaler Männlichkeit, während Triebhaftigkeit und Exzessivität den Menschen entwürdigten und ihn seiner gesellschaftlichen Respektabilität beraubten.

Die Fixierung der Sexualität auf die Familie schuf neue soziale Leitbilder, welche die kulturelle Überlegenheit des Bürgertums untermauerten. Die strenge Sexualmoral war deshalb konstitutiv für die Klassenidentität und für das Selbstbewusstsein des Bürgertums. Sie legitimierte den bürgerlichen Herrschaftsanspruch und begründete die Distinktion, die kulturelle Abgrenzung gegenüber den eben erst entmachteten Aristokraten, deren Lebensführung mit Verweichlichung, Genusssucht und Amoralität in Verbindung gebracht wurde.[11]

Zugleich distanzierte sich das Bürgertum mit seiner Sexualmoral auch deutlich von den Lebensformen der ländlichen Bevölkerung und insbesondere von den Gewohnheiten und von den überlieferten sexuellen Normen der ärmeren Landbewohner. Die divergierende Lebensweise der Unterschicht konnten die Männer des gebildeten Bürgertums nur in den moralisch besetzten Kategorien von Verrohung, Liederlichkeit und Schamlosigkeit fassen. «Man muss selbst als Arzt oder als Seelsorger die Hütten der Armen besucht haben, um sich einen klaren Begriff von dem bodenlosen Elend dieser so zahlreichen Volksklasse machen zu können. Da ist Alles, Jung und Alt, durcheinander;

in den gleichen Kammern schlafen Alle auf dem Ofen oder in elenden Betten beisammen. Die Gespräche wie die Handlungen sind durchaus frei: jedes Bedürfnis wird ohne Scheu vor andern befriedigt. Schamhaftigkeit und Sittsamkeit sind da völlig unbekannte Dinge.»[12] Diese Beobachtungen des bernischen Landpfarrers Fetscherin bringen deutlich zum Ausdruck, welch ein zivilisatorisches Gefälle die moralischen Reformer bei ihren Kontakten zu Angehörigen der Unterschicht wahrgenommen haben. Vor allem die Kritik am Kiltgang, dem in der Schweiz weitverbreiteten, ländlichen Brauch der erotischen Kontaktaufnahme zwischen Jugendlichen, durchzieht die Armenliteratur der ersten Jahrhunderthälfte. Die meisten zeitgenössischen Autoren verkannten die Einbindung des Kiltgangs in ein traditionelles Normgefüge und schrieben die Schuld an der zunehmenden Verelendung der besitzlosen Landbevölkerung primär dem mangelhaften Moralverständnis der jüngeren Generation zu. Sie glaubten einen ursächlichen Zusammenhang zwischen den Sinnenfreuden der Unterschichtsangehörigen und deren Absinken in die Unterstützungsbedürftigkeit zu erkennen. Erotische Freizügigkeit und die beklagte Gleichgültigkeit der Armen gegenüber den sittlichen Normen stehen paradigmatisch für die liberale Anschauung, wonach die Armut selbstverschuldet sei.
Die bürgerliche Sexualmoral war schliesslich auch ein Instrument zur Disziplinierung der ärmeren Bevölkerungsschichten.[13] Lautstark forderten die moralischen Reformer, dass jede Form von Sexualität ausserhalb der Ehe streng bestraft werde. Die Kriminalisierung von sexuellen Abweichungen – wie ausserehelicher Sexualität oder Prostitution – war denn auch fast während des ganzen 19. Jahrhunderts die wichtigste Strategie der Sittenpolitik. Gerichtsakten bezeugen eindrücklich, wie die Justiz jede Form von nonkonformer Sexualität konsequent verfolgt hat und wie sie den Unterschichtangehörigen die bürgerlichen Begriffe von Anstand und Sitte gewaltsam einzutrichtern versuchte. Beispielsweise hat sich im Gerichtsbezirk Bern allein in den ersten 13 Jahren nach dem politischen Umschwung von 1831 die Zahl der Anzeigen wegen Sittendelikten vervierfacht. Die Aufmerksamkeit der Sittenpolizei galt vor allem den Prostituierten. Die Strategie der Polizei bezweckte vorab, die Prostitution aus dem öffentlichen Raum zu verbannen. Aufgegriffene Prostituierte mussten gewöhnlich die alte Verbannungsstrafe, die Bezirksverweisung verbüssen. Diese Massnahme, die darauf abzielte, öffentlich sichtbare Sexualität aus dem städtischen Gesichtsfeld zu verdrängen, erwies sich allerdings als völlig ineffizient, weil die sozialen und ökonomischen Verhältnisse den Frauen neben der Prostitution nur wenige Erwerbsquellen offenliessen. Die Verdrängungsstrategie scheiterte aber auch an der Hartnäckigkeit und Renitenz der Bestraften, die sich nicht aus der Stadt vertreiben liessen und die entgegen allen Weisungen immer wieder die anrüchigen Lokale besuchten.[14]

Je stärker sich das Bürgertum kulturell vom Volk abzugrenzen versuchte, desto bedeutsamer wurden Fragen von Sitte und Moral für die Lebensführung. Die Sittenpolitik des 19. Jahrhunderts führte allerdings zu einer paradoxen Situation: Zwar verlangte die bürgerliche Moral, dass Sexualität in die Privatsphäre eingegrenzt werde, und dennoch liess sich Sexualität nicht aus dem Gesichtsfeld der Öffentlichkeit verbannen, sondern blieb Gegenstand von politischen Auseinandersetzungen. Denn deviantes sexuelles Verhalten war stets öffentlich präsent, sei es verkörpert durch die Prostituierte, die sich in den Wirtshäusern und einschlägigen Lokalen oder auf offener Strasse herumtrieb; sei es als Gegenstand der Gerüchte und des Klatsches oder als Objekt der strafrechtlichen Verfolgung. Solange die Sexualmoral zudem ein Medium sozialer Distinktion war, solange der Vorwurf der Amoralität auch zur Diffamierung politischer Gegner diente, war die Verdrängung der Sexualität aus dem öffentlichen Diskurs ohnehin eine Illusion. Und schliesslich führte gerade das stete Bemühen, eine moralische Ordnung zu errichten und zu festigen, zu einer intensiven Auseinandersetzung mit richtiger und falscher Sexualität. Nicht nur die moralischen Reformer, sondern auch die Wissenschaftler produzierten im Verlauf des 19. Jahrhunderts unablässig Normen, Definitionen und Klassifikationen von normalen und krankhaften sexuellen Bedürfnissen sowie zulässigen und unzulässigen Wegen der Triebbefriedigung.[15] Sexualität war im 19. Jahrhundert zugleich ein Tabu wie auch ein Symbol für soziale Ordnung respektive Unordnung.

Die ambivalente Beziehung zwischen Sexualität und Öffentlichkeit hatte vor allem für die Frauen fatale Folgen. Weibliche Ehre war aufs engste mit sexueller Konformität verknüpft, und vorab die Bürgerinnen litten unter der Last, bei ihren Auftritten in öffentlichen Räumen permanent Respektabilität demonstrieren zu müssen. Gleichzeitig waren sie der ständig drohenden Gefahr ausgesetzt, dabei ertappt zu werden, diesem Gebot nicht genügend Folge zu leisten. Denn gerade im ausserhäuslichen Bereich war die Respektabilität nicht mehr garantiert. Das Aufkommen der Strassenprostitution hatte die Unterscheidung zwischen ehrbaren und ehrlosen Frauen erschwert. Öffentlichkeit war geradezu ein konstitutives Merkmal der Prostitution, da die käufliche Liebe nun nicht mehr in klar bezeichneten Räumen eingegrenzt war.[16] So wurde auch die despektierliche Bezeichnung «öffentliche Person» im zeitgenössischen Wortgebrauch als Synonym für Dirne verwendet.[17] Ausserdem präsentierten sich die Prostituierten – allein um sich vor der polizeilichen Verfolgung zu schützen – in Kleidung und Auftreten als respektable Frauen. Nur Eingeweihte vermochten die Erkennungszeichen zu dekodieren.[18] Im grossen Versteckspiel der städtischen Gesellschaft erhielten Details der Kleidung, der Frisur, der Gestik und Mimik sexuelle

Bedeutung und liessen direkte Rückschlüsse auf den Charakter einer Person zu. Diese Personalisierung der Gesellschaft hatte zur Folge, dass weibliche Ehre in der Öffentlichkeit permanent Anzweiflungen ausgesetzt war, zumal sich die Zeichen, an denen der ehrbare Charakter einer Frau bemessen wurde, immer subtiler gestalteten.[19]

Die plebejische und weibliche Gegenöffentlichkeit als politischer Faktor

In der ersten Hälfte des 19. Jahrhunderts hatten sich die Frauen des Bürgertums fast vollständig in den privaten Bereich von Familie und Haushalt zurückgezogen. Öffentlichkeit war nun in ihrer doppelten Bedeutung männlich: Die öffentlichen Räume waren von den Männern besetzt, und Frauen hatten darin nicht mehr als die Funktion eines sexuellen Objekts. Die politische und literarische Öffentlichkeit dagegen schloss – spätestens seit sie in institutionelle Strukturen gepresst worden war – Frauen kategorisch aus.[20] Die Teilnahme an der Meinungsbildung war den Frauen in der Republik qua Geschlecht verwehrt. Denn die liberalen Verfassungen hatten die ständischen Ausschlusskriterien durch biologisch begründete ersetzt und das Recht auf politische Partizipation explizit und definitiv auf die Männer beschränkt.

Die Segregation von weiblicher und männlicher Lebenssphäre und die damit verbundene Ideologisierung der Häuslichkeit waren jedoch noch weitgehend ein klassenspezifisches Phänomen, ein Merkmal bürgerlicher Lebensführung. Denn im Gegensatz zu den bürgerlichen Frauen blieben die Unterschichtsfrauen im öffentlichen Raum präsent. Sie mussten einer Erwerbsarbeit nachgehen und sich gezwungenermassen auf der Strasse bewegen. Zugleich partizipierten sie aber auch an einer informellen öffentlichen Kommunikation, deren Medium das Gerücht und der Schwatz auf der Strasse waren. Sie spielten sogar eine sehr wichtige Rolle in dieser Gegenöffentlichkeit, da bedeutende Informationszentren – der Markt, der Brunnen und das Waschhaus – Orte weiblicher Tätigkeiten waren. Dort fanden die Arbeiterfrauen, die Tagelöhnerinnen und die Dienstmädchen aus den bürgerlichen Haushalten regelmässig die Gelegenheit, Neuigkeiten aus der Nachbarschaft zu erfahren. Häufig drehte sich der Klatsch gerade um die vom Bürgertum tabuisierten Bereiche der Körperlichkeit – wie Schmutz und Sexualität.[21] Die schwatzenden Frauen tauschten allerdings nicht bloss belanglose Geschichten aus, sondern sie empörten sich über Abweichungen und Ungerechtigkeiten, bestätigten Normen und bildeten so eine Instanz der sozialen Kontrolle, der sich auch die Familien der wohlhabenden und respektablen Kreise nicht vollständig entziehen konnten. Die Frauen der Unterschicht verkehrten aber auch in den Wirtshäusern, den typisch männlichen Treffpunkten, und waren in die Trinkkultur und in die Geselligkeit der Arbeiter integriert.[22] Überdies wurden in Bern nicht wenige der zahlreichen Weinkeller und Pinten, in welchen sich die Handwerker und Knechte und an Markttagen die Fuhrleute und Bauern vom Land trafen, von Frauen geführt.[23] Die Wirtinnen waren mit dem aktuellen Klatsch vertraut und nahmen somit eine zentrale Stellung in der städtischen Informationsbörse ein. Häufig kontrollierten sie als Kupplerinnen auch einen Teil des Geschäftes mit der käuflichen Liebe.[24] Die Frauen der Unterschicht waren aber – gerade weil sie sich relativ ungezwungen in öffentlichen Räumen bewegen konnten – moralisch suspekt. Ihre Lebensweise stigmatisierte sie in der Wahrnehmung der bürgerlichen Moralpolitiker und der Sittenpolizei zu potentiellen Prostituierten.[25]

Das Wirtshaus, die Strasse und die Nachbarschaft konstituierten ein eigenes Forum; sie bildeten den Raum der unstrukturierten, plebejischen und weiblichen Öffentlichkeit. Gerede, Gerüchte und Klatsch waren die Kommunikationsformen, mit denen sich die Frauen und Männer der Unterschicht ihrer Zusammengehörigkeit vergewisserten. Sie vermittelten und bestätigten Werte, die manchmal den Normen der liberalen Elite zuwiderliefen und zuweilen auch Kristallisationskern für Widerspruch und Opposition gegen die Vertreter der Staatsgewalt waren. Die Sicherheitskräfte des bürgerlichen Staates waren sich sehr wohl bewusst, welches Potential an Widerstand die informelle Öffentlichkeit in sich barg. Die Wirtshäuser waren für sie ohnehin eine Brutstätte von Auflehnung und Kriminalität, zumal der kausale Zusammenhang zwischen Alkoholkonsum und Ordnungswidrigkeiten für die Zeitgenossen kaum bestritten war. Die Unordnung der Stadt – «wo eine Masse von 20'000 Menschen concentriert ist, wo an Markttagen mehr als 28'000 Menschen im engen Kreise zusammengedrängt sind, wo überdies der Siz der Regierung sich befindet, und wo ein an sich unbedeutendes Ereignis einen plötzlichen Auflauf von mehreren hundert Menschen bewirken kann»[26] –, das Kommen und Gehen von Fremden und die kaum kontrollierbare Mobilität der jüngeren Arbeiter und Arbeiterinnen versetzten die Vertreter der Staatsgewalt regelmässig in Nervosität. Die Gegenöffentlichkeit in ihrer amorphen Gestalt stellte für sie eine latente, manchmal aber auch eine manifeste Gefährdung von Ruhe und Ordnung dar. Das Brodeln der Gerüchte und das murmelnde Gerede konnte sich scheinbar spontan, unerwartet und unberechenbar in offene Kritik an der neuen politischen Ordnung oder auch in individuelle Widersetzlichkeiten gegen die Staatsgewalt verwandeln.

Dieser Gegenöffentlichkeit gehörten auch die potentiellen Opfer der bürgerlichen Sexualpolitik an – die Gelegenheitsprostituierten, die Wirtinnen und Kupplerinnen, die Frauen und Männer, die verbotenerweise im Konkubinat lebten, und die zahlreichen ledigen Dienstmägde und Tagelöhnerinnen mit unehelichen Kindern. Sie alle waren nicht bereit, eine Sexualmoral zu übernehmen, die ihre Lebensformen kriminalisierte, zumal ihr deviantes Verhalten häufig nicht das Resultat einer freien Wahl war. Vermutlich betrachteten die meisten von ihnen voreheliche sexuelle Beziehungen nicht als widerrechtlich, solange die Beteiligten zu heiraten beabsichtigten.[27] Zudem galt Prostitution nicht unbedingt als ein Verbrechen, denn andernfalls hätte Susanna Büchler in ihrer Rekursschrift kaum mit grösster Selbstverständlichkeit behaupten können, gewerbsmässige Unzucht sei nicht gesetzeswidrig, «da nach der neuen Verfassung Gewerbsfreiheit, so wie die Gleichheit vor dem Gesez, im ganzen Kanton existiert».[28] Und gleichwohl nahmen die Frauen und Männer von der Strasse die liberale Regierung beim Wort. Sie verstanden die Rechtsgleichheit sehr wohl als ein Prinzip, das alle betreffe und das es nicht mehr zulasse, dass sich die Angehörigen der sozialen und politischen Elite vor dem Gesetz Privilegien herausnehmen. Schadenfroh kehrten sie die bürgerliche Moral gegen ihre Urheber selbst und kolportierten die Geschichten der Susanna Büchler.

Die Frauen und Männer von der Strasse bildeten somit eine Öffentlichkeit, der sich eine Regierung, die ihre Legitimation in der Volkssouveränität suchte, nicht mehr zu entziehen vermochte. Die Männer der politischen Elite konnten nicht verhindern, an den eigenen Massstäben gemessen zu werden. Die Sittenpolitik der liberalen Regierung erwies sich plötzlich als ein zweischneidiges Schwert, das sich auch gegen die führenden Männer wenden konnte. Denn ironischerweise – oder vielleicht steckte sogar eine klares Kalkül hinter den Enthüllungen von Susanna Büchler – waren sämtliche der kompromittierten Beamten auch für Teilbereiche der Sittenpolitik zuständig. Dem Regierungsstatthalter und dem Stadtpolizeidirektor unterstanden beispielsweise die Aufsicht über die Sittenpolizei, der Vollzug von Verweisungsstrafen und die Erteilung von Aufenthaltsbewilligungen.[29] Aufgrund ihrer Kompetenzen übten sie Kontrolle über die Prostitution aus und waren mit der Aufgabe betraut, den Lebenswandel und die Respektabilität der Neuzuzüger zu überprüfen. Regierungsrat Kohler stand der Polizeisektion des Justiz- und Polizeidepartementes der Kantonsregierung vor und befasste sich 1839 in dieser Funktion mit der damals vehement diskutierten Branntweinfrage.[30]

Die kursierenden Gerüchte drängten die politische Elite in die Enge. Denn wie die Strafuntersuchung gegen Susanna Büchler bald einmal zeigte, drohten verheerende Folgen. Die angebliche Protektion, die Büchler zu geniessen behauptete, roch allzu vertraut nach der geschmähten Willkür, die man von liberaler Seite den entmachteten

Patriziern nachzusagen pflegte. Die Gerüchte drohten die Autorität der belasteten Männer zu untergraben, und das öffentliche Ansehen einzelner Beamter war so tief gesunken, dass verschiedene Personen lauthals verkündeten, sie hätten jeden Respekt vor dem Stadtpolizeidirektor verloren, seit ihnen die Gerüchte über dessen Kontakte zu Susanna Büchler zu Ohren gekommen seien. Subalterne Polizeibeamte fühlten sich bei ihrer Arbeit hintergangen und liessen bei ihren Klagen über die Zwecklosigkeit ihrer Bemühungen, gegen Susanna Büchler vorzugehen, Unzufriedenheit mit dem Verhalten ihres Chefs durchschimmern. «Die Büchler ist schon oft aufgebracht worden», gab ein Landjäger resigniert zu Protokoll, «allein dann wurde sie wieder ungestraft entlassen und ging mit lachendem Munde fort, so dass wir ganz entmuthigt wurden, etwas gegen sie vorzunehmen.»[31]

Unter dem Skandal hatte aber nicht nur die persönliche Glaubwürdigkeit einzelner Männer gelitten, sondern ganz offensichtlich war die Autorität der Staatsbehörden generell angekratzt. Vor allem die Landjäger, die Tag für Tag auf der Strasse mit den Unbotmässigkeiten widerspenstiger Frauen und Männer konfrontiert waren, wussten ihr Leid zu klagen. So berichtete ein Beamter, dass er kaum mehr die Mittel besässe, um gegen Prostituierte vorzugehen, und gab weiter zu Protokoll: «Da die Büchler ihren Beruf so ungestraft und ungescheut forttreibt, so hat diess die üblen Folgen, dass sich andere schlechte Weibspersonen darauf stüzen, sich darauf berufen und darauf pochen, warum man denn die Büchler nicht bestrafe. Daher kommt es dann, dass man solche Weibspersonen mit Strafe verschont, dass man nichts gegen sie ausrichten kann und es sich sogar gefallen lassen muss, wenn sie uns auf der Strasse vorhalten, warum die Büchler immer ungestraft ihr Lebwesen fortseze.»[32]

Wichtige Polizeibeamte standen also unter dem Verdacht, wegen ihren Kontakten zu Prostituierten korrumpierbar zu sein. Wie die zitierten Äusserungen der Landjäger zeigen, konnte die Achtung vor der Staatsgewalt nicht mehr losgelöst von der Glaubwürdigkeit ihrer Repräsentanten bestehen. Die Enthüllungen von Susanna Büchler hatten Sexualität somit zu einer Bedrohung für die Männeröffentlichkeit gemacht, und zwar gerade deshalb, weil in der bürgerlichen Moral das Eindringen der Sexualität in die öffentliche Sphäre ein Skandal war. Doch erst die Publizität, welche die Affäre erlangte, vermittelte den Vorfällen überhaupt eine skandalöse Dimension und stellte die Legitimität der repressiven Moralpolitik in Frage. Die weitgehend von den Frauen dominierte Gegenöffentlichkeit war für die Männer der Republik zu einem politischen Faktor geworden.

Wie sehr die Beamten selbst um ihr Ansehen bangten, zeigt ein Schreiben, das die Betroffenen im März 1836 an das Amtsgericht richteten. Ganz offen beschuldigten sie die Justizbehörden, die Untersuchung tendenziös geführt zu haben. Aus den Akten schien ihnen hervorzugehen, dass der Untersuchungsrichter das Ziel verfolgt habe, «gewisse Beamte zu compromittieren».[33] Und sie beklagten sich darüber, dass sie selbst, als die eigentlichen Opfer der Verleumdungskampagne, über die Ermittlungen nicht benachrichtigt worden waren. «Nur durch das Gerücht im Publikum vernahmen sie [d. h. die von den Aussagen betroffenen Beamten] sämtlich wie sehr ihre Ehre in diesem scandalosen Process, der die Zuchthausstrafe der Beklagten zur Folge haben soll, compromittiert sei; nicht nur hierüber, sondern auch über die Art und Weise, wie dieser Untersuch geführt worden, glauben sie sich beschweren zu sollen. Es ergiebt sich aus der genommenen Einsicht der Akten hinlänglich, dass die Beklagte eine schamlose Dirne ist, deren Aussagen in keinem Fall (hätte sie die ihr zur Last gelegten Äusserungen alle zugestanden) im Rechten Glauben verdienen, eben so richtig ist, dass gerade diejenigen Deponenten auf deren Aussagen die agravierendsten Theile der Beschuldigungen dieser Beamten beruhen, ebenfalls übelberüchtigte Weibspersonen sind.»[34] Die betroffenen Beamten beabsichtigten nicht nur nachträglich Einfluss auf die Rechtsprechung zu nehmen, sondern sie glaubten dem Skandal auch die Spitze zu brechen, wenn sie die Bedeutung der Gerüchte herunterspielten. Gerade mit der abschätzigen Bemerkung, die ganze Affäre sei nichts als aufgebauschtes Weibergeschwätz, und mit der Diskreditierung der Zeuginnen hofften die in der Öffentlichkeit belasteten Männer, sich gegen die kursierenden Verdächtigungen immunisieren zu können. Implizit sprachen sie der weiblichen Gegenöffentlichkeit jede Berechtigung ab, Männer des öffentlichen Lebens zu beurteilen. Die Betroffenen forderten ferner, dass ihre Ehre auch im Hinblick auf die Zukunft rehabilitiert werde: «Indessen stehen diese schändlichen Äusserungen in den Akten, die ja freilich auch in das Publikum kommen, jeder glaubt in solchen Fällen was er will, und immerhin würde also irgend eine Makel auf dem Eint oder Anderen kleben bleiben. Die Unterzeichneten glauben in vollem Recht verlangen zu können, es solle die Prozedur von allen Depositionen und Abhörungen, welche ausschliesslich auf die Anschuldigungen gegen benennte Beamte Bezug haben, gereinigt; lediglich auf die von Büchler eingestandene Unzucht, ohne irgend eine Namensangabe, reduzirt und die betreffenden Theile der Akten […] von Amtswegen vernichtet werden.»

Die Reaktion der durch die Gerüchte belasteten Männer war völlig unangemessen. Ihre Beschwerden enthielten zum Teil krasse Unwahrheiten. Beispielsweise waren alle der Betroffenen im Verlauf der Untersuchung über die Aussagen von Susanna Büchler informiert worden. Ganz im Widerspruch zu ihren Behauptungen hatte der Untersuchungsrichter von allem Anfang an versucht, die Aufmerksamkeit von den

möglichen Tätern weg auf diejenige Person zu lenken, welche die Gerüchte in Umlauf gesetzt hatte.
Das Vergehen von Susanna Büchler bestand also ganz offensichtlich darin, dass sie die Identität von Kunden, die eine Rolle im öffentlichen Leben spielten, preisgegeben hatte. Sie stellte mit dieser Enthüllung das öffentliche Ansehen der Regierung in Frage und wurde so zu einer Bedrohung der Staatssicherheit, weil sie der Opposition Nährstoff für Kritik lieferte. Ausserdem durchbrach sie das Berufsgeheimnis, das ungeschriebene Gesetz, das die Kunden von Prostituierten vor der Publizität schützte und weitete so die Intimsphäre in die Öffentlichkeit aus. Mit diesem Verstoss gegen unausgesprochene Regeln brachte sie ein Problem zur Sprache, das ein halbes Jahrhundert später in Kreisen der bürgerlichen Frauenbewegung und der Sozialreformer zu heissen Diskussionen führen sollte: die Frage der Doppelmoral. Vermutlich aus purem Übermut traf sie die Achillesferse der liberalen Männerelite, indem sie die Doppelmoral in Frage stellte – weniger, um eine Moralkampagne gegen ihre eigenen Kunden zu führen, sondern eher, um eine öffentliche Rechtfertigung ihres Lebenswandels zu finden. Büchlers Delikte hatten, so betrachtet, in zweierlei Hinsicht eine politische Dimension. Erstens waren ihre Denunziationen ein direkter Angriff auf die Glaubwürdigkeit der Regierung und wurden von den Zeitgenossen auch unter diesem Gesichtspunkt gedeutet. Die zweite Dimension tangierte mit der impliziten Blossstellung der Doppelmoral das Geschlechterverhältnis. Allerdings war dieses Problem für die Zeitgenossen nicht offen sichtbar und somit kein Politikum, da die Wahrnehmungskategorien in diesem Bereich noch fehlten. Zumindest unterschwellig hatte die Affäre um Susanna Büchler allerdings bei den Männern auch Angst vor jenen Frauen hervorgerufen, welche unverblümt die Dinge beim Namen nennen konnten. Wie die Reaktion der Justiz zeigen wird, versuchte man bei der Bewältigung des Skandals vor allem den Frauen, die viel wussten und wenig zu verlieren hatten, das Lästermaul zu stopfen.

Die Unterdrückung des Skandals

Konsequenterweise drehte sich die ganze Strafuntersuchung gegen Susanna Büchler nicht um ihr an und für sich strafbares Hurenleben, sondern um ein eigentlich politisches Delikt. Die Anklageschrift legte ihr nämlich an erster Stelle Beamtenverleumdung zur Last, einen Tatbestand übrigens, den erst die Staatsschutzgesetze der liberalen Regierung ausformuliert hatten. Die Justiz anerkannte folglich, dass die Affäre eine staatsbedrohende Tragweite hatte. Sie versuchte die Legitimitätskrise der betroffenen Staatsorgane mit den ihr zur Verfügung stehenden Mitteln abzuwehren und die Kritik zu unterdrücken. Die Justiz nahm somit die Funktion wahr, der Regierung aus der Patsche zu helfen. Sie setzte alles in Gang, um die Stimme der Gegenöffentlichkeit zu unterdrücken. Von den zahlreichen Zeugenverhören erhofften sich die Untersuchungsbeamten nämlich nicht nur Beweismaterial, sondern sie beabsichtigten auch all jene einzuschüchtern, welche hartnäckig die Gerüchte verbreiten halfen, welche den Skandal mit ihrem Klatsch überhaupt erst schufen. So wurden mehrmals Verhörte aufgefordert, über ihre Aussagen vor dem Richter Schweigen zu bewahren.

Diese Unterdrückungsstrategie war offensichtlich erfolgreich. Viele Zeugen und Zeuginnen zeigten Verunsicherung im Umgang mit den Vertretern der Staatsgewalt. Die Verhöre flössten ihnen Furcht ein und liess sie die Risiken des unbedachten Geschwätzes gewahr werden. Denn wer konnte garantieren, dass nicht auch sie plötzlich wegen Verleumdung und Beamtenbeleidigung zur Rechenschaft gezogen wurden. Weiter versuchten die Justizbeamten die Affäre möglichst zu verharmlosen, indem sie die Gerüchte als Fiktionen, als erfundene üble Nachreden hinstellten. Sie immunisierten die politische Elite somit gegen die Angriffe einer unstrukturierten, unkontrollierbaren und unberechenbaren Gegenöffentlichkeit.

Die Episode hatte offenbar keine weiteren politischen Konsequenzen. Die Gerüchte scheinen nach einer Weile verstummt zu sein. Allerdings blieb die Erinnerung an den Skandal noch einige Zeit wach. So erwähnte beispielsweise 1837 ein unbekannter Schreiber im Zusammenhang mit seiner Kritik an Missständen beim bernischen Amtsgericht auch «die in Kellern und Kneipen viel besprochene Untersuchung gegen das berüchtigte, nun unter hoher Oberaufsicht stehende Büchler-Züsi».[35]

Die Heldin der Affäre, Susanna Büchler selbst, fiel ihren eigenen Unbedachtheiten zum Opfer. Auf Solidarität aus eigenen Kreisen konnte sie kaum hoffen, denn zu sehr hatte sie mit ihren Prahlereien den Neid der anderen Prostituierten auf sich gezogen. Noch weniger Hilfe konnte sie von ihren ehemaligen Beschützern erwarten, nachdem sie diese mit ihren Enthüllungen in die Verlegenheit gebracht hatte. Trotzdem setzte sie ihr Leben als Prostituierte in Bern fort. Sie tauchte auch in den späten 40er Jahren wiederholt in den Justizakten auf und muss, vielleicht nicht zuletzt ihrer aufmüpfigen Art und ihrer Widerspenstigkeit wegen, eine gewisse Berühmtheit erlangt haben. Noch in den 1870er Jahren vermochte sich ein Sittenreformer an Susanna Büchler zu erinnern und erwähnte sie in einer Schrift über die Prostitution in der Stadt Bern als eine besonders verworfene Person.[36]

Anmerkungen

1 Staatsarchiv Bern: BBXV 1709. Untersuchungsakten des Obergerichts, Nr. 2011. Allein die Untersuchungsakten umfassen fast 200 Seiten Verhörprotokolle.

2 Von den Bedrohungsängsten der neuen Elite zeugt die im 2. Drittel des 19. Jahrhunderts anwachsende Flut von Schriften über die Armenfrage, über den Alkoholismus und über die Zunahme der Verbrechen. Dazu meine Lizentiatsarbeit: Kriminalität in der bernischen Regenerationszeit, Bern 1992 (Ms.)

3 Untersuchungsakten, Anzeige des Bezirkslandjägers Aeschlimann vom 6. 11. 1835

4 Untersuchungsakten, Abhörung mit Emmanuel Däppen, 7. 11. 1835

5 Untersuchungsakten, Deposition mit Margaritha Grünewald, 24. 1. 1836

6 Untersuchungsakten, Information mit Magdalena Kurz geb. Küng, 19. 1. 1836

7 Nicht nur die Prostitution, sondern auch der gewöhnliche vor- oder aussereheliche Beischlaf waren gemäss der Ehegerichtssatzung von 1787 strafbar. Aussereheliche sexuelle Beziehungen wurden allerdings gewöhnlich erst dann aktenkundig, wenn die Frau schwanger war. Gab sie dem Gericht die Identität des Kindsvaters preis, so mussten die beiden Fehlbaren dieselbe Strafe verbüssen. Die strafrechtliche Verfolgung der Prostitution richtete sich hingegen fast ausschliesslich gegen die Frauen, meist allein schon aus dem einfachen Grunde, weil die Kunden von Prostituierten der Polizei höchstens dann bekannt waren, wenn das Paar in flagranti ertappt wurde oder wenn eine Prostituierte ihre Freier verpfiff. Letzteres war offensichtlich selten der Fall, da in den Akten, die ich durchgesehen habe, kaum Freier erscheinen. Möglicherweise hat aber die Polizei gegenüber den Männern – insbesondere wenn diese den respektableren Gesellschaftskreisen entstammten – auch besondere Nachsicht geübt.

8 Zur bernischen Regenerationszeit: Erich Gruner, Das bernische Patriziat und die Regeneration, Bern 1943; Richard Feller, Berns Verfassungskämpfe 1846, Bern 1948; zum Unterschichtenprotest: Markus Zürcher, Der grosse Kantonalverein der Rechtsamelosen: Über die Expropriation der Unterschichten während der bernischen Regeneration, unveröffentlichte Lizentiatsarbeit, Bern 1990.

9 Vgl. Anm. 2

10 Vgl. Anm. 7

11 Jeffrey Weeks, Sex, Politics and Society. The Regulation of Sexuality since 1800, 2. Aufl., London 1989, S. 28, 38 ff.; George L. Mosse, Nationalismus und Sexualität. Bürgerliche Moral und sexuelle Normen, München/Wien 1985, S. 12 ff.

12 [Fetscherin], Briefe über das Armenwesen vorzüglich im Kanton Bern, Bern 1833, S. 8.

13 Mosse deutet den Kampf um eine verstärkte Kontrolle der Sexualität, die gemäss seiner Beurteilung im 19. Jahrhundert über die traditionelle Sittenzucht der Kirche hinausging, auch als Reaktion auf die durch den wirtschaftlichen und politischen Umbruch heraufbeschworenen sozialen Unsicherheiten. Vgl. Mosse (wie Anm. 11), S. 16.

14 Die Verweisungsstrafe stammte aus dem frühneuzeitlichen Strafrecht und wurde im Kanton Bern bei denjenigen Delikten verhängt, welche noch nach Rechtsbeständen aus dem 18. Jahrhundert geahndet wurden. Darunter fallen vor allem die in der Ehegerichtssatzung von 1787 aufgelisteten Straftatbestände sowie Ehrenhändel und Körperverletzungen. Neben Unzuchtsvergehen waren die Verweisungsübertretungen – d. h. die Missachtung des Verbotes, einen Bezirk zu betreten – in der Stadt Bern ein vorwiegend weibliches Delikt und eine Folgeerscheinung der Kriminalisierung der Prostitution.

15 Vgl. dazu: Michel Foucault, Der Wille zum Wissen. Sexualität und Wahrheit, Bd. 1, Frankfurt

a. M. 1989; Gay Peter, Erziehung der Sinne. Sexualität im bürgerlichen Zeitalter, München 1986

16 [E. F. Schneeberger], Die Prostitution der Stadt Bern, ihre Verbreitung, Ursachen, Wirkungen und Folgen, Biel 1872, S. 14 ff. Schneeberger führt die Strassenprostitution in Bern auf die 1828 vom Kleinen Rat angeordnete Schliessung der konzessionierten Bordelle im Matte-Quartier zurück.

17 Untersuchungsakten, Information mit Gottlieb Bek, 30. 1. 1836. Der verhörte Zeuge gibt dort die folgende Definition für «öffentliche Person»: Sie zeichne sich dadurch aus, «dass sie nichts arbeitet und daher ihren Unterhalt nicht durch Arbeit verdient, und dass sie oft mit Mannspersonen treibt und sich, wenn sie [ins Wirtshaus] kommt, zu ihnen hin sezt».

18 Regina Schulte, Sperrbezirke. Tugendhaftigkeit und Prostitution in der bürgerlichen Welt, Frankfurt a. M. 1984; Schneeberger (wie Anm. 16), S. 29.

19 Richard Sennett, Verfall und Ende des öffentlichen Lebens. Die Tyrannei der Intimität, Frankfurt a. M. 1986, S. 207, 216.

20 Jürgen Habermas, Strukturwandel der Öffentlichkeit, Darmstadt/Neuwied 1984, S. 74; vgl. auch Karin Hausen, Öffentlichkeit und Privatheit. Gesellschaftliche Konstruktionen und die Geschichte der Geschlechterbeziehungen, in: Karin Hausen und Heide Wunder (Hg.), Frauengeschichte – Geschlechtergeschichte, Frankfurt a. M./New York 1992, S. 81–88.

21 Birgit Althans, «Halte dich fern von den klatschenden Weibern». Zur Phänomenologie des Klatsches, in: Feministische Studien 2 (1985), S. 46–53; Regina Schulte, Bevor das Gerede zum Tratsch wird, in: Karin Hausen und Heide Wunder (Hg.), Frauengeschichte – Geschlechtergeschichte, Frankfurt a. M./New York 1992, S. 67–73.

22 Zur Bedeutung des Alkoholkonsums für die plebejische Öffentlichkeit: Hans Medick, Plebejische Kultur, plebejische Öffentlichkeit, plebejische Ökonomie. Über Erfahrungen und Verhaltensweisen Besitzarmer und Besitzloser in der Übergangsphase zum Kapitalismus, in: R. Berdahl und A. Lüdtke, Klassen und Kultur. Sozialanthropologische Perspektiven in der Geschichtsschreibung, Frankfurt a. M. 1982, S. 157–196.

23 Gegen Ende der 30er Jahre besassen in Bern 260 Lokale ein Wirtschaftspatent. Vgl. dazu: Berchtold Weber, Zum Wirtschaftswesen in der Stadt Bern in der Regenerationszeit, in: Berner Zeitschrift für Geschichte und Heimatkunde 36 (1977), S. 26 ff. Offizieller Patentinhaber war gewöhnlich ein Mann, der die Leitung des Wirtshausbetriebs häufig seiner Ehefrau oder einer bezahlten Kellermagd anvertraute. Wie aufgrund der Gerichts- und Polizeiakten deutlich wird, trugen diese Wirtinnen denn auch die Verantwortung für das Geschäft, bezahlten die Bussen für Wirtshausvergehen und kontrollierten die Kundschaft.

24 Im Prozess gegen Susanna Büchler stammten die ergiebigsten Aussagen jeweils von Keller- und Pintenwirtinnen, die in ihren Lokalen auch Prostituierte und Freier empfingen.

25 Vgl. auch: Linda Mahood, The Magdalenes. Prostitution in the Nineteenth Century, London 1990, S. 10.

26 StAB, BB IX 1582. Akten betreffend die Reorganisation des Landjägerkorps. Vortrag der Polizei-Sektion des Justiz und Polizeidepartements, 12. 3. 1834.

27 Das Zusammenleben von Unverheirateten war für Angehörige der Unterschicht offenbar so selbstverständlich, dass Konkubinatspaare oft vermeinten, ihre Lebensform werde nicht nur von der Nachbarschaft toleriert, sondern auch vom Gesetz gebilligt. So unternahm ein Verhörter in einem anderen Prozess nicht die geringste Anstrengung zu verhehlen, dass er mit seiner Freundin in wilder Ehe lebte, denn für ihn schien diese Lebensform – da er die Frau zu heiraten beabsichtigte – keinen Anstoss zu erregen. StaB, BB XV 1673. Untersuchungsakten des Obergerichts, Nr. 1759.

28 Untersuchungsakten, Recursschrift für Susanna Büchler.

29 Wer einmal wegen Sittendelikten aktenkundig geworden war, erhielt nur noch dann eine Aufenthaltsbewilligung, wenn sie eine Arbeitsstelle und legale Erwerbsformen nachweisen konnte.

30 Bernischer Staatskalender auf das Jahr 1838, S. 32. Unter der Leitung von Regierungsrat Friedrich Kohler publizierte das Departement 1839 den «Vortrag der Polizeisektion des Justiz- und Polizeidepartementes an den Regierungsrath der Republik Bern betreffend die Massregeln, um dem überhandnehmenden Branntweingenusse Einhalt zu thun». Der offizielle Bericht gelangte zum Schluss, dass die von vielen verlangte Kriminalisierung des Alkoholismus am Ziel vorbeischiesse, denn Moral könne nicht mit Strafandrohungen erzwungen werden, sondern müsse «aus dem innern Triebe des Menschen hervorgehen» (S. 25).

31 Untersuchungsakten, Deposition des Bezirkslandjägers Leuenberger.

32 Untersuchungsakten, Deposition des Johannes Schaad, Bezirkslandjäger.

33 Untersuchungsakten, An das Amtsgericht Bern, 11. 3. 1836.

34 Ebd.

35 Der Schweizerische Beobachter, 20. 6. 1837.

36 Schneeberger (wie Anm. 16), S. 19.

Gaby Sutter

Vom guten und schlechten Ruf

Zur Bedeutung des Rufes der Lehrmeisterinnen in der Nachbarschaft und vor Behörden Anfang 20. Jahrhundert

Die Basler Behörden entzogen im Jahre 1910 der Schneiderin Frieda Lüdin[1] das Recht, Lehrtöchter auszubilden. In den Augen der Aufsichtsbehörde habe sie sich «der Aufgaben einer richtigen Lehrmeisterin als unfähig & unwürdig erwiesen», weil sie angeblich in ihrem Atelier regelmässig Männer empfangen und über sexuelle Dinge geredet habe.[2] Anfang 20. Jahrhundert musste eine «richtige» Lehrmeisterin offensichtlich nicht nur ihr Handwerk beherrschen, sondern auch einen guten Ruf haben. Anhand von vier Fallbeispielen möchte ich aufzeigen, welche Rolle der Ruf einer Meisterin spielte, wenn Konflikte zwischen Meisterinnen, Lehrtöchtern und deren Müttern vor Behörden ausgetragen wurden.[3]
Die Hauptquellen meiner Untersuchung sind die Protokolle des gewerblichen Schiedsgerichts und des Gewerbe-Inspektorats des Kantons Basel-Stadt. Das gewerbliche Schiedsgericht behandelt als Arbeitsgericht Streitigkeiten aus dem Arbeitsverhältnis.[4] Das Gewerbe-Inspektorat dagegen ist für die Ausführung der kantonalen und eidgenössischen Arbeitsschutzgesetze verantwortlich.[5] In Streitigkeiten im Lehrverhältnis ist das Gewerbe-Inspektorat insofern von Bedeutung, als diese Behörde neben dem Gericht eine eigentliche Vor- und Vermittlungsinstanz darstellt. Juristisch betrachtet sind die Kompetenzen von Verwaltungsbehörde und gewerblichem Schiedsgericht klar getrennt: das gewerbliche Schiedsgericht ist für privatrechtliche Fragen zuständig, das Gewerbe-Inspektorat dagegen für die Durchführung der öffentlich-rechtlichen Belange. Im Lehrlingsrecht sind jedoch öffentliches Recht und Privatrecht enger miteinander verbunden als in anderen Rechtsgebieten.[6] Die Praxis der Konfliktbehandlung im Lehrverhältnis begann sich seit der Einführung des Lehrlingsgesetzes dahingehend zu entwickeln, dass das Gewerbe-Inspektorat zunehmend die Funktion einer Vermittlungsinstanz übernahm und das Gericht als Urteilsinstanz immer weniger angerufen wurde.[7]

Gesetzliche Definition der Rolle der LehrmeisterInnen

Formal war die Rolle der Lehrmeister und Lehrmeisterinnen im Basler Lehrlingsgesetz von 1906 definiert.[8] Grundsätzlich besass jeder Geschäftsinhaber und jede Geschäftsinhaberin das Recht, Lehrlinge oder Lehrtöchter auszubilden (§ 6). Es war kein Nachweis einer Berufsbildung erforderlich, um LehrmeisterIn zu sein. Dieses Recht leitete sich aus dem Grundsatz der Gewerbefreiheit ab.[9] Eingeschränkt wurde das Ausbildungsrecht lediglich durch die Möglichkeit, dass es auf die Dauer von maximal zehn Jahren entzogen werden konnte. Die Aufsichtsbehörde war ermächtigt, «einem Geschäftsinhaber, welcher nicht durch eigene Kenntnis des Berufes oder durch Sorge für geeignete Stellvertretung die nötige Garantie für eine zweckmässige Heranbildung des Lehrlings bietet» oder «welcher sich grober Pflichtverletzung gegenüber seinem Lehrling schuldig gemacht hat», dieses Recht zu entziehen (§ 7). Das Basler Gesetz führte die Kriterien nicht weiter aus. Das Zürcher Lehrlingsgesetz dagegen nannte zusätzlich das Kriterium der moralischen Integrität: «Tatsachen», die MeisterInnen «in moralischer Beziehung zur Erziehung eines Lehrlings als ungeeignet erscheinen lassen» galten als Grund, einem Lehrmeister oder einer Lehrmeisterin das Ausbildungsrecht zu entziehen.[10] Auch andere Kantone nannten dieses Kriterium der «sittlichen Gefährdung».[11]

Meister und Meisterinnen waren verpflichtet, ihre Lehrverhältnisse der Aufsichtsbehörde zu melden und ihr ein Exemplar des schriftlichen Lehrvertrags zu überreichen (§ 9). Da das Lehrverhältnis an eine bestimmte Vertragsdauer gebunden war, konnte es nicht nach Belieben aufgelöst werden. Die Parteien besassen kein freies Kündigungsrecht wie in gewöhnlichen Arbeitsverhältnissen.[12] Eine vorzeitige Auflösung war zwar in begründeten Fällen möglich, das Basler Gesetz führte jedoch auch diese Gründe nicht aus. Die Lehrlingsgesetze anderer Kantone nannten u. a. die körperliche und sittliche Gefährdung der Lehrlinge und Lehrtöchter als Grund für eine Vertragsauflösung.[13] Über die Möglichkeiten und Bedingungen einer Vertragsauflösung entschieden das Gewerbe-Inspektorat oder das gewerbliche Schiedsgericht.[14]

In bezug auf die Pflichten und Pflichtverletzungen seitens der Lehrmeister und Lehrmeisterinnen liess die gesetzliche Grundlage den ausführenden Behörden grossen Ermessensspielraum. In Konfliktsituationen spielten deshalb informelle Regelungen eine wesentliche Rolle. Zu diesen informellen Regelungen gehörte der Ruf einer Lehrmeisterin. In der Beurteilung der Meisterinnen durch die Behörden stellte dieser Ruf einen ausschlaggebenden Faktor dar, was im folgenden untersucht werden soll.

Lehrtöchter, Lehrlinge und deren Eltern sowie Meister und Meisterinnen trugen ihre Streitigkeiten zunächst auf dem Gewerbe-Inspektorat aus. Die Aussagen der Betroffenen wurden ausführlich protokolliert. Ausserdem erschienen Mitarbeitende und Leute aus der Nachbarschaft, die von den Betroffenen als Zeugen genannt wurden, oder das Gewerbe-Inspektorat zog in Geschäft und Nachbarschaft Erkundigungen ein.[15] Gerade bei Klagen gegen Lehrmeister und Lehrmeisterinnen stellte die Nachbarschaft eine wichtige Auskunftsinstanz dar, weil die Mitarbeitenden zum Meister oder zur Meisterin in einem Abhängigkeitsverhältnis standen.

Anhand der vier Fallbeispiele möchte ich aufzeigen, wie der Ruf einer Lehrmeisterin in der Nachbarschaft geschaffen wurde, wie sich der Ruf geschlechtsspezifisch konstituierte, wie sich die Behörden in der Beurteilung eines Falles auf diesen Ruf abstützten und wie sich schliesslich dieser Ruf in Konfliktsituationen einsetzen liess. Meine Analyse geht von einem Konzept aus, das die kommunikativen und normativen Aspekte der Nachbarschaft betont und sie als Instanz sozialer Kontrolle beschreibt.[16] In der Frage nach der Konstituierung des Rufes ist Regina Schultes Analyse des Geredes zentral.[17]

Ein erstes Beispiel[18] aus dem Jahre 1918 zeigt, wie der Ruf in der Nachbarschaft geschaffen wurde. Die Coiffeurlehrmeisterin Louise Meier eröffnete als verwitwete Malermeistergattin noch während des Ersten Weltkriegs in Basel einen Coiffeursalon. Zu dieser Zeit entstanden in Basel viele neue Damencoiffeurgeschäfte.[19]

Louise Meier bildete insgesamt vier Lehrtöchter aus. Alle vier brachen jedoch vorzeitig die Lehre ab, weil es zu Streitigkeiten mit der Meisterin kam. Die Lehrtochter Lina war erst drei Monate in der Lehre, als sich ihre Mutter beim Gewerbe-Inspektor beklagte: «Die Tochter [...] ist bei Frau Meier sittlich gefährdet, nähere Auskunft kann [der] Polizeimann [...] [im Hause der Frau Meier] geben. Die Tochter sollte sofort weggenommen werden [...]. Die Lehre lässt auch sonst zu wünschen übrig, die Tochter wird zu viel mit Hausarbeiten beschäftigt.»

Linas Mutter wollte sich nicht selbst über die sittlichen Zustände im Coiffeursalon äussern, sondern verwies auf die Nachbarschaft. Damit markierte sie, dass der Ruf der Meisterin ein Wissen in der Nachbarschaft war, das unabhängig von ihren eigenen Interessen in dieser Konfliktsituation existierte. Das Gewerbe-Inspektorat führte daraufhin Erhebungen im Hause der Coiffeuse durch. Die Ehefrau des Polizisten meinte: «Familie Meier lebt mit den anderen Mietern im Streit, es werden Beschimpfungen ausgeteilt, der kranke Hausbesitzer kann nicht Ordnung schaffen [...]. Mutter Meier

[...] [und] die Töchter haben Schätze, mit denen sie etwas ungeniert verkehren; es wird gerne die Sauglocke gezogen. Frau Meier war kürzlich einmal betrunken.» Der Polizist selbst gab folgende Auskunft: «Die Familie Meier soll nicht den besten Leumund haben. Die Mutter und beide Töchter haben Schätze, mit denen sie aber nicht während der Arbeitszeit verkehren. Die Mutter bringt gelegentlich die ganze Nacht bei ihrem Schatz zu und erzählt dann am Morgen vor der Lehrtochter, was die Nacht durch gegangen ist.» Ein eigenes Kind würde der Polizist nicht «bei den Meiers lassen».

Das Privatleben der Coiffeurlehrmeisterin fiel offensichtlich auf. Die Untervermietung von Zimmern sowie das Nebeneinander von Geschäfts- und Wohnraum waren zu dieser Zeit üblich und verhinderten eine Abgrenzung der Privatsphäre.[20] Um überhaupt ins Coiffeurgeschäft von Louise Meier zu gelangen, mussten die Kundinnen erst ein Schlafzimmer durchqueren. Wie aus den Akten hervorgeht, hatte die Meisterin ausserdem mindestens einen Untermieter.

Obwohl Basel bereits seit der Jahrhundertwende als Grossstadt[21] zu bezeichnen ist, war die soziale Kontrolle der Nachbarschaft auch bei hoher Mobilität wirksam. So wussten trotz häufiger Wohnungswechsel ehemalige und gegenwärtige Hausbewohner und Bewohnerinnen beispielsweise in Scheidungsfällen vor Gericht «überraschend viel» über die Verhältnisse der betroffenen Ehepaare.[22]

Die Nachbarschaft von Louise Meier registrierte die Männerbeziehungen der Witwe und ihrer Töchter. Die Aussagen der Nachbarschaft brachten die Lehrmeisterin dazu, das ihr vorgehaltene «Verhältnis» dem Gewerbe-Inspektor gegenüber zuzugeben. Linas Mutter nahm ihre Tochter sofort aus der Lehre. Obwohl dieses Vorgehen eigentlich vertragswidrig war, erklärte sich die Coiffeuse gegenüber dem Gewerbe-Inspektor mit der sofortigen Vertragsauflösung einverstanden und verzichtete auf einen Schadenersatz. Linas Mutter gelang es, das Lehrverhältnis ihrer Tochter zu den gewünschten Bedingungen aufzulösen, indem sie Wissen aus der Nachbarschaft gegen die Meisterin mobilisierte.

Das zweite Fallbeispiel[23] macht deutlich, dass Inhalt und Wirkung des Rufes geschlechtsspezifisch waren. Im Falle des Tapezierermeisters Robert Brand bestätigt sich die Konstituierung des Rufes in der Nachbarschaft. Sein Lehrling Karl beschwerte sich im Jahre 1906 über die körperlichen Misshandlungen durch den Meister. Auch er nannte als Zeugin eine Nachbarin. Sie und ihr Ehemann, ein Schneidermeister, traten nacheinander auf dem Gewerbe-Inspektorat auf. In ihren Schilderungen erwähnten sie, dass der Tapezierer mit allen Hausbewohnern Streit hätte. Er sei gar mit drei Hausparteien vor Gericht gezogen und zwei hätten schliesslich wegen ihm die Wohnung gewechselt.

Wie bereits bei der Coiffeuse Meier war die Familie des Tapezierers nicht in die Hausgemeinschaft integriert und fiel auf: Der Nachbar des Tapezierermeisters sah, wie dieser in betrunkenem Zustand seine Frau geschlagen habe. Auch hörte er öfter, dass die Ehefrau schreien und weinen würde. «Einmal trieb er es so bunt, dass die Frau zu ihrer Mutter zog und das 14 Tage alte Kind durch die Polizei holen liess», wusste die Nachbarin zu berichten. Es soll zu «Scenen» gekommen sein, welche die ganze Nachbarschaft in «Aufregung» versetzt hätten. Das Gerede in der Nachbarschaft verweist auf einen Normbruch:[24] Das «auffällige» Verhalten sowohl der oben erwähnten Coiffeurlehrmeisterin als auch hier des Tapezierers verletzte die sozialen Normen der nachbarschaftlichen Öffentlichkeit. In den Augen seiner Nachbarin war der Lehrmeister ein «brutaler Mensch und ein Trinker». Das Wissen der Nachbarschaft erstreckte sich auch auf das Geschäft und somit auf die Lehrverhältnisse. So schloss die Nachbarin von Brands Ruf als Nachbar auf dessen Verhalten als Lehrmeister. Sie hatte einmal «vom Fenster aus» gesehen, dass der Lehrmeister «im Hof dem Karl bei der Arbeit einen starken Schlag versetzte, so dass Karl laut aufschrie». Die Nachbarin schloss aufgrund der Lautstärke des Geschreis auf die Heftigkeit der Prügel.
Die Nachbarschaft brachte als Instanz sozialer Kontrolle den schlechten Ruf hervor. Ausgangspunkt waren die Streitigkeiten zwischen dem Lehrmeister respektive der Lehrmeisterin und den HausbewohnerInnen. Diese Zwistigkeiten motivierten die Nachbarn und Nachbarinnen, diesen Ruf vor Behörden öffentlich zu machen. Dabei bezog sich der schlechte Ruf nicht nur auf Louise Meier und Robert Brand als Nachbarin und Nachbar, sondern auch auf deren Funktion als Lehrmeisterin und Lehrmeister. Es fand somit eine «Vorverurteilung» der beiden durch die Nachbarschaft statt.[25] Während bei der Coiffeuse deren Männerbeziehungen im Blickfeld der Nachbarschaft lagen, waren es beim Tapezierer dessen Gewalttätigkeit und Alkoholismus. Beides stellte die moralische Integrität in Frage, wobei die Moral geschlechtsspezifisch war. So habe ich in den Akten keinen Fall gefunden, in welchem die Sittlichkeit eines Lehrmeisters überprüft wurde. Umgekehrt wurde keiner Lehrmeisterin körperliche Misshandlung von Lehrtöchtern vorgeworfen.[26]
Geschlechtsspezifisch ist nicht nur der Inhalt des Rufes, sondern auch die Wirkung. Die Behörden schienen sich ganz besonders für die Sittlichkeit der Lehrmeisterinnen zu interessieren. Die meisten Beschwerdefälle, mit denen sich die Basler Behörden bis 1920 befassten, betrafen Lehrmeister, denen mangelnde Ausbildung oder körperliche Misshandlung des Lehrlings vorgeworfen wurde. Als Sanktionen erteilte die Aufsichtsbehörde in der Regel schriftliche Verweise oder versuchte, die Lehrmeister zu einem «freiwilligen» Verzicht zu bewegen.[27] Der Tapezierermeister Robert Brand

beispielsweise wurde zweimal schriftlich verwarnt. Das stärkste Sanktionsmittel, der Entzug des Ausbildungsrechts, dagegen ergriff die Behörde bis 1920 lediglich ein einziges Mal und zwar im Falle der eingangs erwähnten Schneidermeisterin Frieda Lüdin.[28] Aufgrund einer Anzeige wurden die Lehrverhältnisse im Schneideratelier untersucht. Die beiden ehemaligen Lehrtöchter warfen der Meisterin vor, regelmässig «Herrenbesuch» empfangen zu haben, eine «zweifelhafte Person» zu beherbergen und im Atelier «unanständige Reden» zu führen. Die Meisterin, die gemäss Adressbuch verheiratet war, stritt alle Vorwürfe der Lehrtöchter ab. Dennoch erachtete die Behörde die Aussagen der Lehrtöchter als glaubwürdig – nicht nur, weil die beiden Lehrtöchter sich übereinstimmend geäussert hatten, sondern auch, weil die Lehrmeisterin in ihrer Nachbarschaft keinen guten Ruf geniessen würde, wie polizeiliche Erhebungen ergeben hätten. Die Aufsichtsbehörden entzogen ihr daraufhin für die Dauer von fünf Jahren das Ausbildungsrecht. Auffallend ist, dass diese Massnahme sofort ergriffen wurde, ohne dass die Meisterin vorher schriftlich verwarnt wurde, wie das eigentlich der behördlichen Praxis entsprochen hätte. Offensichtlich sahen die Aufsichtsbehörden die Sittlichkeit der Lehrtöchter durch die angebliche Unsittlichkeit der Lehrmeisterinnen bedroht.

Das Interesse der Behörden an der Sittlichkeit der Lehrmeisterinnen mag mit der Tatsache zusammenhängen, dass das Lehrverhältnis Anfang 20. Jahrhundert hauptsächlich ein gleichgeschlechtliches Ausbildungsverhältnis war. Lehrmeister bildeten fast ausschliesslich Lehrlinge aus, Lehrmeisterinnen dagegen Lehrtöchter.[29] Dies entsprach der weitgehenden geschlechtsspezifischen Segregation des damaligen Arbeitsmarktes.[30] Das Berufsbildungsverhältnis war stets auch eine Ausbildung im Hinblick auf Geschlechterrollen. Während die Sittlichkeit eines der wichtigsten Attribute von Weiblichkeit darstellte, widersprachen die in den Beschwerden dokumentierten Prügel und Schläge, die Lehrmeister ihren Lehrlingen austeilten, nicht der Vorstellung von Männlichkeit. Vielmehr verwiesen sie auf eine lange Tradition im Lehrverhältnis.[31]

Wie das nächste Beispiel zeigt, vermochte ein guter Ruf eine Lehrmeisterin vor behördlichen Zugriffen zu bewahren. Die Weissnähmeisterin Anna Liechti stand in einem noch hängigen Scheidungsprozess und lebte bereits mit einem anderen Mann zusammen.[32] Im Jahre 1920 kam es aufgrund einer Beschwerde, deren Herkunft nicht dokumentiert ist, zu einer Untersuchung in «Sachen Lehrtöchterhaltung». Die Behörden befragten die Lehrtöchter und stellten fest, dass diese über das «ungesetzliche Verhältnis» der Lehrmeisterin informiert waren. Nach den Aussagen der einen Lehrtochter wurden im Atelier jedoch niemals «leichtfertige Reden» geführt. Der Vater einer anderen Lehrtochter, der unaufgefordert vor den Behörden erschien, sagte aus, dass er sich anfänglich

am Konkubinatsverhältnis gestossen habe. Dann habe er sich aber gesagt, dass ihn das Privatleben der Lehrmeisterin nichts angehe, sofern im Atelier nichts Unanständiges geschehe. Lehrtöchter und Eltern waren über das Privatleben der Meisterin informiert.[33] Diese verstiess mit ihrer Lebensweise durchaus gegen gesellschaftliche Normen. Das Konkubinat ist 1920 in Basel nach wie vor verboten: Seit der Gesetzesrevision von 1919 wird es jedoch nur dann sanktioniert, wenn das Zusammenleben «öffentliches Ärgernis» erregt.[34] Die Lebensweise von Anna Liechti fiel offensichtlich nicht auf, und die Nachbarschaft kam gar nicht erst ins Spiel. Dies mag auch damit zusammenhängen, dass es Anna Liechti gelang, einen möglichen schlechten Ruf auf ihren Ehemann abzuwälzen. So wussten die Lehrtöchter zu berichten, dass Herr Liechti «liederlich» und ein «Trinker» sei. Er würde in Deutschland mit einer anderen «Frauensperson» zusammenleben und die Scheidung verweigern. In der Unterredung mit dem Gewerbe-Inspektor erklärte die Meisterin, dass ihr Konkubinatspartner ihr ermögliche, ihre Kinder «anständig durchzubringen, nachdem ihr Mann sie im Stich gelassen» habe.[35] Anna Liechti appellierte an die Vorstellung vom Ehemann als Familienernährer. Indem Anna Liechti mit ihrem Konkubinatsverhältnis gesellschaftliche Normen brach, war es ihr möglich, andere gesellschaftlich akzeptierte Normen zu erfüllen. Die Vaterrolle ihres Konkubinatspartners wurde auch von den Lehrtöchtern unterstrichen. Sie berichteten, dass die beiden Töchter der Meisterin ihn mit «Papa» anreden würden.
Es gelang Anna Liechti nicht nur in ihrer nächsten Umgebung, sondern auch bei den Aufsichtsbehörden Akzeptanz für ihre Lebensweise zu erreichen. Die Behörden beschlossen, ihr das Ausbildungsrecht nicht zu entziehen. Sie wurde lediglich verpflichtet, weitere Lehrtöchter erst einzustellen, nachdem sie deren Eltern über ihre Lebenssituation informiert habe.[36] Anna Liechti verstand es, innerhalb der Verfahren geschickt zu argumentieren. Sie holte sich für ihr Konkubinatsverhältnis den «Segen» der Aufsichtsbehörden. Dieses Beispiel zeigt, dass eine Lehrmeisterin durchaus gegen gesellschaftliche Normen verstossen und dennoch einen guten Ruf bewahren konnte.

Rufschädigung vor Behörden

Im letzten Beispiel komme ich nochmals auf die Coiffeurlehrmeisterin Louise Meier zurück, um aufzuzeigen, dass der Einsatz des Rufes in Konfliktsituationen sich als geeignete Strategie gegen eine Meisterin anbot. Ende 1919 kam es zu Streitigkeiten zwischen Louise Meier und ihren beiden letzten Lehrtöchtern, Sophie und Elsa.[37] Die Coiffeurlehrmeisterin nahm die Krankheit der Lehrtochter Sophie zum Anlass, das

Lehrverhältnis aufzulösen. Als Rechtfertigung nannte sie vor der Behörde u. a. das unmoralische Verhalten der Lehrtochter: Sophie habe «durch Schwätzereien im Atelier» Kunden vertrieben, sei verlogen und ungezogen. Der Vater würde trinken und habe «viel Streit in der Familie» verursacht. Ausserdem würde Sophie öfters fehlen, die Schule schwänzen und auf die andere Lehrtochter Elsa einen schlechten Einfluss ausüben, da sie Bekanntschaften mit jungen Herren pflegen würde. Sophies Mutter war mit der Vertragsauflösung nicht einverstanden und wandte den Vorwurf des schlechten Rufs gegen die Meisterin, indem sie deren Konkubinatsverhältnis kritisierte. Elsas Mutter ihrerseits nahm die entstandene Konfliktsituation als Anlass, ihre Tochter aus der Lehre zu nehmen. Als nun die Meisterin beide Lehrtöchter respektive deren Mütter vor Gericht zog und eine Entschädigung wegen Vertragsbruch forderte, gelang es beiden Müttern mittels der Strategie der Rufschädigung, sich gegen die Meisterin durchzusetzen. Vor Gericht machte Elsas Mutter folgende Aussage: «Ich schicke meine Tochter nicht mehr zur Meisterin; am Dienstag vor 14 Tagen, dem Tag, wo sie ausgetreten ist, hat die Tochter der Lehrmeisterin sich mit ihrem Liebsten im Schlafzimmer eingeschlossen; als Kunden kamen, mussten sie warten, bis die Tochter wieder herauskam. Die Lehrtöchter haben auch gesehen, dass ein gewisser Furrer mit der Meisterin das Schlafzimmer teilte.»

Die Lehrmeisterin gab schliesslich vor Gericht zu, dass sie im Konkubinat lebte. Es fällt auf, dass beide Mütter ein halbes Jahr lang nichts dagegen unternommen haben. Erst als es Streitigkeiten mit der Meisterin gab, machten sie ihr das Konkubinat zum Vorwurf. Dies war ein geschickter Schachzug, denn das Gericht beurteilte die Lebensverhältnisse der Lehrmeisterin als unmoralisch und löste beide Lehrverhältnisse auf. In der Urteilsbegründung hielt der Gerichtspräsident fest, dass «das zugestandene Zusammenschlafen der Frau Meier mit Furrer nach heutigen Moralbegriffen anstössig sei und die Mutter [Elsas] [...] berechtigt gewesen sei, die Tochter aus dem Geschäft wegzunehmen, wo Ungehörigkeiten und Unschicklichkeiten vorkommen».[38] Ferner verurteilte das Gericht die Meisterin zu einer finanziellen Entschädigung, die sie den beiden Müttern wegen Bruch des Lehrvertrags zu entrichten hatte. Das Gewerbe-Inspektorat war aufgrund seiner bisherigen Akten über die Coiffeurlehrmeisterin am Ausgang der Gerichtsverhandlung interessiert. Ein Behördemitglied protokollierte die Verhandlung, insbesondere die Urteilsbegründung. Die gerichtliche Definition der damaligen «Moralbegriffe» sollte offensichtlich der Aufsichtsbehörde als Orientierungshilfe im weiteren Vorgehen gegen die Meisterin dienen. Das Gewerbe-Inspektorat leitete im Anschluss an die Gerichtsverhandlung eine Untersuchung gegen die Meisterin ein, um zu prüfen, ob ihr das Ausbildungsrecht entzogen werden sollte. Louise Meier wich jedoch einer drohenden Sanktion aus, indem sie ihr Coiffeurgeschäft an ihre Tochter abtrat.

Zwei Seiten des Rufes werden am Beispiel der Coiffeurlehrmeisterin Louise Meier sichtbar: Auf der einen Seite versuchten die Mütter das institutionelle Konfliktregelungsverfahren für ihre Interessen zu instrumentalisieren, indem sie den «schlechten Ruf» von Louise Meier hervorbrachten. Im Rahmen der Streitigkeiten, welche die Ausbildung ihrer Töchter betrafen, griffen sie den in der Nachbarschaft geschaffenen Ruf der Meisterin auf oder brachten ihn neu hervor. Auf diese Weise gelang es ihnen, eine Auflösung der Lehrverhältnisse zu den gewünschten Bedingungen zu erreichen. Die Vermischung von beruflicher Kompetenz und Beurteilung des Lebenswandels einer Meisterin war durchaus typisch für die damaligen Ausbildungsverhältnisse. Zu den Pflichten der Meister und Meisterinnen gehörte nicht nur die Ausbildung, sondern auch die Aufsicht über Lehrlinge und Lehrtöchter.[39]

Auf der anderen Seite wurde dieses Vorgehen der Mütter Teil eines Prozesses, in welchem sich die Behörden ihre Praxis erarbeiteten. Das Gewerbe-Inspektorat war eine vergleichsweise junge Institution und die gesetzliche Grundlage, die sehr vage formuliert war, liess entsprechend grosse Ermessenspielräume. In einer normativ offenen Situation stützten sich die Behörden auf die Nachbarschaft mit deren spezifischen Bewertungskriterien. So konnte der Ruf einer Meisterin bei der Beurteilung ihrer beruflichen Kompetenz zum ausschlaggebenden Kriterium werden.[40] Erst mit der zunehmenden Verrechtlichung der Lehrverhältnisse verlor dieses Vorgehen an Bedeutung, was sich beispielsweise daran zeigt, dass die Eintragungen in den Gesprächsprotokollen des Gewerbe-Inspektorats nach 1920 seltener und kürzer sind. Sie betreffen vermehrt Ausbildungsfragen, wobei die Nachbarschaft immer weniger zu Wort kommt. Die Einführung der obligatorischen Lehrabschlussprüfungen (1910/1913) bot nicht nur die Möglichkeit, den Ausbildungserfolg der Lehrlinge und Lehrtöchter zu kontrollieren, sondern diente auch der Kontrolle der Ausbildungsfähigkeit der Meister und Meisterinnen.[41]

Anmerkungen

1 Ich habe in allen Fallbeispielen die Familiennamen geändert, um die Anonymität der Betroffenen zu wahren.

2 Schreiben des Departements des Innern an den Regierungsrat vom 1. Juli 1910, Staatsarchiv Basel-Stadt (im folgenden StaBS), Handel und Gewerbe Y 14.

3 Dieser Artikel basiert auf meiner Lizentiatsarbeit, in der ich den sozialen Wandel des Lehrverhältnisses in Basel zwischen 1890 und 1920 untersucht habe. Gaby Sutter, «[Der Mei-

ster] sagte mir ein paar Mal, ‹er werde mich zum Teufel jagen›, da gieng ich». Lehrtöchter, Lehrlinge und LehrmeisterInnen vor dem gewerblichen Schiedsgericht und dem Gewerbe-Inspektorat Basel-Stadt 1890–1920, unveröffentlichte Lizentiatsarbeit, Universität Basel, Basel 1990.

4 Das gewerbliche Schiedsgericht wurde in Basel-Stadt 1889 als staatliches Sondergericht innerhalb des Zivilgerichts eingeführt. Zum Basler Arbeitsgerichtsverfahren vgl. Heinrich Hedtstück, Die Sozialpolitik des Kantons Basel-Stadt, Diss., Basel 1936; Johann Schürch, Die Behandlung der Arbeitsstreitigkeiten unter besonderer Berücksichtigung der Arbeitsgerichtsbarkeit der Kantone Basel-Stadt und Luzern, Diss. jur., Basel 1978; Sutter (wie Anm. 3); Regina Wecker, Arbeit im Lebenszusammenhang von Frauen: Vorstellungen, Normen und Wirklichkeiten im Kanton Basel-Stadt 1870–1910, unveröffentlichtes Manuskript Basel 1992.

5 Das Gewerbe-Inspektorat wurde in Basel-Stadt im Jahre 1901 eingeführt. Seit der Einführung des kantonalen Lehrlingsgesetzes von 1906 beaufsichtigt das Gewerbe-Inspektorat auch die Lehrverhältnisse. Zur Institution und ihrer Praxis vgl. Hans Frey, 75 Jahre Gewerbe-Inspektorat Basel-Stadt, in: Jahres-Bericht 1975 des Gewerbe-Inspektorats des Kantons Basel-Stadt. Separat-Abdruck aus dem Verwaltungsbericht des Regierungsrates des Kantons Basel-Stadt, Basel 1975; Sutter (wie Anm. 3).

6 Hans-Peter Tschudi, Privates und öffentliches Lehrlingsrecht, Diss. jur., Basel 1936, S. 19.

7 Sutter (wie Anm. 3), S. 29 f.

8 Gesetz betreffend das Lehrlingswesen, vom 14. Juni 1906 und Allgemeine Vollziehungsverordnung zu diesem Gesetz, vom 6. Oktober 1906, in: Sammlung der Gesetze und Beschlüsse wie auch der Polizei-Verordnungen, welche vom 1. Januar 1906 bis 31. Dezember 1908 für den Kanton Basel-Stadt erlassen worden. Auf Befehl der Regierung gesammelt. Neunzehnter Band. Als Fortsetzung der frühern Gesetzessammlung für den Kanton Basel-Stadt, Sechsundzwanzigster Band, Basel 1909.

9 Wilhelm von Wyss, Das Lehrlingsverhältnis nach schweizerischem Recht, Bern 1910, S. 30.

10 Ebd., S. 32.

11 Ebd.

12 Ebd., S. 80.

13 Ebd., S. 85.

14 Als rechtliche Grundlage galt das Schweizerische Obligationenrecht von 1911, das den Lehrvertrag explizit erwähnt. Dieser unterscheidet sich vom gewöhnlichen Arbeitsvertrag aufgrund der gesetzlich festgehaltenen Ausbildungspflicht des Lehrmeisters. H. Fick und A. von Morlot, Das schweizerische Obligationenrecht vom 30. März 1911. Titel 1–22 mit leicht fasslichen Erläuterungen, 2 Bde., Zürich 1915, S. 582.

15 Sutter (wie Anm. 3), S. 28 f.

16 Vgl. Martin Dinges, Die Ehre als Thema der Stadtgeschichte – Eine Semantik im Übergang vom Ancien Régime zur Moderne, in: Zeitschrift für historische Forschung 4 (1989), S. 409 bis 440, der das semantische Feld des Begriffs «Ehre» in der städtischen Gesellschaft der frühen Neuzeit untersucht und auf den Zusammenhang von Ehre und nachbarschaftlicher Öffentlichkeit verweist; Ders., «Weiblichkeit» in «Männlichkeitsritualen»? Zu weiblichen Taktiken im Ehrenhandel in Paris im 18. Jahrhundert, in: Francia 18/2 (1991), S. 71–98.

17 Regina Schulte, Das Dorf im Verhör. Brandstifter, Kindsmörderinnen und Wilderer vor den Schranken des bürgerlichen Gerichts, Hamburg 1989; Dies., Bevor das Gerede zum Tratsch wird, in: Karin Hausen und Heide Wunder (Hg.), Frauengeschichte – Geschlechtergeschichte, Frankfurt a. M./New York 1992, S. 67–73.

18 StaBS, Akten des Gewerbe-Inspektorates (zur Zeit noch nicht katalogisiert): Lehrlingsverzeichnis

Nr. 1576 vom 5. 9. 1918 bis 19. 11. 1920. Alle Angaben und Zitate beziehen sich auf dieses Verzeichnis.

19 Die Anzahl der Damencoiffeurgeschäfte nahm gemessen an der Gesamtzahl der Coiffeursalons stark zu. Das Basler Adressbuch führt im Jahre 1910 insgesamt 191 Geschäfte, wovon 35 Damensalons sind. Im Jahre 1920 sind es bereits 110 Damensalons von insgesamt 257 Coiffeurgeschäften. Zur Entwicklung des Damencoiffeurgewerbe vgl. auch Steven Zdantny, Fashion and class struggle: the case of «coiffure», in: Social History 18/1 (1993), S. 53–72. – Dieser Boom des Damencoiffeurgewerbes hing u. a. mit dem Wandel der Damenmode zusammen, wie beispielsweise dem Aufkommen der «Bubikopffrisur». J. Widmer, Der Coiffeurberuf, in: Berufsberatung. Referate und Voten gehalten am I. Instruktionskurs für Berufsberatung veranstaltet von der Schweizerischen Gemeinnützigen Gesellschaft und vom Schweizerischen Verband für Berufsberatung und Lehrlingsfürsorge in Winterthur, 11. und 12. Oktober 1917, Basel 1918, S. 66; Erich Gruner (Hg.), Arbeiterschaft und Wirtschaft in der Schweiz 1880–1914. Soziale Lage, Organisation und Kämpfe von Arbeitern und Unternehmern, politische Organisation und Sozialpolitik. Bd. 2: Gewerkschaften und Arbeitgeber auf dem Arbeitsmarkt; Streiks, Kampf ums Recht und Verhältnis zu anderen Interessengruppen, Zürich 1988, S. 580.

20 Zum Schlafgängertum vgl. Luca Trevisan, Das Wohnungselend der Basler Arbeiterbevölkerung in der zweiten Hälfte des 19. Jahrhunderts (Neujahrsblatt/Gesellschaft für das Gute und Gemeinnützige 168), Basel 1989.

21 Die Stadt erreichte mit 100'000 EinwohnerInnen kurz vor der Jahrhundertwende die Schwelle zur Grossstadt. Nach dem Ersten Weltkrieg wuchs die Bevölkerung nur noch langsam: Die Bevölkerungszuwachsrate von 2–3% fiel auf knapp 1% im Jahr. Bernard Degen, Das Basel der andern. Geschichte der Basler Gewerkschaftsbewegung, Basel 1986, S. 52, 103; Philipp Sarasin, Stadt der Bürger: struktureller Wandel und bürgerliche Lebenswelt, Basel 1870–1900, Basel 1990.

22 Kuno Trüeb, Geschlechtsrollen in der Unterschicht des ausgehenden 19. Jahrhunderts. Eine empirische Untersuchung nach Basler Ehescheidungsprotokollen. Unveröffentlichte Lizentiatsarbeit der Universität Basel, Basel 1983, S. 80, 82. Seine Untersuchung bezieht sich auf Scheidungsfälle der Unterschicht Ende 19. Jahrhundert. Die hier aufgegriffenen Überlegungen sind auf meine Untersuchung übertragbar, da die Wohnverhältnisse im Kleingewerbe ebenso wenig abgeschlossene Lebensräume darstellten wie in den Unterschichten. Zwar gingen die Kost- und Logisverhältnisse zurück, und die Meisterfamilien grenzten sich zunehmend von den gewerblichen Arbeitskräften ab, was jedoch keineswegs als abgeschlossener Prozess zu betrachten ist. Heidi Rosenbaum, Formen der Familie. Untersuchungen zum Zusammenhang von Familienverhältnissen, Sozialstruktur und sozialem Wandel in der deutschen Gesellschaft des 19. Jahrhunderts, Frankfurt a. M. 1982, S. 183–186. – Zum Rückgang der Kost- und Logisverhältnisse vgl. Ferdinand Buomberger, Gewerbliche Frauenarbeit in der Schweiz. Ergebnisse einer vom Bund schweizerischer Frauenvereine veranstalteten Enquête, Bern 1916, S. 41; Oskar Hugo Jenny, Die Bevölkerung des Kantons Basel-Stadt am 1. Dezember 1920. Hauptergebnisse der eidgenössischen Volkszählung vom 1. Dezember 1920 im Kanton Basel-Stadt (Mitteilungen des Statistischen Amtes des Kantons Basel-Stadt 39), Basel 1922, S. 106.

23 Alle Angaben und Zitate beziehen sich auf das Lehrlingsverzeichnis Nr. 286 vom 22. 11. 1906 bis 27. 11. 1906.

24 Vgl. Schulte, Das Dorf (wie Anm. 17), S. 170 f.

25 Schulte zeigt das Muster der Vorverurteilung einer Kindsmörderin durch das Dorf auf. In der Wahrnehmung des Dorfes war primär nicht der Kindsmord entscheidend, sondern das Ansehen der Frau in der Dorfgemeinschaft. Diese Vorverurteilung wurde im Verfahren der Institutionen

(Polizei, Strafgericht) insofern ausschlaggebend, als das Gerede im Dorf die Entdeckung des Kindsmords ermöglichte. Schulte, Das Dorf (wie Anm. 17), S. 166–176, bes. 175.

26 StaBS, Akten des Gewerbe-Inspektorats: Protokoll des Lehrlingspatronats 1906–1920. Das kantonale Lehrlingspatronat war als Departementskommission für die Behandlung der Beschwerden zuständig. Sie bestand aus je 5 Vertretern seitens der LehrmeisterInnen und seitens der ArbeitnehmerInnen (BerufarbeiterInnen) sowie zwei Vertretern der Berufsschulen und dem Gewerbe-Inspektor.

27 Sutter (wie Anm. 3), S. 29.

28 Mir ist nur dieser Fall aus dem Jahre 1910 bekannt. Da diese Massnahme im entsprechenden Verwaltungsbericht des Gewerbe-Inspektorats erwähnt ist und sich im Zeitraum bis 1920 keine weiteren Hinweise in den Verwaltungsberichten finden, ist anzunehmen, dass Frieda Lüdin der einzige Fall ist. Ausserdem ist in den Departementsakten auf dem Staatsarchiv nur der Regierungsratsbeschluss in diesem Fall erhalten. Wenn es weitere MeisterInnen gäbe, denen das Ausbildungsrecht entzogen wurde, so müssten zumindest die Departementsakten dazu noch vorhanden sein. – Im folgenden beziehen sich alle Angaben und Zitate auf die Departementsakten: StaBS, Handel und Gewerbe Y 14, insbesondere das Schreiben des Departements des Innern an den Regierungsrat vom 1. 7. 1910.

29 Sutter (wie Anm. 3), S. 39. – Die gleichgeschlechtlichen Lehrverhältnisse sind denn auch der Grund dafür, dass keine Beschwerden über sexuelle Belästigung von Lehrtöchtern durch Lehrmeister vorkommen.

30 Die vor dem gewerblichen Schiedsgericht auftretenden Meisterinnen waren mehrheitlich auf die Gewerbe der Berufsgruppe «Kleidung und Putz» beschränkt. Ausser beim Coiffeurgewerbe handelte es sich um typische Frauenberufe: Gesamtschweizerisch betrug der Frauenanteil in der Schneiderei im Jahre 1910 fast 80%, in der Modisterei, Weissnäherei und Glätterei beinahe 100%. Gruner (wie Anm. 19), S. 560. Im Coiffeurgewerbe lag der Frauenanteil erst bei 20%, nach dem Ersten Weltkrieg stieg er stark an.

31 Sutter (wie Anm. 3), S. 55 ff. – Zum Züchtigungsrecht im Alten Handwerk vergleiche Kurt Wesoly, Lehrlinge und Handwerksgesellen am Mittelrhein. Ihre soziale Lage und Organisation vom 14.–17. Jahrhundert, Frankfurt a. M. 1985, S. 79; Karljörg Landolt, Das Recht der Handwerkslehrlinge vor 1798 im Gebiet der heutigen Schweiz, Näfels 1977; Rosenbaum (wie Anm. 22), S. 173, 177. – Zur Frage des Züchtigungsrechts im Lehrvertragsverhältnis nach 1900 vgl. von Wyss (wie Anm. 9), S. 8; A. Huber, An die Richter der Gewerblichen Schiedsgerichte in Basel, Basel 1896, S. 28 f.

32 Lehrlingsverzeichnis Nr. 526. Alle Angaben und Zitate beziehen sich auf das Protokoll des Lehrlingspatronats vom 5. 8. 1920, das sich in diesem Lehrlingsverzeichnis befindet.

33 Durch Wissen wurde im Falle der Anna Liechti das Gerede vermieden. Es fehlte die Motivation, die die Umgebung veranlassen könnte, den Ruf hervorzubringen. Vgl. Schulte, Das Dorf (wie Anm. 17), S. 173.

34 Polizeistrafgesetz für den Kanton Basel-Stadt vom 23. 9. 1872 und vom 10. 7. 1919. Als Sanktionen sind Geldbussen bis 150 Franken oder Haft sowie die Trennung der Partner genannt (§ 51). Gesamtausgabe der Basler Gesetzessammlung, Bd. I–XXXIV, enthaltend die in Kraft stehenden Bestimmungen bis zum Ende des Jahres 1929, mit den bis 1. Oktober 1938 eingetretenen Änderungen, hg. v. Justizdepartement Basel-Stadt, 1939.

35 Unterredung mit dem Gewerbe-Inspektor vom 19. 8. 1920.

36 Protokoll Lehrlingspatronat vom 19. 8. 1920. Der Entscheid wurde nicht ohne Widerstand gefällt: von acht Stimmen waren zwei dagegen.

37 Alle Angaben und Zitate beziehen sich erneut auf das Lehrlingsverzeichnis 1576.

38 Lehrlingsverzeichnis Nr. 1576: 12. 12. 1919. Es ist eine Ausnahme, dass das Gewerbe-Inspektorat eine Gerichtsverhandlung protokolliert und die Urteilsbegründung festgehalten hatte.

39 Sutter (wie Anm. 3); G. Sutter, Eine Coiffeurlehrmeisterin kommt in Verruf: Zur Rolle von Hausarbeit und Sittlichkeit im weiblichen Lehrverhältnis Anfang 20. Jahrhundert, Referat gehalten an der 7. Schweizerischen Historikerinnentagung in Basel 1993 (erscheint 1993).

40 Im Falle der Coiffeurlehrmeisterin spielte auch die Tatsache eine Rolle, dass das Coiffeurgewerbe insgesamt keinen besonderen Ruf genoss. Vergleiche Zdantny (wie Anm. 19).

41 Vgl. E. Schwyzer, Lehrlingsschutz, in: Handwörterbuch der schweizerischen Volkswirtschaft, Sozialpolitik und Verwaltung, hg. v. N. Reichesberg, Bd. 2, Bern o. J., S. 919.

Adressen der Autorinnen und Autoren / Adresses des auteurs

Beate ALTHAMMER, Ottostr. 7/11, 8005 Zürich

Susanna BURGHARTZ, Arlesheimerstr. 5, 4053 Basel

Anne-Lise HEAD-KÖNIG, Département d'Histoire économique et sociale, 102, bvd Carl-Vogt, 1211 Genève 4

Peter H. KAMBER, Bramberghöhe 1, 6004 Luzern

Regula LUDI, Winkelriedstr. 34, 3013 Bern

Liliane MOTTU, ch. des Pinsons 29, 1226 Thônex

Regula PFEIFER, Hohlstr. 347, 8004 Zürich

Ulrich PFISTER, Im Marbach 15, 8800 Thalwil

Anne RADEFF, IRI (Institut de recherches interdisciplinaires), Université de Lausanne, BFSH 2, 1015 Lausanne-Dorigny

Brigitte SCHNEGG, Altenbergstr. 120, 3013 Bern

Gaby SUTTER, Historisches Seminar, Hirschgässlein 21, 4051 Basel